養護教諭のための
学校保健

<第17版>

出井 美智子
Michiko Idei

采女 智津江
Chizue Uneme

佐藤 紀久榮
Kikue Sato

松野 智子
Tomoko Matsuno

［共著］

少年写真新聞社

はじめに

　少子高齢化社会を迎え、次世代を担う子どもたちに大きな期待が寄せられています。学齢期は生涯のうちで最も変化に富み、大きく成長する大切な時期であり、子どもたちは愛情に包まれて養育され、教育をうける環境が保障されなければならないと考えます。

　学校保健は学校という組織の中でサブ組織として学校教育の目的達成のために機能しており、学校で一日の大部分を過ごす子どもたちにとって学校での保健活動は健康、心身の発育・発達に重要な意味を持っていることは論を俟ちません。学校保健がどのような領域で構成され、どのような職種の人がかかわっているのかを知り、チームワークで推進していくことが望まれます。著者らは大学や短大などで学校保健についての講義を担当していますが、基本となるテキストが欲しいと思っていました。この度、今まで講義に使ったレジュメや資料を土台にしてまとめたものがこの本です。

　本書の特徴は、著者らが講義をしている学生の中には将来養護教諭を目指している学生が多いこともあり、養護教諭に重心を置いたものになっています。学校保健を担う養護教諭は学校・家庭・地域の連携のもとに子どもたちの健全育成を図っており、学生がこれらのことを十分理解して欲しいと願っています。

　学校は公教育であるため行政の決まりの中で行われることが多く、その基になる法令や考え方の資料、年表も巻末に付けました。

　学生だけでなく、現在養護教諭として勤務しておられる先生方にもお役に立つことと思います。新学期に間に合わせようと急いだため不十分な点もあるかと思いますので、読者の方からのご指摘、ご感想をお待ちしております。今後より良いものにしていきたいと存じます。

　最後に本書の出版にあたり、ご尽力いただいた株式会社少年写真新聞社の野本雅央さんに心より感謝申しあげます。

　　平成14年3月

著者一同

改訂第17版にあたって

　本書は平成14年に、養護教諭を目指している学生の教科書として出版されて以来、社会の変化に沿うように改訂を重ね、この度、第17版になりました。

　今回は、新型コロナウイルス感染症の感染拡大をはじめとする社会の急激な変化の中で、再認識された学校の役割や課題を踏まえ、予測困難な時代の学校教育の方向性について「令和の日本型学校教育の構築を目指して（答申）令和3年1月」が示され、令和の日本型教育を実現するための教師の学びの姿にも触れられています。養護教諭の職務に関して、令和5年7月に文部科学省からの通知「養護教諭及び栄養教諭の標準的な職務の明確化に係る学校管理規則の参考例等の送付について」において参考例等が示されました。これらの意向に沿うように本書を改訂しました。

　児童生徒等の心身の健康課題の解決に向けて、地域社会が連携して児童生徒等の健康づくりに取り組んでいくことが求められているので、本書を、養護教諭及び教師を目指す学生や養成機関のみならず現職の養護教諭、関係教職員など多くの関係者の方々にご活用いただき、児童生徒等の健康の保持増進に役立てていただけたら幸いです。

　おわりに、本書の出版に当たり、ご尽力いただきました少年写真新聞社の野本雅央さんをはじめ関係者の方々に心より感謝申し上げます。

　　令和6年3月

著者一同

養護教諭のための
学校保健

目次

【発達障害の病名について】
　2013年、米国精神医学会の診断分類（DSM）の第5版（DSM－5）が公表され、疾病分類や病名が改訂されました。これに伴い、日本語の呼び名も日本精神神経学会や関係学会によって変更されましたが、本書では、文部科学省HP内の記載（2024年1月現在）に則り、旧分類・病名のままとしている部分があります。

学校教育

序　章

学校教育

　わが国の教育は、日本国憲法の精神に則り、教育基本法にその目的等が明示されている。

　教育の目的として第1条に「教育は、人格の完成を目指し、平和で民主的な国家及び社会の形成者として必要な資質を備えた心身ともに健康な国民の育成を期して行われなければならない。」とし、第2条では目標として次の5項目を掲げている。

「1　幅広い知識と教養を身に付け、真理を求める態度を養い、豊かな情操と道徳心を培うとともに、健やかな身体を養うこと。

　2　個人の価値を尊重して、その能力を伸ばし、創造性を培い、自主及び自立の精神を養うとともに、職業及び生活との関連を重視し、勤労を重んずる態度を養うこと。

　3　正義と責任、男女の平等、自他の敬愛と協力を重んずるとともに、公共の精神に基づき、主体的に社会の形成に参画し、その発展に寄与する態度を養うこと。

　4　生命を尊び、自然を大切にし、環境の保全に寄与する態度を養うこと。

　5　伝統と文化を尊重し、それらをはぐくんできた我が国と郷土を愛するとともに、他国を尊重し、国際社会の平和と発展に寄与する態度を養うこと。」

　さらに、この法律の諸事項を実施するために必要がある場合には適当な法令が制定されなければならないと規定されている。これを受けて、学校教育法をはじめ教育にかかわるさまざまな法律の制定や制度的措置により、義務教育の場合は国内のどの地域に住んでいても、すべての児童生徒（以下「子ども」という）が一定水準の教育を受ける権利が保障されている。また、近年は情報全般、特に文書管理の重要性や著作権の保護等に関する基本的な法の理解と順守が求められている。

　しかしながら、社会環境や生活様式の急激な変化は、子どもたちの心身の健康に大きな影響を与えており、生活習慣の乱れ、いじめや不登校、虐待などのメンタルヘルスに関する課題、アレルギー疾患、感染症などの新たな課題が顕在化している。また、学校内外において子どもが犠牲になる、あってはならない事件・事故、交通事故や自然災害が発生していることなどから、学校においても適切な対応が求められている。こうした中、文部科学大臣から「子どもの心身の健康を守り、安全・安心を確保するために学校全体としての取組を進めるための方策について」諮問を受け、平成20年1月に中央教育審議会スポーツ・青少年分科会学校健康・安全部会答申（以下、「中央教育審議会答申（平成20年1月）」という）が出された。

　子どもの健康・安全を守るための基本的な考え方として、次のように述べられている。

・学校は、心身の成長発達段階にある子どもが集い、人格を形成していく場であり、子どもの健康や安全の確保が保証されることが不可欠の前提となるもの。

・学校において、子どもが自らの健康をはぐくみ、安全を確保することのできる基礎的な素養を育成することが必要。

・子どもの健康と安全を確保する方策は、家庭や地域との連携の下に効果的に実施されることが必要。

・健康・安全に係る連携は、学習指導面及び生徒指導面において必要となる家庭や地域との協力関係

の基礎を形成するものとして取り組まれるべきもの。

以上の考え方のもとに、実現をめざした具体的な答申がなされている。

また、この中央教育審議会答申（平成20年1月）を踏まえて学校保健法の一部改正が平成20年6月に行われ、学校保健及び学校安全の充実が図られることになり、平成21年4月1日から施行となった。改正の概要は次の通りである。

・法律の題名を「学校保健安全法」に改称
・国・地方公共団体の責務（財政上の措置その他の必要な施策の実施、国による学校安全の推進に関する計画の策定等）を明記
・学校の設置者の責務（学校の施設設備・管理運営体制の整備充実等）が明記された。

学校保健に関しては、

・養護教諭を中心として関係教職員等と連携した組織的な保健指導の充実
・地域の医療関係機関等との連携による児童生徒等の保健管理の充実
・全国的な学校の環境衛生水準を確保するための全国的な基準の法制化　等である。

わが国の未来を担う児童生徒の育成にあたり、教育の基礎となる心身の健康づくりを担う学校保健の役割は重要である。

文部科学行政のしくみ

1　文部科学行政の機構（2023年10月現在）

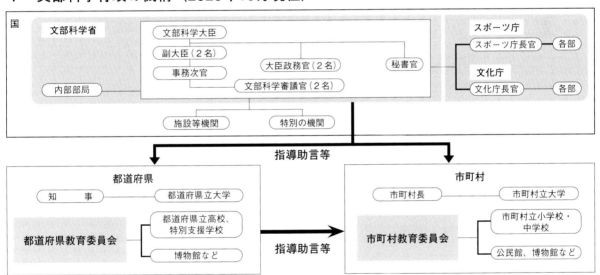

2　文部科学省の組織（2023年10月現在）

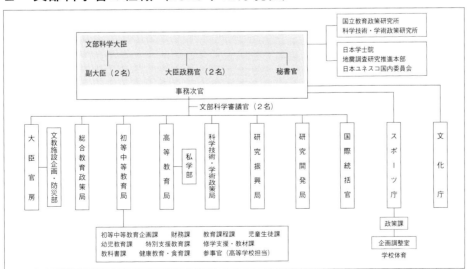

文部科学省の組織の各局の課については、小・中・高等学校等の教育課程に関することや学校保健、食生活に関する教育等の健康教育にかかわる初等中等教育局についてのみ記述している。

令和5年度 学校数・在学者数・在学者数の推移

出典：「学校基本調査」令和5年度

文部科学省(https://www.e-stat.go.jp/stat-search/files?page=1&toukei=00400001&tstat=000001011528)より作成

1　学校数

区　分	計	国　立	公　立	私　立
幼稚園	8,837	49	2,744	6,044
幼保連携型認定こども園	6,982		948	6,034
小学校	18,980	67	18,669	244
中学校	9,944	68	9,095	781
義務教育学校	207	5	201	1
高等学校	4,791	15	3,455	1,321
中等教育学校	57	4	35	18
特別支援学校	1,178	45	1,118	15
専修学校	3,020	8	181	2,831
各種学校	1,015		5	1,010

2　在学者数

区　分		計	男	女
幼稚園	計	841,824	423,781	418,043
	3 歳	247,124	123,959	123,165
	4 歳	281,127	141,548	139,579
	5 歳	313,573	158,274	155,299
幼保連携型認定こども園	計	843,280	431,327	411,953
	0 歳	30,180	15,455	14,725
	1 歳	97,994	50,388	47,606
	2 歳	113,297	58,294	55,003
	3 歳	194,674	99,296	95,378
	4 歳	200,229	102,149	98,080
	5 歳	206,906	105,745	101,161
小学校	計	6,049,685	3,092,456	2,957,229
	1学年	962,507	492,505	470,002
	2学年	997,169	508,830	488,339
	3学年	1,005,472	514,817	490,655
	4学年	1,015,490	519,133	496,357
	5学年	1,026,579	524,827	501,752
	6学年	1,042,468	532,344	510,124
中学校	計	3,177,508	1,625,405	1,552,103
	1学年	1,052,345	539,130	513,215
	2学年	1,054,400	539,323	515,077
	3学年	1,070,763	546,952	523,811
義務教育学校	計	76,045	39,038	37,007
	1学年	7,922	4,089	3,833
	2学年	8,545	4,335	4,210
	3学年	8,422	4,366	4,056
	4学年	8,552	4,408	4,144
	5学年	8,636	4,413	4,223
	6学年	8,518	4,422	4,096
	7学年	8,374	4,312	4,062
	8学年	8,554	4,319	4,235
	9学年	8,522	4,374	4,148
高等学校	計	2,918,501	1,485,991	1,432,510
本科 計	2,909,703	1,484,492	1,425,211
本科 1学年	999,843	511,605	488,238
本科 2学年	970,158	493,766	476,392
本科 3学年	929,743	473,108	456,635
本科 4学年	9,959	6,013	3,946
専攻科	8,665	1,452	7,213
別　科	133	47	86
中等教育学校	33,817	16,444	17,373
特別支援学校	計	150,566	100,012	50,554
	幼稚部	1,189	661	528
	小学部	51,118	35,136	15,982
	中学部	33,410	21,882	11,528
	高等部	64,849	42,333	22,516
専修学校	607,951	262,418	345,533
各種学校	108,171	57,639	50,532

3　在学者数の推移

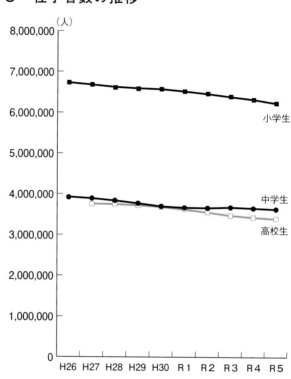

（人）

8,000,000 — 7,000,000 — 6,000,000 — 5,000,000 — 4,000,000 — 3,000,000 — 2,000,000 — 1,000,000 — 0

H26 H27 H28 H29 H30 R1 R2 R3 R4 R5

小学生
中学生
高校生

(注)　1　国・公・私立の合計数である。

　　　2　高等学校は、本科・専攻科・別科の合計数である。

令和５年度 文部科学省の教育行政の概要 (抜粋)

1　小・中・高等学校

確かな学力、豊かな心の育成
- ○ 学習指導要領「生きる力」
- ○ 総合的な学習の時間
- ○ 外国語教育
- ○ 道徳教育
- ○ 環境教育
- ○ 放射線教育
- ○ 全国的な学力調査（全国学力・学習状況調査等）
- ○ 国際学力調査（PISA、TIMSS）
- ○ 学力向上
- ○ 研究開発学校制度
- ○ 教育課程特例校制度・授業時数特例校制度
- ○ 社会的自立と社会参画の力を育む教育
- ○ 芸術表現を通じたコミュニケーション教育の推進
- ○ 国際バカロレアの趣旨を踏まえた教育の推進
- ○ 教科書
- ○ 学校教材の整備
- ○ 理科及び算数・数学教育のための設備の整備
- ○ 学校図書館
- ○ メディア教育（映像作品等選定一覧等）
- ○ 教育の情報化の推進
- ○ 「子供のための情報モラル育成プロジェクト」〜考えよう 家族みんなで スマホのルール〜
- ○ 専門学校・産業教育の振興

生徒指導等
- ○ 生徒指導等　　○ 人権教育
- ○ キャリア教育　　○ 新卒者支援

高等学校
- ○ 高等学校教育　　○ 中高一貫教育
- ○ 高校生等への修学支援　　○ 高校入学者選抜の改善
- ○ 高大接続改革

私立学校
- ○ 私立学校・学校法人の振興

特別支援教育
- ○特別支援教育

信頼される学校づくり
- ○ 学校評議員
- ○ コミュニティ・スクール
- ○ 学校評価
- ○ 学校における業務改善
- ○ 学校選択制等

その他

2　学校保健、学校安全、食育
- 1）学校保健の推進
  - ・新型コロナウイルスに関連した感染症対策に関する対応について
  - ・薬物乱用防止教育　　・依存症（行動嗜癖）に関する教育
  - ・受動喫煙対策　　・がん教育
  - ・健康診断　　・アレルギー疾患対策
  - ・感染症対策　　・学校歯科保健
  - ・健康観察　　・心のケア
  - ・健康教育関連資料　　・保健主事
  - ・養護教諭　　・学校環境衛生
  - ・労働安全衛生　　・いわゆる脳脊髄液減少症に関するもの
  - ・ヒヤリに関する情報　　・学校保健関連委託事業
- 2）学校安全
- 3）学校における食育の推進・学校給食の充実
- 4）栄養教諭制度

出典：文部科学省ホームページ 政策審議会 政策一覧

学校保健

第 1 章

Ⅰ　学校保健

1 学校保健とは

　学校保健とは、文部科学省設置法第 4 条12において、「学校における保健教育及び保健管理をいう」と規定されており、児童生徒の健康の保持増進のために行われるすべての活動である。教育の目的は、「教育は、人格の完成を目指し、平和で民主的な国家及び社会の形成者として必要な資質を備えた心身ともに健康な国民の育成を期して行われなければならない。」と教育基本法に謳われているように、我が国の未来を担う児童生徒の育成にあたり、教育の基礎となる心身の健康づくりを担う学校保健の役割は重要である。

　また、学校における保健管理等を規定する法律として昭和33年に学校保健法が制定された。その後、いじめや不登校などのメンタルヘルスに関する課題やアレルギー疾患など児童生徒の心身の健康問題の多様化に、学校が適切に対応することが求められていることから、中央教育審議会答申（平成20年 1 月）を踏まえて、学校保健法の一部改正（平成20年 6 月）が行われ、学校保健安全法と改称され、学校保健及び学校安全の充実が図られた。

　学校においては、「生涯にわたり、自らの心身の健康をはぐくみ安全を確保できる基礎的な素養を育成していくこと」が求められていることから、活動の展開にあたっては、学校保健の領域構造を把握した上で、総合的に推進していくことが重要である。（図 1 - 1 「学校保健のしくみ」参照）

　学校保健の領域は、保健教育、保健管理及び保健組織活動で構成されている。具体的には、保健教育は、教科教育と保健指導、保健管理は、学校生活の管理及び学校環境衛生の日常的な点検・管理、保健組織活動に関すること（職員保健委員会、児童生徒保健委員会、学校保健委員会、健康診断、救急処置、感染症の予防・管理など）があげられる。

2 学校保健関係者

　学校における体育・健康に関する指導は、学習指導要領の総則に全教育活動を通じて行うことが示されているように、すべての教職員（学校医等を含む）によって実施されることから、多くの関係者により成り立っている。

　中央教育審議会答申（平成20年 1 月）「子どもの心身の健康を守り、安全・安心を確保するために学校全体としての取組を進めるための方策について」において、学校保健関係者の役割の明確化等が図られた。また、この答申を踏まえて学校保健法の改正（学校保健安全法）が行われたので、これらを踏まえて学校保健関係者の役割について次に述べる。

図1－1　学校保健のしくみ（領域構造）

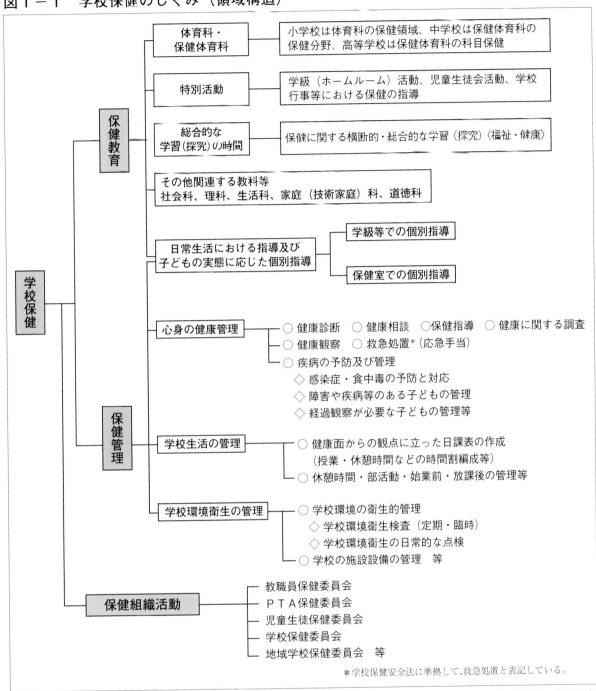

保健教育	体育科・保健体育科	小学校は体育科の保健領域、中学校は保健体育科の保健分野、高等学校は保健体育科の科目保健
	特別活動	学級（ホームルーム）活動、児童生徒会活動、学校行事等における保健の指導
	総合的な学習（探究）の時間	保健に関する横断的・総合的な学習（探究）〈福祉・健康〉
	その他関連する教科等　社会科、理科、生活科、家庭（技術家庭）科、道徳科	
	日常生活における指導及び子どもの実態に応じた個別指導	学級等での個別指導 / 保健室での個別指導

心身の健康管理
○ 健康診断　○ 健康相談　○保健指導　○ 健康に関する調査
○ 健康観察　○ 救急処置＊（応急手当）
○ 疾病の予防及び管理
　◇ 感染症・食中毒の予防と対応
　◇ 障害や疾病等のある子どもの管理
　◇ 経過観察が必要な子どもの管理等

学校生活の管理
○ 健康面からの観点に立った日課表の作成
　（授業・休憩時間などの時間割編成等）
○ 休憩時間・部活動・始業前・放課後の管理等

学校環境衛生の管理
○ 学校環境の衛生的管理
　◇ 学校環境衛生検査（定期・臨時）
　◇ 学校環境衛生の日常的な点検
○ 学校の施設設備の管理　等

保健組織活動
— 教職員保健委員会
— ＰＴＡ保健委員会
— 児童生徒保健委員会
— 学校保健委員会
— 地域学校保健委員会　等

＊学校保健安全法に準拠して、救急処置と表記している。

出典：釆女智津江編集代表『新養護概説〈第13版〉』少年写真新聞社　令和6年

（1）養護教諭

①　養護教諭の役割の拡大

　近年の、社会環境や生活様式の変化は、子どもたちの心身の健康に大きな影響を与え、いじめ、不登校、性の問題行動、喫煙、飲酒、薬物乱用、基本的な生活習慣の乱れ、アレルギー疾患の増加等の健康問題が深刻化を増している。このような状況の中、平成5年に大規模校等において養護教諭の複数配置がはじまり、平成7年3月には養護教諭の保健主事への登用の道が開かれるなどの整備が行われた。

　平成9年の保健体育審議会答申では、「ヘルスプロモーションの理念に基づいた健康教育の推進」が求められ、養護教諭についても、従来の役割の一層の充実に加え、現代的な健康課題の解決に向けて養護教諭への期待が高まった。平成10年には、教育職員免許法の改正により、養護教諭の教諭等の兼職

発令による教科保健への参画が可能になり、平成12年には校長及び教頭の資格要件が緩和され、養護教諭にも管理職への登用の道が開かれるなど、その役割が拡大している。

②　中央教育審議会答申（平成20年1月）から見る養護教諭の役割

先に述べたように、平成20年の中央教育審議会答申の特徴の一つは、学校保健関係者の役割の明確化が図られたことである。養護教諭に関しては、8項目にわたって述べられており、そのうち養護教諭の役割に関する事項を抜粋すると下記の通りである。

┌─ 中央教育審議会答申（平成20年1月）────────

Ⅱ　学校保健の充実を図るための方策について

2．学校保健に関する学校内の体制の充実

（1）養護教諭

① 養護教諭は、学校保健活動の推進にあたって中核的な役割を果たしており、現代的な健康課題の解決に向けて重要な責務を担っている。平成18年度の調査によると、子どもの保健室の利用者は、1日当たり小学校41人、中学校38人、高等学校36人であり、養護教諭の行う健康相談活動がますます重要となっている。また、メンタルヘルスやアレルギー疾患などの子どもの現代的な健康課題の多様化により、医療機関などとの連携や特別な配慮を必要とする子どもが多くなっているとともに、特別支援教育において期待される役割も増してきている。そのため、養護教諭がその役割を十分果たせるようにするための環境整備が必要である。

② 養護教諭の職務は、学校教育法で「児童生徒の養護をつかさどる」と定められており、昭和47年及び平成9年の保健体育審議会答申において主要な役割が示されている。それらを踏まえて、現在、救急処置、健康診断、疾病予防などの保健管理、保健教育、健康相談活動、保健室経営、保健組織活動などを行っている。

また、子どもの現代的な健康課題の対応に当たり、学級担任等、学校医、学校歯科医、学校薬剤師、スクールカウンセラーなど学校内における連携、また医療関係者や福祉関係者など地域の関係機関との連携を推進することが必要となっている中、養護教諭はコーディネーターの役割を担う必要がある。

このような養護教諭に求められる役割を十分に果たせるよう、学校教育法における養護教諭の規定を踏まえつつ、養護教諭を中核として、担任教諭等及び医療機関など学校内外の関係者と連携・協力しつつ、学校保健も重視した学校経営がなされることを担保するような法制度の整備について検討する必要がある。

③ 養護教諭が子どもの現代的な健康課題に適切に対応していくためには、常に新たな知識や技能などを習得していく必要がある。・・・略

④ 略

⑤ 深刻化する子どもの現代的な健康課題の解決に向けて、学級担任や教科担任等と連携し、養護教諭の有する知識や技能などの専門性を保健教育に活用することがより求められていることから、学級活動などにおける保健指導はもとより専門性を生かし、ティーム・ティーチングや兼職発令を受け保健の領域にかかわる授業を行うなど保健学習への参画が増えており、養護教諭の保健教育に果たす役割が増している。そのため、保健教育の充実や子どもの現代的な健康課題に対応した看護学の履修内容の検討を行うなど、教員養成段階における教育を充実する必要がある。

⑥ 略

⑦ 近年、社会的な問題となっているいじめや児童虐待などへの対応に当たっては、すべての教職員がそれぞれの立場から連携して組織的に対応するための校内組織体制の充実を図るとともに、家庭や、地域の関係機関等との連携を推進していくことが求められている。養護教諭はその職務の特質からいじめや児童虐待などの早期発見・早期対応を図ることが期待されており、国においても、これらの課題を抱える子どもに対する対応や留意点などについて、養護教諭に最新の知見

を提供するなど、学校の取組を支援することが求められる。

⑧　子どもの健康づくりを効果的に推進するためには、学校保健活動のセンター的役割を果たしている保健室の経営の充実を図ることが求められる。そのためには、養護教諭は保健室経営計画を立て、教職員に周知を図り連携していくことが望まれる。また、養護教諭が充実した健康相談活動や救急処置などを行うための保健室の施設設備の充実が求められる。

　養護教諭の役割や抱えている課題への対応などについて、データの裏付けのもと具体的な提言がなされており、養護教諭の役割の明確化が図られている。

③　学校保健安全法から見る養護教諭の役割

　中央教育審議会答申（平成20年1月）を踏まえて学校保健法の一部改正（平成20年6月18日公布）が行われ、名称も学校保健と学校安全の両方を規定した法律であることを明確に示すため、学校保健安全法に改称された。今回の学校保健法の一部改正は、中央教育審議会答申（平成20年1月）を踏まえ、学校保健及び学校安全に関して、地域の実情や児童生徒等の実態を踏まえつつ各学校において共通して取り組まれるべき事項について規定の整備を図るとともに、学校の設置者並びに国及び地方公共団体の責務を定めたものである。

ア　学校保健安全法

　学校保健安全法における、養護教諭に関する主な事項を抜粋すると、次の通りである。

学校保健安全法（昭和33年4月公布、平成27年6月最終改正）

（保健室）

　第7条：学校には、健康診断、健康相談、保健指導、救急処置その他の保健に関する措置を行うため、保健室を設けるものとする。

（健康相談）

　第8条：学校においては、児童生徒等の心身の健康に関し、健康相談を行うものとする。

（保健指導）

　第9条：養護教諭その他の職員は、相互に連携して、健康相談又は児童生徒等の健康状態の日常的な観察により、児童生徒等の心身の状況を把握し、健康上の問題があると認めるときは、遅滞なく、当該児童生徒等に対して必要な指導を行うとともに、必要に応じ、その保護者（学校教育法第16条に規定する保護者をいう。第24条及び第30条において同じ。）に対して必要な助言を行うものとする。

（地域の医療機関等との連携）

　第10条：学校においては、救急処置、健康相談又は保健指導を行うに当たつては、必要に応じ、当該学校の所在する地域の医療機関その他の関係機関との連携を図るよう努めるものとする。

　　　・・・・・

（危険等発生時対処要領の作成等）

　第29条　3：学校においては、事故等により児童生徒等に危害が生じた場合において、当該児童生徒等及び当該事故等により心理的外傷その他の心身の健康に対する影響を受けた児童生徒等その他の関係者の心身の健康を回復させるため、これらの者に対して必要な支援を行うものとする。この場合においては、第10条の規定を準用する。

イ　学校保健法等の一部を改正する法律（平成20年法律第73号）の施行通知（平成20年7月9日）

　次に学校保健法等の一部を改正する法律（学校保健安全法）の施行通知から、養護教諭の役割と関連する主な事項を抜粋して述べる。

　（ア）学校保健計画（第5条）

学校保健法等の一部を改正する法律(平成20年法律第73号)の公布について(通知)(平成20年7月9日)

（5）学校保健計画について（第5条）

1　学校保健計画は、学校において必要とされる保健に関する具体的な実施計画であり、毎年度、学校の状況や前年度の学校保健の取組状況等を踏まえ、作成されるべきものであること。

2　学校保健計画には、法律で規定された①児童生徒等及び職員の健康診断、②環境衛生検査、③児童生徒等に対する指導に関する事項を必ず盛り込むこととすること。

3　学校保健に関する取組を進めるに当たっては、学校のみならず、保護者や関係機関・関係団体等と連携協力を図っていくことが重要であることから、学校教育法等において学校運営の状況に関する情報を積極的に提供するものとされていることも踏まえ、学校保健計画の内容については原則として保護者等の関係者に周知を図ることとすること。このことは、学校安全計画についても同様であること。

　学校保健計画に記載する事項として、新たに規定された項目は「児童生徒等に対する指導」であり、保健教育をも含めた総合的な計画を立てることが義務付けられた。養護教諭は、作成への参画はもとより、実施、評価にあたって、より積極的な役割を果たすことが求められる。

（イ）保健指導について（第9条）

学校保健法等の一部を改正する法律(平成20年法律第73号)の公布について(通知)(平成20年7月9日)

（7）保健指導について（第9条）

1　近年、メンタルヘルスに関する課題やアレルギー疾患等の現代的な健康課題が生ずるなど児童生徒等の心身の健康問題が多様化、深刻化している中、これらの問題に学校が適切に対応することが求められていることから、第9条においては、健康相談や担任教諭等の行う日常的な健康観察による児童生徒等の健康状態の把握、健康上の問題があると認められる児童生徒等に対する指導や保護者に対する助言を保健指導として位置付け、養護教諭を中心として、関係教職員の協力の下で実施されるべきことを明確に規定したものであること。

　　したがって、このような保健指導の前提として行われる第8条の健康相談についても、児童生徒等の多様な健康課題に組織的に対応する観点から、特定の教職員に限らず、養護教諭、学校医・学校歯科医・学校薬剤師、担任教諭など関係教職員による積極的な参画が求められるものであること。

2　学校医及び学校歯科医は、健康診断及びそれに基づく疾病の予防処置、改正法において明確化された保健指導の実施をはじめ、感染症対策、食育、生活習慣病の予防や歯・口の健康つくり等について、また、学校薬剤師は、学校環境衛生の維持管理をはじめ、薬物乱用防止教育等について、それぞれ重要な役割を担っており、さらには、学校と地域の医療機関等との連携の要としての役割も期待されることから、各学校において、児童生徒等の多様な健康課題に的確に対応するため、これらの者の有する専門的知見の積極的な活用に努められたいこと。

＜保健指導＞

　養護教諭を中心として関係教職員等と連携した組織的な保健指導の充実を図ることが平成20年の法改正の柱の一つになっており、養護教諭の役割として保健指導が明確に位置付けられた。

＜健康観察＞

　法における「日常的な観察による児童生徒等の健康状態の把握」とは、健康観察のことである。子どもの心身の健康問題の早期発見・早期対応を図る上で重要な役割を果たしている健康観察が法律に規定された。養護教諭には、子どもの心身の健康問題の早期発見・早期対応等において重要な役割を果たしている健康観察の充実を図るための指導的な役割が期待される。（「健康観察」については59頁を参照のこと）

＜健康相談＞

　健康相談についても、児童生徒等の多様な健康課題に組織的に対応する観点から、特定の教職員に限らず、養護教諭、学校医・学校歯科医・学校薬剤師、担任教諭など関係教職員による積極的な参画が求められた。養護教諭は、健康相談においても、より一層積極的な役割が求められている。（「健康相談」については50頁を参照のこと）

　(ウ) 危険等発生時対処要領の作成等について（第29条）

　学校保健法等の一部を改正する法律（平成20年法律第73号）の公布について（通知）（平成20年7月9日）

（10）危険等発生時対処要領の作成等について（第29条）

1　危険等発生時対処要領は、危険等が発生した際に教職員が円滑かつ的確な対応を図るために作成するものであること。内容としては、不審者の侵入事件や防災をはじめ各学校の実情に応じたものとすること。また、作成後は、毎年度適切な見直しを行うことが必要であること。

2　第3項の「その他の関係者」としては、事故等により心理的外傷その他の心身の健康に対する影響を受けた保護者や教職員が想定されること。また、「必要な支援」としては、スクールカウンセラー等による児童生徒等へのカウンセリング、関係医療機関の紹介などが想定されること。

　危険等発生時対処要領とは、危機管理マニュアルのことである。各学校において作成されているところであるが、平成20年の法改正によって法律に位置付けられた。更に、非常災害時（事件・事故を含む）における子どもの心のケアについても、心身の健康を回復させるための支援を行うことが義務付けられた。なお、法における「その他の関係者」とは、子どものみならず保護者や教職員も対象となっていることに留意する必要がある。各学校においては、危険等発生時対処要領に非常災害時における心のケアを位置付け、普段から組織体制を整えておくことが必要である。養護教諭は、非常災害時の心のケアへの対応について、指導的な役割及びスクールカウンセラーや精神科医等との専門家との連携においてコーディネーターとして積極的な役割が期待される。

（詳細については、145頁「事件・事故及び災害時の心のケア」を参照のこと）

13

④　求められている養護教諭の役割
ア　養護教諭の役割

　中央教育審議会答申及び学校保健安全法等から、養護教諭の主な役割を考察して見ると次の通りである。

1）学校内及び地域の医療機関等との連携を推進する上でのコーディネーターの役割
2）養護教諭を中心として関係教職員と連携した組織的な健康相談及び保健指導、健康観察の充実
3）学校保健のセンター的役割を果たしている保健室経営の充実（保健室経営計画の作成）
4）いじめや児童虐待など子どもの心身の健康問題の早期発見、早期対応
5）学級（ホームルーム）活動における保健指導をはじめ、TT（ティームティーチング）や兼職発令等による保健教育などへの積極的な授業参画
6）健康・安全にかかわる危機管理への対応
　　救急処置、心のケア、アレルギー疾患、感染症等
7）学校環境衛生の日常的な点検等への参画
8）専門スタッフ等との連携協働
9）校務システムを活用した健康診断結果の入力などのICT活用

イ　養護教諭の課題
　(ア) 現職研修の充実

　　現在、養護教諭の新規採用者研修及び中堅教諭資質向上研修が各都道府県において実施されている。

発育発達途上にある子どもを理解することも含め、教育は教員の資質能力に負うところが大きい。従って、教員には、継続的に学ぶという姿勢が求められる。養護教諭には、いじめ、不登校などの喫緊の健康課題を中心に教育課程の解決に向けた資質能力の向上がより一層求められている。また、日々進歩している基本的な医療の知識と技術の習得や新たな健康問題の解決を図るための対応方法の習得等が必要であり、養護教諭の役割を遂行する上でも、研修は欠かせないものである。

教育公務員特例法及び教育職員免許法の一部改正により、校長及び教員の資質の向上に関する指標の全国的整備、十年経験者研修の見直しがなされ、中堅教諭等資質向上研修に改められた。

(イ) 養成教育の充実

深刻化する子どもの現代的な健康課題の解決に向けて、学級担任や教科担任等と連携し、養護教諭の有する知識や技能などの専門性を保健教育に活用することがより求められている。

(ウ) 養護教諭の複数配置の促進

保健室へ来室する児童生徒の心身の健康課題が多様化しており、また、来室者も多い（1日平均小学校22.0人、中学校19.0人、高等学校19.8人［平成28年度日本学校保健会調査]）。一人当たりの対応時間が多くとれないなど、一人の養護教諭では、より良い対応を図ることが困難な状況にある。また、特別な配慮を必要とする児童生徒が多い状況にあり、学校、家庭、地域の関係機関との連携の推進が必要であることから養護教諭の複数配置の促進が必要である。

⑤　養護教諭の職務

職務内容を考えるにあたっては、①学校教育法、②保健体育審議会答申（昭和47年、平成9年)、③中央教育審議会答申（平成20年1月)、④学校保健安全法（平成21年4月1日施行)、「養護教諭及び栄養教諭の標準的な職務の明確化に係る学校管理規則の参考例等の送付について（通知）（令和5年7月)」等を踏まえて、養護教諭の専門領域における主な職務内容について整理したものを次に示す。

養護教諭の専門領域における主な職務内容
①　学校保健計画及び学校安全計画 　ア　学校保健計画の策定への参画と実施 　イ　学校安全計画の策定への参画と実施
②　保健管理 　ア　心身の健康管理 　　○ 救急処置 　　　◇救急体制の整備と周知 　　　◇救急処置及び緊急時の対応 　　○ 健康診断 　　　◇計画、実施、事後措置、評価 　　○ 個人及び集団の健康課題の把握 　　　◇健康観察（欠席・遅刻・早退の把握を含む）による児童生徒の心身の健康状態の把握・分析・評価 　　　◇保健情報の収集及び分析 　　　◇保健室利用状況の分析・評価 　　○ 疾病の管理と予防 　　　◇感染症・食中毒の予防と発生時の対応 　　　◇アレルギー疾患等、疾病及び障害のある児童生徒等の管理 　　　◇経過観察を必要とする児童生徒等の管理 　　○ その他 　イ　学校環境衛生の管理 　　○ 学校環境衛生 　　　◇学校環境衛生の日常的な点検への参画と実施 　　　◇学校環境衛生検査（定期検査・臨時検査）への参画

○　校舎内・校舎外の安全点検
　　◇施設設備の安全点検への参画と実施
○　その他

③　保健教育
保健教育に関する事項
ア　体育科・保健体育科の保健に関する学習
イ　関連する教科における保健に関する学習
ウ　特別活動（学級活動　ホームルーム活動、児童生徒会活動、学校行事、クラブ活動［小学校のみ]）における保健に関する学習
エ　総合的な学習（探究）の時間における保健に関する学習
オ　日常生活における指導及び子供の実態に応じた個別指導
カ　啓発活動
　　◇児童生徒等、教職員、保護者、地域住民及び関係機関等への啓発活動
キ　その他

④　健康相談
ア　心身の健康課題への対応
　　◇健康相談の実施
　　◇心身の健康課題の早期発見、早期対応
　　◇支援計画の作成・実施・評価・改善
　　◇いじめ、虐待、事件事故・災害時等における心のケア
イ　児童生徒の支援等にあたっての関係者との連携
　　◇教職員、保護者及び校内組織との連携
　　◇学校医、学校歯科医、学校薬剤師、スクールカウンセラー（ＳＣ）、スクールソーシャルワーカー（ＳＳＷ）等の専門家との連携
　　◇地域の医療機関等との連携
ウ　その他

⑤　保健指導
ア　対象者の把握
　　◇健康診断の結果、保健指導を必要とする者
　　◇保健室等での児童生徒等への対応を通して、保健指導の必要がある者
　　◇日常の健康観察の結果、保健指導を必要とする者
　　◇心身の健康に問題を抱えている者
　　◇健康生活の実践に関して問題を抱えている者
　　◇その他
イ　心身の健康課題の把握と保健指導の目標設定
ウ　指導方針・指導計画の作成と役割り分担
エ　実施・評価

⑥　保健室経営
ア　保健室経営計画の作成・実施・評価・改善
イ　保健室経営計画の教職員、保護者等への周知
ウ　保健室の設備備品の管理
エ　諸帳簿等保健情報の管理
オ　保健室の環境整備
カ　その他

⑦　保健組織活動
ア　学校保健計画の作成への参画
イ　教職員保健委員会の企画・運営への参画と実施
ウ　ＰＴＡ保健委員会活動への参画と連携
エ　児童生徒保健委員会の指導
オ　学校保健委員会、地域学校保健委員会等の企画・運営への参画と実施
カ　地域社会（地域の関係機関、大学等）との連携
キ　その他

⑧　その他
　○児童生徒等の心身の健康にかかわる研究　等

15

出典：采女智津江編集代表『新養護概説〈第13版〉』少年写真新聞社　令和6年

（2）保健主事

　昭和47年の保健体育審議会答申では、次のように保健主事の役割が述べられており、平成9年の保健体育審議会答申においてもその重要性とその資質の向上について提言されている。

　保健体育審議会答申（昭和47年12月）抜粋

　　保健主事は、学校保健委員会の運営にあたるとともに、養護教諭の協力のもとに学校保健計画の策定の中心となり、また、その計画に基づく活動の推進にあたっては、一般教員はもとより、体育主任、学校給食主任、学校医、学校歯科医および学校薬剤師等すべての職員による活動が組織的かつ円滑に展開されるよう、その調整にあたる役割を持つものである。

　さらに、中央教育審議会答申（平成20年1月）「子どもの心身の健康を守り、安全・安心を確保するために学校全体としての取組を進めるための方策について」では、保健主事の役割等について次のように述べられている。

　中央教育審議会答申（平成20年1月）抜粋

（2）保健主事

① 保健主事は、学校保健と学校全体の活動に関する調整や学校保健計画の作成、学校保健に関する組織活動の推進（学校保健委員会の運営）など学校保健に関する事項の管理に当たる職員であり、その果たすべき役割はますます大きくなっている。

　このことから、保健主事は充て職であるが、学校における保健に関する活動の調整にあたる教員として、すべての教職員が学校保健活動に関心を持ち、それぞれの役割を円滑に遂行できるように指導・助言することが期待できる教員の配置を行うことやその職務に必要な資質の向上が求められている。

② 保健主事の職務に必要な能力や資質向上のためには、国が学校保健のマネジメントに関し具体的な事例の紹介や演習などによる実践的な研修プログラムを開発し、保健主事研修会、とりわけ新任の保健主事研修会で実施できるようにするなど研修の充実を図ることが求められる。また、研修会においては、「保健主事のための手引」や事例集などの教材を活用するなど、資質向上に向けた取組の充実を図る必要がある。

　これらのことから、保健主事の主な役割は、①学校保健計画の策定　②学校保健と学校全体の活動に関する調整　③学校保健に関する組織活動の推進（学校保健委員会等）などがあげられる。

（3）学級担任や教科担任等

　学級担任や教科担任等については、心身の健康問題の早期発見・早期対応にあたって重要な役割を果たしている健康観察、保健指導、学校環境衛生の日常的な点検などの適切な実施が求められている。また、保健学習では、学級担任、保健体育教諭、養護教諭が連携して実施していくことが求められている。

　中央教育審議会答申（平成20年1月）抜粋

（3）学級担任や教科担任等

① 学級担任等は、子どもと常に身近に接していることから、メンタルヘルスやアレルギー疾患などの子どもの現代的な健康課題に対応すべく、子どもたちと向き合う時間の確保や、日々の健康観察、保健指導、学校環境衛生の日常的な点検などを適切に行うことが求められている。保健学習については、とりわけ、学級担任、保健体育教諭、養護教諭などが連携して実施していくことが求められる。また、学校保健の組織的活動を活性化する上で、養護教諭や保健主事などとともに、学級担任などの一般教諭が一丸となって積極的に取組んでいくことが必要である。（略）

② 健康観察は、学級担任、養護教諭などが子どもの体調不良や欠席・遅刻などの日常的な心身の健康状態を把握することにより、感染症や心の健康課題などの心身の変化について早期発見・早期対応を図るために行われるものである。また、子どもに自他の健康に興味・関心を持たせ、自己管理能力の育成を図ることなどを目的として行われるものである。（略）

③ 学級担任等により毎朝行われる健康観察は特に重要であるため、全校の子どもの健康状態の把握方法について、初任者研修をはじめとする各種現職研修などにおいて演習などの実践的な研修を行うことやモデル的な健康観察表の作成、実践例の掲載を含めた指導資料作成が必要である。

（4）校長・教頭等

　校長・副校長・教頭等の管理職については、リーダーシップを発揮し、学校保健を重視した学校経営、感染症などのまん延防止、校内の組織体制づくり、地域社会の関係機関等との連携を図るための組織体制づくりなどの役割が求められている。

　中央教育審議会答申（平成20年1月）抜粋

（4）校長・教頭等

① 学校経営を円滑にかつ効果的に実施していくためには、子どもの健康づくりが重要であることから、学校保健を重視した学校経営を行うことが求められる。特に、インフルエンザ、麻しんのような伝染病の校内まん延防止など、健康に関する危機管理は重要な課題である。

② 学校保健活動を推進し、子どもの現代的な健康課題の解決などを図るためには、校長自らが学校保健の重要性を再認識し、学校経営に関してリーダーシップを発揮することにより、学校内（学校保健委員会を含む）や地域社会における組織体制づくりを進めていくことが求められる。

③ 略

教諭等の標準的な職務の内容及びその例

番号	区分	職務の内容	職務の内容の例
2	主として学校の管理運営に関すること	学校の組織運営に関すること	学校経営及び運営方針の策定への参画 各種委員会の企画及び運営 学年・学級運営 学校業務改善の推進
		学校評価に関すること	自己評価の企画及び実施 学校関係者評価等の企画及び実施 学校に関する情報の提供
		研修に関すること	校内研修の企画、実施及び受講 法定研修その他の職責を遂行するために必要な研修の受講
		保護者及び地域住民等との連携及び協力の推進に関すること	関係機関や外部人材、地域、保護者との連絡及び調整
		その他学校の管理運営に関すること	学校の保健計画に基づく児童生徒の指導 学校の環境衛生点検 学校の安全計画等に基づく児童生徒の安全指導及び安全点検

養護教諭の標準的な職務の内容及びその例

番号	区分	職務の内容	職務の内容の例
1	主として保健管理に関すること	健康診断、救急処置、感染症の予防及び環境衛生に等に関すること	健康診断の実施（計画・実施・評価及び事後措置） 健康観察による児童生徒の心身の健康状態の把握・分析・評価 緊急時における救急処置等の対応 感染症等の予防や発生時の対応及びアレルギー疾患等の疾病の管理 学校環境衛生の日常的な点検等への参画
		健康相談及び保健指導に関すること	心身の健康課題に関する児童生徒への健康相談の実施 健康相談等を踏まえた保健指導の実施 健康に関する啓発活動の実施
		保健室経営に関すること	保健室経営計画の作成・実施 保健室経営計画の教職員、保護者等への周知 設備・備品の管理や環境衛生の維持をはじめとした保健室の環境整備
		保健組織活動に関すること	学校保健計画の作成への参画 学校保健委員会や教職員の保健組織（保健部）等への参画
2	主として保健教育に関すること	各教科等における指導に関すること	各教科等における指導への参画（ティーム・ティーチング、教材作成等）

出典：「養護教諭及び栄養教諭の標準的な職務の明確化に係る学校管理規則の参考例等の送付について（通知）」文部科学省初等中等教育局　令和5年7月

備考
（一）養護教諭は、教育職員免許法（昭和二十四年法第百四十七号）附則第十四項に基づき、当分の間、その勤務する学校において、保健の教科の領域に係る事項の授業を担任する教諭又は講師となることができるとされており、兼職発令を受けることにより、養護教諭としてではなく、教諭・講師として当該職務を遂行することが可能である。
（二）校長は、各学校や地域の実情を踏まえ、上記に掲げていない職務であっても、教諭等の標準的な職務の内容及びその例並びに教諭等の職務の遂行に関する要綱の別表番号2「主として学校の管理運営に関すること」に掲げるものを参考とした上で、養護教諭の職務とすることも可能である。

19

(5) 学校医、学校歯科医及び学校薬剤師

　学校医等には、学校と地域の医療機関とのつなぎ役、専門的な立場からの保健指導、疾病予防、学校保健委員会への積極的な参画及び指導助言などの役割が求められている。なお、学校医等の職務については、学校保健安全法施行規則に規定されている。平成21年3月の改正により、学校医、学校歯科医、学校薬剤師の職務準則に学校生活全般にわたる保健指導、健康相談が規定された。

┌─ 　中央教育審議会答申（平成20年1月）抜粋 ─
│
│（5）学校医、学校歯科医、学校薬剤師
│
│① 学校保健法では、「学校医、学校歯科医及び学校薬剤師は、学校における保健管理に関する専門
│　的事項に関し、技術及び指導に従事する」とその職務が明記されている。また、同施行規則にお
│　いて、学校医、学校歯科医は健康診断における疾病の予防への従事及び保健指導を行うことが明
│　記されている。
│
│② これまでの学校保健において、学校医、学校歯科医、学校薬剤師が専門的見地から果たした役
│　割は大きいものであった。今後は、子どもの従来からの健康課題への対応に加え、メンタルヘル
│　スやアレルギー疾患などの子どもの現代的な健康課題についても、学校と地域の専門的医療機関
│　とのつなぎ役になるなど、引き続き積極的な貢献が期待される。
│
│③ 学校医、学校歯科医の主要な職務の一つとして、健康診断がある。健康診断においては、疾患や
│　異常を診断し、適切な予防措置や保健指導を行うことが求められており、近年、重要性が増してい
│　る子どもの生活習慣病など、新たな健康課題についても、学校医、学校歯科医は正しい情報に基づ
│　く適切な保健指導を行うことが必要である。また、学校の設置者から求められ、学校の教職員の健
│　康診断を担当している学校医も見られるところであり、学校保健法に基づく職員の健康診断では、
│　生活習慣病予防など疾患予防の観点からの健康管理の重要性が増していることから、教職員に対す
│　る保健指導が効果的に行われる環境を整えていくことについても、検討することが望まれる。
│
│④ 学校薬剤師は、健康的な学習環境の確保や感染症予防のために学校環境衛生の維持管理に携わっ
│　ており、また、保健指導においても、専門的知見を生かし薬物乱用防止や環境衛生に係る教育に
│　貢献している。また、子どもに、生涯にわたり自己の健康管理を適切に行う能力を身に付けさせ
│　ることが求められる中、医薬品は、医師や薬剤師の指導の下、自ら服用するものであることから、
│　医薬品に関する適切な知識を持つことは重要な課題であり、学校薬剤師がこのような点について
│　更なる貢献をすることが期待されている。
│
│⑤ また、学校医、学校歯科医、学校薬剤師は、学校保健委員会などの活動に関し、専門家の立場
│　から指導・助言を行うなど、より一層、積極的な役割を果たすことが望まれる。
│
│⑥ 近年、子どもの抱える健康課題が多様化、専門化する中で、子どもが自らの健康課題を理解し、
│　進んで管理できるようにするためには、学校医、学校歯科医、学校薬剤師による専門知識に基づい
│　た効果的な保健指導が重要である。その中でも、学校医、学校歯科医、学校薬剤師が、急病時の対
│　応、救急処置、生活習慣病の予防、歯・口の健康、喫煙、飲酒や薬物乱用の防止などについて特別
│　活動等における保健指導を行うことは、学校生活のみならず、生涯にわたり子どもにとって有意義
│　なものになると考えられる。学校医、学校歯科医、学校薬剤師が保健指導を行うに当たっては、子
│　どもの発達段階に配慮し、教科等の教育内容との関連を図る必要があることから、学級担任や養護
│　教諭のサポートが不可欠であり、学校全体の共通理解の上で、より充実を図ることが求められる。
└

　下記は、学校保健安全法施行規則に規定されている学校医、学校歯科医、学校薬剤師の職務準則である。

┌─ 学校保健安全法施行規則（昭和33年6月公布、令和5年4月最終改正）─────

第4章　学校医、学校歯科医及び学校薬剤師の職務執行の準則

（学校医の職務執行の準則）

　第22条：学校医の職務執行の準則は、次の各号に掲げるとおりとする。

　一　学校保健計画及び学校安全計画の立案に参与すること。

　二　学校の環境衛生の維持及び改善に関し、学校薬剤師と協力して、必要な指導及び助言を行うこと。

　三　法第8条の健康相談に従事すること。

　四　法第9条の保健指導に従事すること。

　五　法第13条の健康診断に従事すること。

　六　法第14条の疾病の予防処置に従事すること。

　七　法第2章第4節の感染症の予防に関し必要な指導及び助言を行い、並びに学校における感染症及び食中毒の予防処置に従事すること。

　八　校長の求めにより、救急処置に従事すること。

　九　市町村の教育委員会又は学校の設置者の求めにより、法第11条の健康診断又は法第15条第1項の健康診断に従事すること。

　十　前各号に掲げるもののほか、必要に応じ、学校における保健管理に関する専門的事項に関する指導に従事すること。

　2　学校医は、前項の職務に従事したときは、その状況の概要を学校医執務記録簿に記入して校長に提出するものとする。

┌──────────────────────────────────────

（学校歯科医の職務執行の準則）

　第23条：学校歯科医の職務執行の準則は、次の各号に掲げるとおりとする。

　一　学校保健計画及び学校安全計画の立案に参与すること。

　二　法第8条の健康相談に従事すること。

　三　法第9条の保健指導に従事すること。

　四　法第13条の健康診断のうち歯の検査に従事すること。

　五　法第14条の疾病の予防処置のうち齲歯その他の歯疾の予防処置に従事すること。

　六　市町村の教育委員会の求めにより、法第11条の健康診断のうち歯の検査に従事すること。

　七　前各号に掲げるもののほか、必要に応じ、学校における保健管理に関する専門的事項に関する指導に従事すること。

　2　学校歯科医は、前項の職務に従事したときは、その状況の概要を学校歯科医執務記録簿に記入して校長に提出するものとする。

┌──────────────────────────────────────

（学校薬剤師の職務執行の準則）

　第24条：学校薬剤師の職務執行の準則は、次の各号に掲げるとおりとする。

　一　学校保健計画及び学校安全計画の立案に参与すること。

　二　第1条の環境衛生検査に従事すること。

　三　学校の環境衛生の維持及び改善に関し、必要な指導及び助言を行うこと。

　四　法第8条の健康相談に従事すること。

　五　法第9条の保健指導に従事すること。

　六　学校において使用する医薬品、毒物、劇物並びに保健管理に必要な用具及び材料の管理に関し必要な指導及び助言を行い、及びこれらのものについて必要に応じ試験、検査又は鑑定を行うこと。

七　前各号に掲げるもののほか、必要に応じ、学校における保健管理に関する専門的事項に関する技術及び指導に従事すること。

2　学校薬剤師は、前項の職務に従事したときは、その状況の概要を学校薬剤師執務記録簿に記入して校長に提出するものとする。

(6) 教育委員会（学校保健担当指導主事）

学校保健担当指導主事は、学校の状況の適切な把握、指導助言、学校保健委員会、地域学校保健委員会などの組織づくり及びその活性化などの役割が求められている。

中央教育審議会答申（平成20年1月）抜粋

（7）教育委員会における体制の充実

① 教育委員会においては、現在、各都道府県で学校保健を担当する指導主事として、養護教諭のほか一般教諭などが充てられている状況にある。今後、学校が学校保健活動を充実させるためには、指導主事による適切な指導・助言が不可欠であり、養護教諭出身の指導主事はもとより、養護教諭出身以外の指導主事などの学校保健に係る資質向上が求められる。

また、学校保健を担当する指導主事には、各学校の状況の適切な把握や、それを踏まえた改善のための指導・助言などの取組はもとより、地域学校保健委員会、学校保健委員会などの組織づくりや設置された組織が活性化するための働きかけが求められる。

さらに、各学校への指導助言を充実する観点から、学校保健を担当する指導主事の複数配置や退職養護教諭の活用などが望まれる。（略）

(7) スクールカウンセラー（SC）

スクールカウンセラーには、個別面談、教職員へのコンサルテーション、校内組織への参画、養護教諭及び教職員との共通理解、地域の専門機関との連携などの役割が求められている。

中央教育審議会答申（平成20年1月）抜粋

（6）スクールカウンセラー

①（略）

②「心の専門家」であるスクールカウンセラーは、子どもに対する相談、保護者や教職員に対する相談、教職員などへの研修のほか、事件・事故や自然災害などの緊急事態において被害を受けた子どもの心のケアなど、近年ではその活動は多岐にわたっており、学校の教育相談体制において、その果たす役割はますます大きくなっている。つまり、子どもの状態や子どもをめぐる緊急事態への見立て、個別面接、教職員へのコンサルテーション、関係機関との連携に関するつなぎ役など、臨床心理の専門性に基づく助言・援助は学校における組織的な相談体制の中で重要な役割を占めている。

③ 多様化、深刻化している子どもの現代的な健康課題を解決するためには、メンタルヘルスに関する課題にも対応できるよう、校内組織にスクールカウンセラーの参画を得るなど、スクールカウンセラーを効果的に活用して、心身両面から子どもにかかわる養護教諭をはじめとした教職員との情報の共通理解や地域の専門機関との連携を推進していくことが求められる。

(8) 栄養教諭・学校栄養職員

学校栄養職員は、これまで学校給食の栄養管理や衛生管理などに携わり、担任教諭等の行う給食指導などに専門的な立場からの協力を行ってきた。しかしながら、学校栄養職員が食に関する指導を行うために必要な専門性は制度的に担保されていなかったことから、児童生徒の栄養の指導及び管理をつかさ

どる職員として、平成16年度に栄養教諭制度が創設された。栄養教諭は、学校給食の管理のほか、食に関する指導のコーディネーターとしての役割、食に関する指導、食に関する指導の中核的な役割が求められている。

(9) 特別支援学校に配置されている看護師

　在宅医療の技術的進歩と普及、及び長期入院や施設入所療育から在宅療育へという方向性の結果として、日常的に医療的対応を必要とする障害児が増加しており、学校教育の場での適切な対応が求められている中、文部科学省・厚生労働省では「養護学校等における医療的ケアモデル事業」を実施するなどして、対応の在り方を検討してきた。その結果、平成16年10月の厚生労働省医政局長通知により、医療的ケアは看護師による対応を優先させることを原則として、一定の条件のもとに教員によるたんの吸引等（3行為：咽頭より手前の痰の吸引、咳や嘔吐、喘鳴等問題のない児童生徒で、留置されている管からの注入による経管栄養、自己導尿の補助）への関与が許容されることになった。そのため、特別支援学校において、日常的・応急手当（いわゆる医療的ケア）が必要な児童生徒を受け入れるにあたっては、看護師との連携の下に進めていくことになった。

　特別支援学校における看護師の役割としては、文部科学省の研修会の資料を見ると、次のようなことがあげられている。①学校長の統括の下で行われる校内委員会への参画　②定期的な実施体制の評価・検証（ヒヤリハット事例の蓄積・分析など）　③当該児童生徒等に係る日常的・応急的手当の研修を受けることによって病状・留意点の把握に努めること　④看護師との連携により教員による日常的・応急手当が行われる場合は、（主治医からの書面による指示を受けた上で）教員に対して具体的な指示や相談に応じること　⑤児童生徒等の健康状態について保護者、主治医、学校医、養護教諭、教員等と情報交換を行い連携を図ること　⑥指示書、実施記録などを適切に管理・保管するなどである。

(10) 地域の関係機関

　近年、児童生徒の心身の健康問題の対応にあたっては、医療機関等との連携を必要とする事例が多くなっていることから学校のみで解決するのは難しい状況にある。そのため、地域レベルの組織体制づくりが必要となっており、地域の関係機関との連携を図っていくためには、地域にある関係機関等の把握に努め、地域資源の活用を図ることが大切である。

＜地域社会の主な関係機関等一覧＞

地域社会の主な関係機関等	主な相談の内容	関連法規
教育センター 教育委員会所管の機関　等	いじめ、ひきこもり、不登校、セクシャルハラスメント、体罰、発達障害、学習や進路の悩み　等	義務教育機会確保法、いじめ防止対策推進法、発達障害者支援法
児童相談所 児童相談センター 児童家庭支援センター　等	養護相談（虐待相談、教育困難に関する相談）、保健相談（一般的健康管理に関する相談）、心身障害相談（視聴覚、言語発達、肢体不自由児、重症心身、知的、ことばの遅れ（知的遅れ））、発達障害相談、非行相談（虞犯行為等、触法行為等）、育成相談（不登校、性格行動、しつけ、適性、ことばの遅れ（家庭環境による））　等	児童福祉法、児童虐待の防止に関する法律
福祉事務所	生活保護、母子生活支援施設への入所、知的及び身体障害者（児）福祉に関する相談	社会福祉法、児童虐待の防止に関する法律
精神保健福祉センター	精神保健及び精神障害者の福祉に関する相談及び指導のうち複雑または困難なもの 引きこもりの問題に悩む家族に対する相談窓口 精神障害者保健福祉手帳の交付　等	精神保健及び精神障害者福祉に関する法律
発達障害者支援センター	発達障害に関する相談、発達支援や就労支援　等	発達障害者支援法

保健所 保健センター （福祉事務所と統合された保健センターもある）	うつ病、ひきこもり、アルコール問題、思春期の健康相談、エイズに関する相談　等 （専門的、広域的な業務は保健所で対応し、身近な健康問題は市町村保健センターで対応している）	地域保健法
警察 犯罪被害者支援	少年法の問題、ストーカーなどの被害、児童虐待、いじめなどの問題等の相談　等 犯罪被害者やその家族に対する相談及び情報の提供、保健医療サービス・福祉サービスの提供、犯罪被害者の二次被害防止・安全確保　等	警察法、犯罪被害者等基本法　等
配偶者暴力相談支援センター 女性センター （対象は、被害者とその同伴家族）	配偶者からの暴力の防止及び被害者やその同伴家族の保護を図るため、相談や相談機関の紹介、カウンセリング、被害及び同伴者の一時保護、自立して生活することを促進するための情報提供やその他の援助、被害者を居住させ保護する施設の利用についての情報提供その他の援助、保護命令制度の利用についての情報提供　等	配偶者からの暴力の防止及び被害者の保護に関する法律
家庭裁判所	少年の非行や虞犯についての対応の仕方、夫婦関係や親権、その他の人間関係に関する法的問題の相談	裁判所法
電話の相談 （いのちの電話　等）	特に内容についての制限はないが、自殺防止やいじめ相談等の利用が多い	いじめ防止対策推進法
特別支援学校	特別支援教育に関する相談	学校教育法
民生委員・児童委員	児童に関しては、虐待の防止・早期発見、在宅援助などを行っている	民生委員法、児童福祉法

出典：「教職員のための子どもの健康観察の方法と問題への対応」
　　　文部科学省（https://www.mext.go.jp/a_menu/kenko/hoken/1260335.htm）（平成21年）一部改変

(11) スクールソーシャルワーカー

　平成27年12月に出された中央教育審議会答申「チームとしての学校の在り方と今後の改善方策について」では、従来よりも複雑化・多様化している学校の課題に対し、校長のリーダーシップのもと、学校や教員が心理や福祉等の専門家（専門スタッフ）や専門機関と連携・分担する体制を整備し、学校の機能を強化していくことが重要であるとされた。この中で、スクールソーシャルワーカーの活用が一層推進されることとなったが、養護教諭は、今後スクールソーシャルワーカーが配置されている学校において、「協働のための仕組みやルールづくりを進めることが重要」とされている。スクールソーシャルワーカーは、福祉の専門家として、問題を抱える児童生徒等が置かれた環境への働きかけや、地域の関係機関等とのネットワークの構築・連携、学校内におけるチーム体制支援などの役割を果たしているが、各学校における活用状況はまだ十分とはいえず、今後一層の量的拡充・資質の確保が検討されている。

3 学校経営と学校保健

1）学校経営における学校保健の位置付け

　学校経営は、一般に「学校の教育目的や目標の効果的な達成を目指して、学校の諸活動を編成・展開し、そのための組織の維持・整備・発展を図る統括作用」（東洋他『学校教育辞典』教育出版）といわれている。

　学校経営の目的は、教育課程を適切に編成・実施し、児童生徒に質の高い教育を保障することにある。また、学校経営の当事者は、学校を組織する校長をはじめ、すべての教職員であり、このすべての教職員が、教育目標の達成を目指して、それぞれの役割と責任を果たし、学校経営に積極的に参画することが求められる。

　校長は、学校教育目標を達成するために、学校経営の運営構想を示し、当該年度の学習指導・保健指

導、生活指導・進路指導・学校運営等の具体的な目標と方策を策定して、教職員全員がその具体的な目標に向かい協働体制を確立し、その成果を評価して結果を公表することが求められている。

　教育活動を展開するためには、各教職員の役割と責任において、学校全体を視野に置いた計画書の作成が必要であり、学年経営計画、学級経営計画、学校保健計画、学校安全計画及び保健室経営計画など、児童生徒の実態に即した単年度計画を作成して実施し、教育目標の具現化を図ることが必要である。

　多様化した児童生徒の心身の健康課題を解決し、健康つくりを推進するためには、学校経営に学校保健を明確に位置付け、計画的・組織的に学校保健活動が推進できるようにすることが重要である。

2）教育課程の編成と学校保健

　学校経営を進めるにあたって、大きな位置を占めているのが教育課程の編成であることから、教育課程に関して、教育基本法等に示されている事項を下記に示す。

　＜教育基本法＞
「第6条2：前項の学校においては、教育の目標が達成されるよう、教育を受ける者の心身の発達に応じて、体系的な教育が組織的に行われなければならない。この場合において、教育を受ける者が、学校生活を営む上で必要な規律を重んずるとともに、自ら進んで学習に取り組む意欲を高めることを重視して行われなければならない。」

　＜学校教育法＞
　小学校、中学校、高等学校、特別支援学校等の段階における教育の目標を定めるとともに、教育課程に関する事項は、文部科学大臣が定めるとしている。

　＜学校教育法施行規則＞
　小学校、中学校、高等学校、特別支援学校等の教育課程（各教科、道徳、外国語活動、総合的な学習の時間、特別活動等）の編成について規定している。

　＜学習指導要領総則＞
　学習指導要領総則に学校教育の基本と教育課程の役割が述べられており、学校における体育・健康に関する指導については、児童生徒の発達の段階を考慮して教育活動全体を通じて適切に行うものとすると規定されている。

【参考文献・引用】
　「子どもの心身の健康を守り、安全・安心を確保するために学校全体としての取組を進めるための方策について（答申）」　文部科学省中央教育審議会　平成20年1月
　「チームとしての学校の在り方と今後の改善方策について（答申）」文部科学省中央教育審議会　平成27年
　「学校保健安全法」　平成21年4月1日施行
　「養護教諭及び栄養教諭の標準的な職務の明確化に係る学校管理規則の参考例等の送付について（通知）」文部科学省初等中等教育局　令和5年7月
　『保健室経営計画作成の手引』　財団法人日本学校保健会　平成26年2月
　「特別支援学校における医療的ケアに関する基礎資料」　文部科学省初中局特別支援課　平成21年7月
　『教職員のための健康観察の方法と問題への対応』　文部科学省　平成21年3月
　『保健主事に関する状況調査報告書』公益財団法人 日本学校保健会　平成26年
　『小学校学習指導要領』文部科学省　平成29年3月
　『中学校学習指導要領』文部科学省　平成29年3月

II　学校保健計画

1 学校保健計画の意義

　学校保健は、「学校における保健教育及び保健管理をいう。」（文部科学省設置法第4条第12号）とされているように、適切な保健教育と保健管理を行うことにより、児童生徒や教職員の健康を保持増進し、心身ともに健康な国民の育成を図るという教育目的の達成に寄与することを目指して行われる活動である。その具現化を図るために全教職員及び家庭や地域の関係機関・団体等との連携を図りつつ、年間を通した学校保健に関する事項を、学校全体の教育活動と関連づけながら計画を策定し、実施しなければならない。

　学校教育の目的を達成するためには、学校保健の円滑な実施により、児童生徒や教職員の健康の保持増進を図ることが求められている。心身の健康の保持増進等を図るための活動の基本には、関連領域との連携を図って年間計画を立て、実践することが重要である。

学校保健安全法（昭和33年4月公布、平成27年6月最終改正）

（学校保健計画の策定等）
　第5条：学校においては、児童生徒等及び職員の心身の健康の保持増進を図るため、児童生徒等及び職員の健康診断、環境衛生検査、児童生徒等に対する指導その他保健に関する事項について計画を策定し、これを実施しなければならない。

---

2 学校保健計画の内容

　学校保健計画に係る事項に関しては、昭和47年の保健体育審議会答申「児童生徒等の健康の保持増進に関する施策について」の「第2部　施策、4　学校における保健管理体制の整備　（1）学校保健計画と組織的活動」において次のように述べられている。

保健体育審議会答申（昭和47年12月）

　学校保健計画は、学校における児童生徒、教職員の保健に関する事項の具体的な実施計画であるが、この計画は、学校における保健管理と保健教育との調整にも留意するとともに、体育、学校給食など関連する分野との関係も考慮して策定することがたいせつである。

　また、この計画を適切に策定し、それを組織的かつ効果的に実施するためには、学校における健康の問題を研究協議し、それを推進するための学校保健委員会の設置を促進し、その運営の強化を図ることが必要である。

　また、文部科学省スポーツ・青少年局長通知（平成20年7月9日）において留意事項として次のようになっている。

学校保健法等の一部を改正する法律の公布について（通知）（平成20年7月）

　1　学校保健計画は、学校において必要とされる保健に関する具体的な実施計画であり、毎年度、学校の状況や前年度の学校保健の取組状況等を踏まえ、作成されるべきものであること。
　2　学校保健計画には、法律で規定された①児童生徒等及び職員の健康診断、②環境衛生検査、③児童生徒等に対する指導に関する事項を必ず盛り込むこととすること。
　3　学校保健に関する取組を進めるに当たっては、学校のみならず、保護者や関係機関・関係団体等と連携協力を図っていくことが重要であることから、学校教育法等において学校運営の状況に

関する情報を積極的に提供するものとされていることも踏まえ、学校保健計画の内容については原則として保護者等の関係者に周知を図ることとすること。このことは、学校安全計画についても同様であること。

学校保健計画に盛り込む内容

　学校保健安全法に関連する内容や児童生徒の健康実態に基づいて各学校で計画に盛り込む内容を検討しなければならない。

（参考）

①保健教育に関する事項
　・体育科・保健体育科での学年別・月別の保健学習の指導事項
　・理科、生活科、家庭科等関連教科における保健に関する指導事項
　・道徳における保健に関連する指導事項
　・学級活動・ホームルーム活動での月別・学年別指導事項
　・学校行事の健康安全・体育的行事の保健に関する行事
　・児童会活動・生徒会活動で予想される活動
　・個別的な保健指導（心の健康に関する健康相談を含む）
　・その他の必要な保健指導

②保健管理に関する事項
　・健康観察や保健調査
　・児童生徒の定期・臨時の健康診断
　・健康診断の事後措置
　・職員の健康診断
　・学校保健安全法第8条の健康相談
　・定期・臨時の学校環境衛生検査・事後措置
　・学校環境の美化清掃
　・身長及び体重の測定
　・感染症・食中毒の予防措置
　・児童生徒の健康に対する意識や生活行動に関する調査
　・その他必要な事項

③組織活動に関する事項
　・学校内における組織活動
　・学校保健委員会
　・地域・関係機関、団体との連携
　・学校保健に関する校内研修
　・学校保健活動の評価、その他必要な事項

3 学校保健計画の運営について

1）運営上の観点

　学校保健計画の実施にあたっては、計画が確実に実施に移されて運営されることが大切であり、この責任者は学校長であるが、直接の企画運営の責任は保健主事に委任されている。

　保健主事は、学校保健計画が確実に教育活動の中で具現化されているか、教職員全員がそれぞれの役割を果たす上で実施上の困難や問題あるいは混乱はないか等々を常に把握し、時には改善を図る等絶えず配慮する必要がある。

　次のような運営上の観点が考えられる。

①活動ごとの実施計画を作成する。

　　保健教育の領域では、特別活動の学級活動・ホームルーム活動における保健指導の年間指導計画や清掃指導計画、保健管理の領域では、定期・臨時健康診断の実施計画や健康観察実施要領、定期・臨時の学校環境衛生検査計画等を作成し、全校教職員の共通理解を図り、実施の成果が上がるようにする。

②保健指導の指導計画は、学年別に毎月主題ごとの指導計画を作成し、資料や教材を整え、活用できるようにする。

③養護教諭の専門性を生かし、役割が十分発揮できるようにすることはもちろんのこと、学校医、学校歯科医、学校薬剤師の専門性の活用を図る。

④教育効果をより高めるには、教職員の健康管理と職場の環境整備は欠かせない条件であることから、教職員の健康に配慮し、環境づくりに協力する。

⑤学校保健計画の評価を大切にする。

　　学校保健計画の展開にあたり、全校的な推進体制、保健管理、保健教育、組織活動の各分野について、教職員が役割分担をして自己評価を行い、年度の反省をすると同時に次年度の学校保健計画立案に役立てるようにする。

２）学校保健計画実施上の配慮事項

①教職員保健部等の打ち合わせを毎月持ち、情報交換や進行状況を確認し合う。

②教職員保健部等を中心に、主な活動ごとの責任者を明確にする。

③学校保健計画の学級化が図られるようにするため、必要に応じて月間計画の作成についても考慮する。

④学校医、学校歯科医、学校薬剤師等との連携を図る。

３）学校保健計画の評価

①学校保健計画の評価の考え方

　　学校保健活動は、学校教育目標の具現化を図るための活動であり、結果として子どもの心身の健康の保持増進につながるものでなければならない。したがって、その評価は、計画の立案から実施に至るまでの経過、手順や方法、内容及び活動の成果等について総合的に実施し、次の活動の改善につながるように配慮して行わなければならない。

　　評価の実施にあたっては、学校経営評価の一環として、全職員が参加し、学校の実情に即して、学校保健計画（保健教育、保健管理、保健に関する組織活動等）について、学校保健目標及び年度の重点目標に照らして、具体的な評価の観点及び内容を設定して実施できるようにする。その際、養護教諭は、保健主事（養護教諭が兼務している場合は職員保健部）と協力し、評価の観点及び内容の設定、評価の実施、評価結果の分析等を行うために積極的な役割を果たしていくことが必要である。

②学校保健計画の評価の視点

　・子どもの成長、変容する姿を教育活動の中でどのように捉えたか。

　・教職員一人一人がどのように共通理解し、協力して教育活動にあたったか。

　・学校が、家庭、地域社会とどのように連携・協力し合って教育活動にあたったか。

③評価を実施する上での留意点

　・保健教育の評価は、学習指導要領及び児童生徒指導要録の目標や評価の観点等に即して行う。

　・保健管理は、学校保健安全法等の法令及び通知等に即して行う。

　・子どもの変容や数値の実現の状況のみでなく、教師の指導や関わり方、活動の過程や地域社会との関わり方も評価できるようにする。

　・各学校の実情なども勘案して、評価の分担や方法を工夫する。

　・評価の結果を次の活動に生かすようにする。

・評価結果の活用や公表にあたっては、個人情報の保護、人権やプライバシーに抵触しないように十分留意する。

【参考文献・引用】

「児童生徒の健康の保持増進に関する施策について（答申）」　文部省保健体育審議会　昭和47年

『新学校保健法の解説』　渋谷敬三　第一法規出版　〈第五次改訂版〉平成13年

『養護教諭講座・1　養護教諭の職務』　杉浦守邦他　東山書房　平成10年

「生涯にわたる心身の健康の保持増進のための今後の健康に関する教育及びスポーツの振興の在り方について　（答申）」　文部省保健体育審議会　平成9年

『保健主事の手引〈三訂版〉』　財団法人 日本学校保健会　平成16年

「子どもの心身の健康を守り、安全・安心を確保するために学校全体として取組を進めるための方策について（答申）」　文部科学省中央教育審議会　平成20年

『「生きる力」をはぐくむ学校での歯・口の健康つくり』　文部科学省　平成17年

『保健主事のための実務ハンドブック』　文部科学省　平成22年

『保健主事のための実務ハンドブック（令和2年度改訂)』　公益財団法人 日本学校保健会　令和3年

〈memo〉

表1－1　令和〇年度　学校保健年間計画例（小学校）

学校保健目標　　自ら健康に気を付け、進んで問題を改善しようとする態度や実践力を育てる。

今年度の重点目標　系統性のある歯科保健活動を実施し、子どもたちが歯の大切さを理解し自らむし歯や歯周病の予防ができるようにする。

月	保健目標	学校保健関連行事	保健管理	
			対人管理	対物管理
4	自分の体の発育状態や健康状態について知ろう	・定期健康診断 ・大掃除	・保健調査 ・健康観察の確認と実施・健康相談 ・健康診断の計画と実施と事後措置（身体測定・内科検診、歯科検診、視力検査、聴力検査等） ・結核検診、運動器検診の問診 ・有所見者の生活指導 ・手洗いの励行	・清掃計画配布 ・大掃除 ・飲料水等の水質及び施設・設備の検査 ・雑用水の水質及び施設・設備の検査 ・机、いすの高さ、黒板面の色彩の検査
5	運動会を元気に迎えよう	・定期健康診断 ・運動会 ・新体力テスト ・避難訓練	・健康観察の実施（強化）・健康相談 ・健康診断の実施と事後措置（結核検診、耳鼻科検診、眼科検診、尿検査等） ・有所見者の生活指導 ・運動会前の健康調査と健康管理	・照度、まぶしさ、騒音レベルの検査 ・運動場の整備
6	歯を大切にしよう 梅雨時の健康に気をつけよう	・第1回学校保健委員会 ・歯と口の健康週間 ・プール開き ・心肺蘇生法	・健康観察の実施・健康相談 ・歯と口の健康の取組 ・水泳時の救急体制と健康管理 ・食中毒・感染症予防 ・熱中症予防	・水泳プールの水質及び施設・設備の衛生状態の検査
7	夏を元気に過ごそう	・個人懇談 ・大掃除	・健康観察の実施・健康相談 ・水泳時の救急体制と健康管理 ・夏休みの健康生活指導と健康管理	・換気、温度、相対湿度、浮遊粉じん、気流、一酸化炭素及び二酸化窒素の検査 ・ネズミ、衛生害虫等の検査 ・水泳プールの水質検査 ・揮発性有機化合物の検査 ・ダニ又はダニアレルゲンの検査 ・清掃用具の点検・整備
8 9	生活リズムを整えよう	・身長・体重測定 ・プール納め ・避難訓練 ・修学旅行6年	・健康観察の実施（強化）・健康相談 ・夏休みの健康調査 ・疾病治療状況の把握 ・修学旅行前の健康調査と健康管理 ・手洗いの励行	・日常点検の励行
10	目を大切にしよう	・目の愛護デー ・視力検査 ・就学時の健康診断 ・宿泊学習5年	・健康観察の実施・健康相談 ・目の健康について ・正しい姿勢について ・就学時の健康診断の協力 ・宿泊前の健康調査と健康管理	・照度、まぶしさ、騒音レベルの検査 ・雑用水の水質及び施設の検査
11	寒さに負けない体をつくろう	・第2回学校保健委員会 ・いい歯の日	・健康観察の実施・健康相談 ・屋外運動の奨励と運動後の汗の始末 ・かぜやインフルエンザの予防 ・歯と口の健康の取組	
12	室内の換気に注意しよう	・健康相談 ・個人懇談 ・大掃除	・健康観察の実施・健康相談 ・かぜの罹患状況把握 ・室内の換気及び手洗いの励行 ・冬休みの健康生活指導と健康管理	・大掃除の実施の検査
1	外で元気に遊ぼう	・身長・体重測定 ・避難訓練	・健康観察の実施（強化）・健康相談 ・冬休みの健康調査 ・屋外運動の奨励と運動後の汗の始末 ・かぜの罹患状況把握 ・疾病治療状況の把握	・日常点検の励行 ・換気、温度、相対湿度、浮遊粉じん、気流、一酸化炭素及び二酸化窒素の検査 ・雨水の排水溝等、排水の施設・設備の検査 ・ストーブ管理
2	かぜをひかないように健康管理をしよう	・第3回学校保健委員会 ・新入生説明会、一日入学	・健康観察の実施・健康相談 ・屋外運動の奨励 ・かぜの罹患状況把握 ・室内の換気及び手洗いの励行	・ストーブ管理
3	健康生活の反省をしよう	・耳の日 ・大掃除	・健康観察の実施 ・一年間の健康生活の反省 ・春休みの健康生活指導と健康管理 ・新年度の計画	・保健室の整備 ・学校環境衛生検査結果等のまとめと次年度への課題整理 ・清掃用具の点検・整備

○○小学校

月	保健教育				組織活動
	教科等	特別活動		個別・日常指導	
		学級活動	児童会活動		
4	・道徳「自分を見つめて（節度、節制）」1年）	・健康診断の目的・受け方 ・保健室の利用の仕方	・組織づくりと年間計画作成 ・係分担	・健康診断の受け方 ・保健室の利用の仕方 ・身体・衣服の清潔 ・トイレの使い方 ・手洗いの仕方	・組織づくり（職員保健部、PTA保健部、学校保健委員会等） ・保健だより等の発行（毎月）
5	・体育「心の健康」（5年） ・社会「人々の健康や生活環境を支える事業」（4年） ・道徳「自分を高めて（節度・節制）」（3年）	・せいけつな体（2年）	・歯と口の健康週間の計画	・歯みがきの仕方 ・基本的な生活習慣 ・遊具の正しい遊び方 ・光化学スモッグ、PM2.5 ・熱中症予防	・職員保健部会
6	・体育「病気の予防」（6年） ・家庭「衣服の着用と手入れ」（6年） ・道徳「いのちにふれて（生命の尊さ）」（2年）	・むし歯をふせごう（2年）	・歯と口の健康週間の活動 ・梅雨時の過ごし方 ・保健集会①	・むし歯の予防 ・熱中症予防 ・手洗いの仕方 ・雨の日の過ごし方 ・食中毒の予防 ・体の清潔、プール ・光化学スモッグ、PM2.5	・第1回学校保健委員会の開催 ・職員保健部会 ・PTA保健部会 ・心肺蘇生法講習会
7	・体育「健康な生活」（3年） ・家庭「食事の役割」（5年）	・薬物乱用防止教育（5、6年）	・1学期の反省 ・保健集会②	・望ましい食生活 ・夏に多い病気の予防 ・歯みがき指導 ・熱中症予防 ・夏の健康生活	・職員保健部会 ・個人懇談
8 9	・理科「人の体のつくりと運動」（4年） ・理科「人の体のつくりと働き」（6年） ・総合的な学習の時間「目指せ生き生き健康生活」（6年）	・よい姿勢（2年）	・2学期の活動計画 ・目の愛護デーの計画	・積極的な体力つくり ・基本的な生活習慣 ・運動後の汗の始末 ・歯みがき指導 ・熱中症予防	・職員保健部会 ・夏休みの健康状況把握
10	・体育「体の発育・発達」（4年） ・理科「動物の誕生」（5年） ・家庭「栄養を考えた食事」（5年）	・目を大切にしよう（4年）	・目の愛護デーの活動 ・保健集会③	・目の健康 ・正しい姿勢 ・けがの防止 ・積極的な体力つくり	・職員保健部会 ・学校保健に関する校内研修
11	・家庭「快適な住まい方」（6年） ・道徳「命を感じて（生命の尊さ）」（4年）	・みんなが輝く学級生活をつくるために（4年） ・永久歯を守ろう（3年）	・かぜ予防ポスターの作成 ・いい歯の日の活動	・かぜの予防 ・手洗いの指導	・第2回学校保健委員会の開催 ・職員保健部会 ・地域の健康祭りへの参加
12	・道徳「命をいとおしんで（生命の尊さ）」（6年）	・健康な生活を続けるために（6年）	・かぜ予防の啓発活動 ・2学期の反省	・かぜの予防 ・冬の健康生活 ・手洗いの指導	・職員保健部会 ・地区懇談会 ・個人懇談
1	・社会「我が国の国土の自然環境と国民生活との関連」（5年） ・道徳「自分をみがいて（節度、節制）」（5年）	・からだのせいけつ（1年）	・かぜ予防の啓発活動	・かぜの予防 ・外遊びについて ・歯みがき指導 ・手洗いの指導	・職員保健部会 ・冬休みの健康状況把握
2	・体育「けがの防止」（5年） ・生活「家庭生活：自分でできること」（1年）	・いのちのつながり（3年）	・耳の日の計画 ・保健集会④	・かぜの予防 ・外遊びについて ・歯みがき指導 ・手洗いの指導	・職員保健部会 ・第3回学校保健委員会の開催
3	・生活「家庭生活：自分の役割」（2年）	・早ね早おき朝ごはん（1年）	・耳の日の活動 ・1年間の反省	・耳の病気と予防 ・1年間の健康生活の反省 ・春の健康生活	・職員保健部会 ・1年間のまとめと反省

31

表1－2　　　　　　　　　　　　**年間歯科保健活動全体計画例**

（特別支援学校）

	実施内容	担　当	時　期
学級活動	●歯科保健目標に沿った指導 ・高等部：毎月時間設定した保健指導の実施 ・全学部：保健便り・歯科保健便りにて保護者向け関連資料配布	担任、養護教諭	毎月
	●歯科保健指導 ・対象：小1・中学部の児童生徒、全保護者 ・内容：口腔清掃技術及び食習慣について（含ビデオ視聴）	学校歯科医、歯科衛生士、担任、養護教諭	6月
保健教育 （各教科、総合的な探究の時間）	●高1「総合的な探究の時間」の取り組み 『歯の健康について考えよう！』全12時間 保健目標、歯科検診、歯科指導等とリンクさせ実施。 班別に課題を調べて発表した。	担任、学校歯科医、歯科衛生士、教育委員会歯科担当者、指導主事、養護教諭	9～11月
	●高2「歯肉炎を予防しよう」	学校歯科医、歯科衛生士、担任、養護教諭	7月
	●高3「卒業後の歯と口の健康管理」	学校歯科医、歯科衛生士、担任、養護教諭	3月
自立活動	●個別の指導計画に基づき、個別の課題解決に向けた指導	担任	日常
個別指導	●食後の歯みがき指導	担任、養護教諭	毎日、宿泊行事時
	●歯垢の染め出し	担任、養護教諭	日常、染め出し週間
	●歯みがきカレンダー		夏・冬休み中
	●CO・GOへの指導	担任、養護教諭	日常
摂食指導	●嚥下・咀しゃく等摂食障害に関する指導 ・小1・中1を中心に児童生徒・保護者	学校歯科医、歯科衛生士	歯科指導日
	●食事指導（摂食、マナー等含む）	担任	毎給食日、宿泊時
学校行事	●定期・臨時（秋季）健康診断	学校歯科医	4・9月
	●文化祭での展示発表及び歯垢染め出し	養護教諭	12月
保健係活動 （高等部生徒）	●歯の衛生週間行事 ・むし歯のない子の表彰・生徒保健係の発表 ・ポスター作製 ・学校歯科医・歯科衛生士の講話（検診結果より）	学校歯科医、学校長、歯科衛生士、担任、養護教諭、生徒保健係	6月（保健体育）
	●給食後の歯みがきチェック	生徒保健係	毎日
	●校内放送による歯に関する知識伝達	生徒保健係、養護教諭	染め出し週間
組織活動	●学校保健委員会 ①検診結果報告、歯科保健年間計画の確認、生活習慣調査の結果報告／課題の検討 ②講演会「食と健康」質疑応答 ③来年度年間計画の確認、活動評価　等	学校保健委員会構成員	7・12・3月
	●保護者との連携 ・学年、学級、保健便り（歯科保健便り） ・保護者会　　　・アンケート	担任、養護教諭、歯科衛生士	随時
歯科保健講話	●歯科検診結果及び事後措置、質疑応答 ・対象：保護者	学校歯科医、歯科衛生士	4・9月
健康相談	●歯科保健に関する相談 ・対象：希望者	学校歯科医、歯科衛生士	毎月
保健講演会	●「食と健康－かむことについて－」（第2回学校保健委員会にて）	講師：歯科保健担当者、係長、学校医（内科）、学校歯科医	12月

出典：「『生きる力』をはぐくむ学校での歯・口の健康づくり」
文部科学省（https://www.mext.go.jp/a_menu/kenko/hoken/1306937.htm）平成23年　一部改変

〈memo〉

〈memo〉

保健教育

第2章

1 健康教育と保健教育

　日本では、健康教育と保健教育はよく使われる言葉である。平成9年の保健体育審議会答申において、「保健教育、安全教育及び給食（食育）指導などを統合した概念を健康教育と整理した」と提言していることから、学校では健康に関する教科教育（小学校では体育科、中学校・高等学校では保健体育科、以下「教科保健」という）を中核に、関連教科や特別活動、総合的な学習（探究）の時間、学校保健安全法に基づく保健指導を含めて保健教育としている。

2 保健教育とは

　教科保健は、健康の保持増進を目的とする教科、すなわち小学校では体育科の保健領域（第3学年から始まる）、中学校では保健体育科の保健分野、高等学校では保健体育科の科目保健である。関連教科として、理科、家庭（技術家庭）科、生活科、社会科、道徳科があり、特別活動、総合的な学習（探究）の時間も健康に関する内容を含んでいる。

　教育課程外の保健教育では、子どもの実態に応じた個別指導が挙げられ、学級等での個別指導、保健室での個別指導とともに、学校保健安全法に基づく保健指導（健康観察、健康相談、健康診断結果に基づく指導など）がある。

図2－1　保健教育の体系

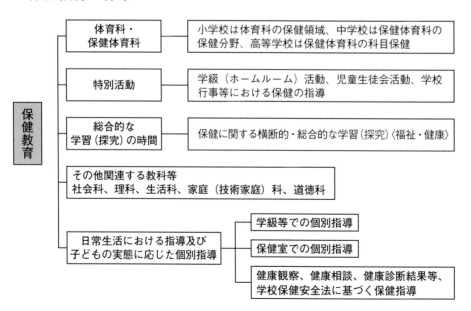

出典：『改訂「生きる力」を育む小学校保健教育の手引』文部科学省　令和元年　一部改変

3 教育課程における保健教育

　教育課程とは、「学校教育の目的や目標を達成するために、教育の内容を児童の心身の発達に応じ、授業時数との関連において総合的に組織した各学校の教育計画である」（小学校学習指導要領解説総則編、平成29年告示）。

　教育課程は、各学校で編成することになっている。小学校の教育課程は、国語、社会、算数、理科、生活、音楽、図画工作、家庭、体育及び外国語の各教科、特別の教科である道徳、外国語活動、総合的な学習の時間並びに特別活動によって編成することとしている。

　各教科等の指導内容については、学校教育法施行規則及び学習指導要領において各教科の種類やそれぞれの目標、指導内容等について基準等を示しており、この学習指導要領はおよそ10年ごとに改訂されている。

　また、教育課程編成の留意事項として、小学校学習指導要領（平成29年）総則第1「小学校教育の基本と教育課程の役割」2（3）では次のように述べている。
「学校における体育・健康に関する指導を、児童の発達の段階を考慮して、学校の教育活動全体を通じて適切に行うことにより、健康で安全な生活と豊かなスポーツライフの実現を目指した教育の充実に努めること。特に、学校における食育の推進並びに体力の向上に関する指導、安全に関する指導及び心身の健康の保持増進に関する指導については、体育科、家庭科及び特別活動の時間はもとより、各教科、道徳科、外国語活動及び総合的な学習の時間などにおいてもそれぞれの特質に応じて適切に行うよう努めること。また、それらの指導を通して、家庭や地域社会との連携を図りながら、日常生活において適切な体育・健康に関する活動の実践を促し、生涯を通じて健康・安全で活力ある生活を送るための基礎が培われるよう配慮すること。」

　この事項については、中学校・高等学校の学習指導要領においても同様の趣旨のことが示されており、心身の健康の保持増進に関する指導は学校教育全体を通じて行うように強調している。

4 教科保健と特別活動の保健の指導、保健指導の特質

　教科保健と保健指導を比較すると、教科保健は健康に関する基本的事項の理解を通してさまざまな健康問題を解決するための意思決定能力と実践力の育成を目指して行われ、保健指導（個別指導）は当面する健康問題について、それを解決するために実践的な知識・技能を身に付けることを目指して行われるものである。しかし、青少年の喫煙、飲酒、薬物乱用等が問題となっていることから、近年、小学校体育科、中学校・高等学校の保健体育科においても喫煙、飲酒、薬物乱用を取り上げており、より実践的な内容に変化してきている。

　教科保健はその指導内容・時間数等も学習指導要領に示されており、計画的、系統的にすべての児童生徒に教えられるものであるが、特別活動における保健の指導はその学校の児童生徒の健康の実態、家庭や地域の健康問題の中から必要に応じて選ばれるため、学校によってその内容や時間数なども異なる。

　なお、教科保健の担当者は、小学校は学級担任、中学校及び高等学校は保健あるいは保健体育担当教諭であるが、一定の条件を満たした養護教諭が担当することもできる。

　また、保健管理に伴う保健指導については次のように規定している。

> **学校保健安全法第9条**
> 　養護教諭その他の職員は、相互に連携して、健康相談又は児童生徒等の健康状態の日常的な観察により、児童生徒等の心身の状況を把握し、健康上の問題があると認めるときは、遅滞なく、当該児童生徒等に対して必要な指導を行うとともに、必要に応じ、その保護者に対して必要な助言を行うものとする。

表2－1　特別活動・教科保健・総合的な学習（探究）の時間における保健教育の特質

	特別活動	教科保健	総合的な学習（探究）の時間
目標・性格	日常の生活における健康問題について意思決定し、対処できる能力や態度の育成、習慣化を図る。	健康を保持増進するための基礎的・基本的事項の理解を通して、思考力、判断力を高め、適切な意思決定や行動選択等ができるように心身の健康の保持増進のための実践力の育成を図る。	①自ら課題を見つけ、自ら学び、自ら考え、主体的に判断し、よりよく問題を解決する資質や能力を育てること。 ②学び方やものの考え方を身に付け、問題の解決や探求活動に主体的、創造的に取り組む態度を育て、自己の生き方を考えることができるようにすること。 ③各教科、道徳及び特別活動で身に付けた知識や技能等を相互に関連付け、学習や生活において生かし、それらが総合的に働くようにすること。
内　容	各学校の児童生徒が当面している、または近い将来に当面するであろう健康に関する内容。	学習指導要領に示された教科としての一般的で基本的な心身の健康に関する内容。	国際理解、情報、環境、福祉・健康などの横断的・総合的な課題、生徒の興味・関心に基づく課題、地域や学校の特色に応じた課題などのうち健康に関する内容。
教育の機会	特別活動の学級活動、ホームルーム活動を中心に教育活動全体	体育科、保健体育科及び関連する教科	学校で定めた総合的な学習の時間
進め方	実態に応じた時間数を定め計画的、継続的に実践意欲を誘発しながら行う。	年間指導計画に基づき、実践的な理解が図られるよう課題解決や理解を深めるための実習などを取り入れる。体験的な学習を展開する。	自然体験や社会体験、課題解決的な学習などを積極的に取り入れ、人やものとの主体的なかかわりを通して課題解決に取り組む。
対　象	集団（学級、学年、全校）または個人	集団（学級・ホームルーム等、学年）	集団（課題別グループ等）または個人
指導者	学級担任等、養護教諭、栄養教諭・学校栄養職員、学校医等	学級担任、教科担任、養護教諭(教諭兼職等)　など	学級担任、教科担当、養護教諭、栄養教諭・学校栄養職員、地域の専門家等（各学校の計画による）

出典：『保健主事の手引〈三訂版〉』財団法人 日本学校保健会　平成16年　一部改変

5 学習指導要領の基本的な考え方

　小学校、中学校、高等学校及び特別支援学校等の学習指導要領の基本方針は、先の学習指導要領の理念である「生きる力」をはぐくむことを引き継いでいる。

「生きる力」とは

　○確かな学力…基礎・基本を確実に身に付け、いかに社会が変化しようと、自ら課題を見つけ、自ら学び、自ら考え、主体的に判断し、行動し、よりよく問題を解決する資質や能力

　○豊かな人間性…自らを律しつつ、他人とともに協調し、他人を思いやる心や感動する心などの豊かな人間性

　○健康・体力…たくましく生きるための健康や体力　など

学習指導要領のポイント

　○「生きる力」という理念の共有

　○基礎的・基本的な知識・技能の習得

　○思考力・判断力・表現力等の育成

　○確かな学力を確立するために必要な時間の確保

　○学習意欲の向上や学習習慣の確立

　○豊かな心や健やかな体の育成のための指導の充実

6 健康にかかわる教科とその内容

　直接健康の保持増進を目的とした教科は、小学校は体育科の保健領域(第3学年～)、中学校では保健体育科の保健分野、高等学校の科目保健である。関連教科として、理科、家庭(技術家庭)科、生活科、社会科や道徳科、特別活動、総合的な学習(探究)の時間なども健康に関する内容を含んでいる（180～183頁参照）。

1）教科保健

　①　小学校・中学校・高等学校を通した教育内容の柱

○健康の概念　　　○発育・発達
○健康な生活　　　○病気の予防と安全
○環境　　　　　　○健康を守るための活動や制度

これらの内容を発達段階に応じてスパイラルに広く、深化して学習する。

② 指導時間数

小学校（体育科の保健領域）

授業時間数：第3学年、第4学年の2年間で8単位時間

第5学年、第6学年の2年間で16単位時間

（効果的な学習が行われるよう、適切な時期に、ある程度まとまった時間を配当すること）

（注・1単位時間：45分）

中学校

授業時間数：3学年で48単位時間

（注・1単位時間：50分）

高等学校

単位数：2単位　70単位時間

（原則として入学年次及びその次の年次の2か年にわたり履修させること）

（注・1単位時間：50分）

③ 学習指導要領の内容項目

体育科、保健体育科における保健の内容（「ア．知識・技能」のみ。「イ．思考・判断・表現」は略）構成
（平成29年・30年改訂学習指導要領による）

小学校　　3年	4年	5年	6年
（1）健康な生活 （ア）健康状態と主体と環境の関わり （イ）健康と運動、食事、休養、睡眠、体の清潔 （ウ）健康と生活環境	（2）体の発育・発達 （ア）体の年齢に伴う変化と個人差 （イ）思春期の体の変化と異性への関心 （ウ）よりよく発育・発達させるための運動、食事、休養、睡眠	（1）心の健康 （ア）心は経験を通して　年齢に伴って　発達すること （イ）心と体には密接な関係があること （ウ）不安や悩みへの対処の方法 （2）けがの防止 （ア）けがの防止のための行動と環境 （イ）けがの簡単な手当	（3）病気の予防 （ア）病気の起こり方 （イ）病原体がもとになる病気の予防 （ウ）生活行動がもとになる病気の予防 （エ）喫煙・飲酒・薬物乱用と健康 （オ）地域における保健活動

中学校　　1年	2年	3年
（1）健康な生活と疾病の予防 （ア）健康の成り立ちと疾病の発生要因 （イ）年齢・生活環境に応じた運動、食事、休養、睡眠 （2）心身の機能の発達と心の健康 （ア）心身の機能の発達と個人差 （イ）思春期における生殖機能の成熟、適切な行動の必要性 （ウ）精神機能の発達、思春期における自己形成 （エ）精神と身体の相互関係 欲求やストレスの心身への影響やその対処	（1）健康な生活と疾病の予防 （ウ）生活習慣の乱れと生活習慣病の予防 （エ）喫煙、飲酒、薬物乱用と健康の損失 薬物乱用等の行為に対する適切な対処 （3）傷害の防止 （ア）交通事故、自然災害における人的要因や環境要因と傷害 （イ）交通事故による傷害の防止 （ウ）自然災害による傷害の防止 （エ）応急手当	（1）健康な生活と疾病の予防 （オ）感染症の発生要因と予防 （カ）健康の保持増進、疾病予防のための社会の取組と保健、医療機関の利用、医薬品の　正しい使用 （4）健康と環境 （ア）身体の環境に対する適応能力、環境の健康への影響、よい生活のための温度、湿度、明るさ （イ）飲料水や空気の健康への　関わり、衛生的な基準の管理 （ウ）廃棄物の処理と環境の保全

高等学校		
（1）現代社会と健康 （ア）健康の考え方 （イ）現代の感染症とその予防 （ウ）生活習慣病などの予防と回復 （エ）喫煙、飲酒、薬物乱用と健康 （オ）精神疾患の予防と回復	（2）安全な社会生活 （ア）安全な社会づくり （イ）応急手当 （3）生涯を通じる健康 （ア）生涯の各段階における健康 （イ）労働と健康	（4）健康を支える環境づくり （ア）環境と健康 （イ）食品と健康 （ウ）保健・医療制度及び地域の保健・医療機関 （エ）様々な保健活動や社会的対策 （オ）健康に関する環境づくりと社会参加

出典：采女智津江編集代表『新養護概説〈第13版〉』少年写真新聞社　令和6年

④　学習の進め方

　○学習指導要領総則に示す「学校における体育・健康に関する指導」の趣旨を生かし、特別活動などとの関連を図り、日常生活における体育・健康に関する活動が継続的に実践できるよう留意する。

　○応急手当は実習を行う。

　○食事・運動・休養及び睡眠を扱う際は、健康的な生活習慣に結びつくよう配慮する。

　○知識を活用する学習活動を取り入れるなど指導方法を工夫する。

　○小学校、中学校においては、効果的な学習が行われるよう適切な時期に、ある程度まとまった時間を配当すること。

＜学習指導要領＞

【小学校】（平成29年改訂）

〔体育科保健領域〕

第3学年及び第4学年

目標

（1）各種の運動の楽しさや喜びに触れ、その行い方及び健康で安全な生活や体の発育・発達について理解するとともに、基本的な動きや技能を身に付けるようにする。

（2）自己の運動や身近な生活における健康の課題を見付け、その解決のための方法や活動を工夫するとともに、考えたことを他者に伝える力を養う。

（3）各種の運動に進んで取り組み、きまりを守り誰とでも仲よく運動をしたり、友達の考えを認めたり、場や用具の安全に留意したりし、最後まで努力して運動をする態度を養う。また、健康の大切さに気付き、自己の健康の保持増進に進んで取り組む態度を養う。

内容

（1）健康な生活について、課題を見付け、その解決を目指した活動を通して、次の事項を身に付けることができるよう指導する。

　ア　健康な生活について理解すること。

　（ア）心や体の調子がよいなどの健康の状態は、主体の要因や周囲の環境の要因が関わっていること。

　（イ）毎日を健康に過ごすには、運動、食事、休養及び睡眠の調和のとれた生活を続けること、また、体の清潔を保つことなどが必要であること。

　（ウ）毎日を健康に過ごすには、明るさの調節、換気などの生活環境を整えることなどが必要であること。

　イ　健康な生活について課題を見付け、その解決に向けて考え、それを表現すること。

（2）体の発育・発達について、課題を見付け、その解決を目指した活動を通して、次の事項を身に付けることができるよう指導する。

　ア　体の発育・発達について理解すること。

　（ア）体は、年齢に伴って変化すること。また、体の発育・発達には、個人差があること。

　（イ）体は、思春期になると次第に大人の体に近づき、体つきが変わったり、初経、精通などが起こったりすること。また、異性への関心が芽生えること。

　（ウ）体をよりよく発育・発達させるには、適切な運動、食事、休養及び睡眠が必要であること。

　イ　体がよりよく発育・発達するために、課題を見付け、その解決に向けて考え、それを表現すること。

第5学年及び第6学年

目標

（1）各種の運動の楽しさや喜びを味わい、その行い方及び心の健康やけがの防止、病気の予防について理解するとともに、各種の運動の特性に応じた基本的な技能及び健康で安全な生活を営むための技能を身に付けるようにする。

（2）自己やグループの運動の課題や身近な健康に関わる課題を見付け、その解決のための方法や活動を工夫するとともに、自己や仲間の考えたことを他者に伝える力を養う。

（3）各種の運動に積極的に取り組み、約束を守り助け合って運動をしたり、仲間の考えや取組を認めたり、場や用具の安全に留意したりし、自己の最善を尽くして運動をする態度を養う。また、健康・安全の大切さに気付き、自己の健康の保持増進や回復に進んで取り組む態度を養う。

内容
（１）心の健康について、課題を見付け、その解決を目指した活動を通して、次の事項を身に付けることができるよう指導する。
　ア　心の発達並びに不安や悩みへの対処について理解するとともに、簡単な対処をすること。
　（ア）心は、いろいろな生活経験を通して、年齢に伴って発達すること。
　（イ）心と体には、密接な関係があること。
　（ウ）不安や悩みなどへの対処には、大人や友達に相談する、仲間と遊ぶ、運動をするなどいろいろな方法があること。
　イ　心の健康について、課題を見付け、その解決に向けて思考し判断するとともに、それらを表現すること。
（２）けがの防止について、課題を見付け、その解決を目指した活動を通して、次の事項を身に付けることができるよう指導する。
　ア　けがの防止について理解するとともに、けがなどの簡単な手当をすること。
　（ア）交通事故や身の回りの生活の危険が原因となって起こるけがの防止には、周囲の危険に気付くこと、的確な判断の下に安全に行動すること、環境を安全に整えることが必要であること。
　（イ）けがなどの簡単な手当は、速やかに行う必要があること。
　イ　けがを防止するために、危険の予測や回避の方法を考え、それらを表現すること。
（３）病気の予防について、課題を見付け、その解決を目指した活動を通して、次の事項を身に付けることができるよう指導する。
　ア　病気の予防について理解すること。
　（ア）病気は、病原体、体の抵抗力、生活行動、環境が関わり合って起こること。
　（イ）病原体が主な要因となって起こる病気の予防には、病原体が体に入るのを防ぐことや病原体に対する体の抵抗力を高めることが必要であること。
　（ウ）生活習慣病など生活行動が主な要因となって起こる病気の予防には、適切な運動、栄養の偏りのない食事をとること、口腔の衛生を保つことなど、望ましい生活習慣を身に付ける必要があること。
　（エ）喫煙、飲酒、薬物乱用などの行為は、健康を損なう原因となること。
　（オ）地域では、保健に関わる様々な活動が行われていること。
　イ　病気を予防するために、課題を見付け、その解決に向けて思考し判断するとともに、それらを表現すること。

【中学校】（平成29年改訂）
〔保健体育科保健分野〕
　目標
（１）個人生活における健康・安全について理解するとともに、基本的な技能を身に付けるようにする。
（２）健康についての自他の課題を発見し、よりよい解決に向けて思考し判断するとともに、他者に伝える力を養う。
（３）生涯を通じて心身の健康の保持増進を目指し、明るく豊かな生活を営む態度を養う。
　内容
（１）健康な生活と疾病の予防について、課題を発見し、その解決を目指した活動を通して、次の事項を身に付けることができるよう指導する。
　ア　健康な生活と疾病の予防について理解を深めること。
　（ア）健康は、主体と環境の相互作用の下に成り立っていること。また、疾病は、主体の要因と環境の要因が関わり合って発生すること。
　（イ）健康の保持増進には、年齢、生活環境等に応じた運動、食事、休養及び睡眠の調和のとれた生活を続ける必要があること。
　（ウ）生活習慣病などは、運動不足、食事の量や質の偏り、休養や睡眠の不足などの生活習慣の乱れが主な要因となって起こること。また、生活習慣病の多くは、適切な運動、食事、休養及び睡眠の調和のとれた生活を実践することによって予防できること。
　（エ）喫煙、飲酒、薬物乱用などの行為は、心身に様々な影響を与え、健康を損なう原因となること。また、これらの行為には、個人の心理状態や人間関係、社会環境が影響することから、それぞれの要因に適切に対処する必要があること。
　（オ）感染症は、病原体が主な要因となって発生すること。また、感染症の多くは、発生源をなくすこと、感染経路を遮断すること、主体の抵抗力を高めることによって予防できること。

39

（カ）健康の保持増進や疾病の予防のためには、個人や社会の取組が重要であり、保健・医療機関を有効に利用することが必要であること。また、医薬品は、正しく使用すること。

イ　健康な生活と疾病の予防について、課題を発見し、その解決に向けて思考し判断するとともに、それらを表現すること。

（2）心身の機能の発達と心の健康について、課題を発見し、その解決を目指した活動を通して、次の事項を身に付けることができるよう指導する。

ア　心身の機能の発達と心の健康について理解を深めるとともに、ストレスへの対処をすること。

（ア）身体には、多くの器官が発育し、それに伴い、様々な機能が発達する時期があること。また、発育・発達の時期やその程度には、個人差があること。

（イ）思春期には、内分泌の働きによって生殖に関わる機能が成熟すること。また、成熟に伴う変化に対応した適切な行動が必要となること。

（ウ）知的機能、情意機能、社会性などの精神機能は、生活経験などの影響を受けて発達すること。また、思春期においては、自己の認識が深まり、自己形成がなされること。

（エ）精神と身体は、相互に影響を与え、関わっていること。欲求やストレスは、心身に影響を与えることがあること。また、心の健康を保つには、欲求やストレスに適切に対処する必要があること。

イ　心身の機能の発達と心の健康について、課題を発見し、その解決に向けて思考し判断するとともに、それらを表現すること。

（3）傷害の防止について、課題を発見し、その解決を目指した活動を通して、次の事項を身に付けることができるよう指導する。

ア　傷害の防止について理解を深めるとともに、応急手当をすること。

（ア）交通事故や自然災害などによる傷害は、人的要因や環境要因などが関わって発生すること。

（イ）交通事故などによる傷害の多くは、安全な行動、環境の改善によって防止できること。

（ウ）自然災害による傷害は、災害発生時だけでなく、二次災害によっても生じること。また、自然災害による傷害の多くは、災害に備えておくこと、安全に避難することによって防止できること。

（エ）応急手当を適切に行うことによって、傷害の悪化を防止することができること。また、心肺蘇生法などを行うこと。

イ　傷害の防止について、危険の予測やその回避の方法を考え、それらを表現すること。

（4）健康と環境について、課題を発見し、その解決を目指した活動を通して、次の事項を身に付けることができるよう指導する。

ア　健康と環境について理解を深めること。

（ア）身体には、環境に対してある程度まで適応能力があること。身体の適応能力を超えた環境は、健康に影響を及ぼすことがあること。また、快適で能率のよい生活を送るための温度、湿度や明るさには一定の範囲があること。

（イ）飲料水や空気は、健康と密接な関わりがあること。また、飲料水や空気を衛生的に保つには、基準に適合するよう管理する必要があること。

（ウ）人間の生活によって生じた廃棄物は、環境の保全に十分配慮し、環境を汚染しないように衛生的に処理する必要があること。

イ　健康と環境に関する情報から課題を発見し、その解決に向けて思考し判断するとともに、それらを表現すること。

【高等学校】（平成30年改訂）

〔保健体育科科目保健（必修）〕

1　目標

　保健の見方・考え方を働かせ、合理的、計画的な解決に向けた学習過程を通して、生涯を通じて人々が自らの健康や環境を適切に管理し、改善していくための資質・能力を次のとおり育成する。

（1）個人及び社会生活における健康・安全について理解を深めるとともに、技能を身に付けるようにする。

（2）健康についての自他や社会の課題を発見し、合理的、計画的な解決に向けて思考し判断するとともに、目的や状況に応じて他者に伝える力を養う。

（3）生涯を通じて自他の健康の保持増進やそれを支える環境づくりを目指し、明るく豊かで活力ある生活を営む態度を養う。

2　内容

（1）現代社会と健康について、自他や社会の課題を発見し、その解決を目指した活動を通して、次の事項を身に付けることができるよう指導する。

　ア　現代社会と健康について理解を深めること。

　（ア）健康の考え方

　　　国民の健康課題や健康の考え方は、国民の健康水準の向上や疾病構造の変化に伴って変わってきていること。また、健康は、様々な要因の影響を受けながら、主体と環境の相互作用の下に成り立っていること。健康の保持増進には、ヘルスプロモーションの考え方を踏まえた個人の適切な意思決定や行動選択及び環境づくりが関わること。

　（イ）現代の感染症とその予防

　　　感染症の発生や流行には、時代や地域によって違いがみられること。その予防には、個人の取組及び社会的な対策を行う必要があること。

　（ウ）生活習慣病などの予防と回復

　　　健康の保持増進と生活習慣病などの予防と回復には、運動、食事、休養及び睡眠の調和のとれた生活の実践や疾病の早期発見、及び社会的な対策が必要であること。

　（エ）喫煙、飲酒、薬物乱用と健康

　　　喫煙と飲酒は、生活習慣病などの要因になること。また、薬物乱用は、心身の健康や社会に深刻な影響を与えることから行ってはならないこと。それらの対策には、個人や社会環境への対策が必要であること。

　（オ）精神疾患の予防と回復

　　　精神疾患の予防と回復には、運動、食事、休養及び睡眠の調和のとれた生活を実践するとともに、心身の不調に気付くことが重要であること。また、疾病の早期発見及び社会的な対策が必要であること。

　イ　現代社会と健康について、課題を発見し、健康や安全に関する原則や概念に着目して解決の方法を思考し判断するとともに、それらを表現すること。

（2）安全な社会生活について、自他や社会の課題を発見し、その解決を目指した活動を通して、次の事項を身に付けることができるよう指導する。

　ア　安全な社会生活について理解を深めるとともに、応急手当を適切にすること。

　（ア）安全な社会づくり

　　　安全な社会づくりには、環境の整備とそれに応じた個人の取組が必要であること。また、交通事故を防止するには、車両の特性の理解、安全な運転や歩行など適切な行動、自他の生命を尊重する態度、交通環境の整備が関わること。交通事故には補償をはじめとした責任が生じること。

　（イ）応急手当

　　　適切な応急手当は、傷害や疾病の悪化を軽減できること。応急手当には、正しい手順や方法があること。また、応急手当は、傷害や疾病によって身体が時間の経過とともに損なわれていく場合があることから、速やかに行う必要があること。心肺蘇生法などの応急手当を適切に行うこと。

　イ　安全な社会生活について、安全に関する原則や概念に着目して危険の予測やその回避の方法を考え、それらを表現すること。

（3）生涯を通じる健康について、自他や社会の課題を発見し、その解決を目指した活動を通して、次の事項を身に付けることができるよう指導する。

　ア　生涯を通じる健康について理解を深めること。

　（ア）生涯の各段階における健康

　　　生涯を通じる健康の保持増進や回復には、生涯の各段階の健康課題に応じた自己の健康管理及び環境づくりが関わっていること。

　（イ）労働と健康

　　　労働災害の防止には、労働環境の変化に起因する傷害や職業病などを踏まえた適切な健康管理及び安全管理をする必要があること。

　イ　生涯を通じる健康に関する情報から課題を発見し、健康に関する原則や概念に着目して解決の方法を思考し判断するとともに、それらを表現すること。

（4）健康を支える環境づくりについて、自他や社会の課題を発見し、その解決を目指した活動を通して、次の事項を身に付けることができるよう指導する。

　ア　健康を支える環境づくりについて理解を深めること。

（ア）環境と健康

　　人間の生活や産業活動は、自然環境を汚染し健康に影響を及ぼすことがあること。それらを防ぐには、汚染の防止及び改善の対策をとる必要があること。また、環境衛生活動は、学校や地域の環境を健康に適したものとするよう基準が設定され、それに基づき行われていること。

（イ）食品と健康

　　食品の安全性を確保することは健康を保持増進する上で重要であること。また、食品衛生活動は、食品の安全性を確保するよう基準が設定され、それに基づき行われていること。

（ウ）保健・医療制度及び地域の保健・医療機関

　　生涯を通じて健康を保持増進するには、保健・医療制度や地域の保健所、保健センター、医療機関などを適切に活用することが必要であること。また、医薬品は、有効性や安全性が審査されており、販売には制限があること。疾病からの回復や悪化の防止には、医薬品を正しく使用することが有効であること。

（エ）様々な保健活動や社会的対策

　　我が国や世界では、健康課題に対応して様々な保健活動や社会的対策などが行われていること。

（オ）健康に関する環境づくりと社会参加

　　自他の健康を保持増進するには、ヘルスプロモーションの考え方を生かした健康に関する環境づくりが重要であり、それに積極的に参加していくことが必要であること。また、それらを実現するには、適切な健康情報の活用が有効であること。

　イ　健康を支える環境づくりに関する情報から課題を発見し、健康に関する原則や概念に着目して解決の方法を思考し判断するとともに、それらを表現すること。

表２−２　　　　「小学校第４学年　育ちゆく体とわたし」指導案

体育科（保健領域）　　事例６
単元名　育ちゆく体とわたし
　　　　　　　　　　　　　第４学年　G（２）

キーワード：
健康・安全についての
思考・判断の評価

1　単元の目標
（１）体の発育・発達について関心をもち、学習活動に意欲的に取り組もうとすることができるようにする。
（２）体の発育・発達について、課題の解決を目指して、実践的に考え、判断し、それらを表すことができるようにする。
（３）体の発育・発達、思春期の体の変化、よりよく発育・発達させるための生活について、課題の解決に役立つ基礎的な事項を理解することができるようにする。

2　単元の評価規準

	ア　健康・安全についての知識・技能	イ　健康・安全についての思考・判断・表現	ウ　健康・安全について主体的に学習に取り組む態度
単元の評価規準	体の年齢に伴う変化や個人差、思春期の体の変化、よりよく発育・発達させるための生活について、課題の解決に役立つ基礎的な事項を理解している。	体の発育・発達について、課題の解決を目指して、知識を活用した学習活動などにより、実践的に考え、判断し、それらを表している。	体の発育・発達について関心を持ち、学習活動に意欲的に粘り強く取り組もうとしている。
学習活動に即した評価規準	①　体は、年齢に伴って変化すること、体の変化には、個人差があることについて、言ったり書いたりしている。 ②　思春期には、体つきに変化が起こり、人によって違いがあるものの、男女の特徴が現れることについて、言ったり、書いたりしている。 ③　思春期には、初経、精通などが起こること、異性への関心も芽生えること、これらは、個人によって早い遅いはあるもののだれにでも起こる、大人の体に近づく現象であることについて、言ったり書いたりしている。 ④　体をよりよく発育・発達させる生活の仕方には、調和の取れた食事、適切な運動、休養及び睡眠が必要であることについて、言ったり書いたりしている。	①　体の発育・発達について、学習したことを自分の生活と比べたり、関係を見つけたりするなどして、それらを説明している。 ②　体の発育・発達について、教科書や資料などをもとに、課題や解決の方法を見つけたり、選んだりするなどして、それらを説明している。	①　体の発育・発達について、教科書や資料などを見たり、自分の生活を振り返ったりするなどの学習活動に進んで取り組もうとしている。 ②　体の発育・発達について、教科書や資料をもとに、粘り強く学習に取り組もうとしている。

※各時においては、学習内容に合わせてより具体化した評価指標等を設定することも可。

3　指導と評価の計画（4時間）

時間	主な学習活動	評価規準 知識技能	評価規準 思考判断表現	評価規準 学習への取組態度	評価方法
1	1　各自の成長記録をもとにグラフを作る。 2　自他のグラフの形を比べ、身長の伸び方について気付いたことを話し合う。 3　身長は年齢に伴って変化することや、体の変化には個人差があることを知るとともに、身長の伸びに伴い体重も増えていくことを知る。	①		①	<取組態度−①>（学習活動1、2） 体の発育・発達について、教科書や資料などを見たり、自分の生活を振り返ったりするなどの学習活動に進んで取り組もうとしている状況を【観察】でとらえる。 <知識・技能−①>（学習活動3） 体は、年齢に伴って変化すること、体の変化には個人差があることについて、言ったり、書いたりしている状況を【観察・ワークシート】でとらえる。

43

4　本時の指導案（2／4時）

（1）本時の目標

○　思春期の体の変化について、学習したことを自分の成長や生活と比べたり、関係を見付けたりするなどして、それらを説明することができるようにする。

○　思春期には、体つきに変化が起こり、人によって違いがあるものの男女の特徴が現れることについて、言ったり、書いたりすることができるようにする。

（2）展開　※（　）内の数字は時間（分）

段階	学習内容と学習活動	教師のかかわり　★評価との関連
はじめ（10）	1．声を聞いて自分の年齢と比べる「声当てクイズ」に答え、大人に近づく変化としての変声について関心を持つ。 2．違う年代の児童生徒のシルエットを見て、男女を答える「シルエットクイズ」に答え、大人に近づく男女の体つきの変化に気づく。 ・小学校1年生より、中学生の方がわかった。 ・中学生の女子は肩よりお尻の幅が広い。 ・中学生の男子は筋肉っぽい。　　など	・変声に気付くよう、幼児から成人まで違う年代の声を同じ台詞で予め録音しておく。 ・体つきの違いがわかるように、小1男女及び中3男女の後ろ姿の写真を用意しておく。 ・後ろ姿でもなぜ男女の違いがわかるようになるのかを投げかけ、次の活動への動機付けを行う。
なか（5） （10） （10）	大人に近づくと、体はどのように変化していくのだろう。 3．大人に近づく男女の体つきなどの変化について前半の学習や生活体験などをもとに、各自で予想し、男女の変化の特徴について付箋紙に書き、ワークシートに分けて貼っていく。 4．各自のワークシートをもとに、グループで話し合い、大人に近づく男女の体つきの特徴についてグループの意見を出し合う。 【男子に現れる変化】 ・筋肉がついてくる。 ・肩幅が広くなる。 ・ひげが生えてくる。　　など 【女子に現れる変化】 ・腰の幅が広がる。 ・丸みのある体になる。 ・胸が膨らんでくる。　　など 【男女に共通して現れる変化】 ・わき毛が生えてくる。 ・変声がある。　　など 5．各グループからの意見をもとに、大人に近づく男女の体つきの特徴についてまとめるとともに、変化の起こり方や特徴は人によって違いがあることを知る。 ○思春期には、体つきに変化が起こり、男女の特徴が現れること ○変化の起こり方は、人によって違いがあること	★思考・判断・表現－① 思春期の体の変化について、学習したことを自分の成長や生活と比べたり、関係を見付けたりするなどして、それらを説明している。 ・学習課題に沿った学習活動が展開しているかを観察によって評価し、指導に生かす。 ・友だちの意見や教師の助言などで、付け足しや修正があったときは、用意しておいた色の違う付箋紙に記入し、貼るように説明する。 ○予想できず活動ができない児童への手だて ＊学習課題を意識させる。 ・家族とお風呂に入ったことあるよね。 ・学校の先生もヒントになるよ。　　など ・現象だけでなく、できる人はそう考えた理由も付け加えてもよいことを伝える。 ・グループでまとめた考えを短冊に書き、黒板に貼っていくようにする。 ★知識・技能－② 思春期には、体つきに変化が起こり、人によって違いがあるものの、男女の特徴が現れることについて、言ったり、書いたりしている。 ・個人差については、起こり方はみな同じかどうか発問し、教科書や資料などを用い理解させる。 ・恥ずかしく感じる児童に対しては、体の変化は誰でも起きることや個人差があることを強調し、発育・発達の大切さを伝えるなど肯定的に受け止められるようにする。
おわり（10）	6．体の成長に対する不安を感じている児童の事例を用い、学習したことを生かして、自分の成長や生活と比べたり、関係を見付けたりして、アドバイスを考え、ワークシートに記入する。 ・それは、思春期の変化でだれにでも起こることだよ。大人に近づいている証拠だから大丈夫。 ・他の人と違っていてもそれは個人差だから不安に思うことはない。 ・そう思うのは普通だと思うけど、起こり方は人それぞれ違うから、安心して。　　など	★思考・判断・表現－① 思春期の体の変化について、学習したことを自分の成長や生活と比べたり、関係を見付けたりするなどして、それらを説明している。 ○考えられずに活動できない児童への手だて ＊なぜできないのか把握し助言する。 ・どんなことが不安なのかな。 ・今日学んだことは○○だったね。 ・不安を少なくするには、今日学習した、どんなことを生かせばいいかな。　　など

7 特別活動における保健の指導

　特別活動における保健の指導は、児童生徒が日常生活で経験する健康問題を中心に取り上げ、それらを解決するための実践的な知識・技能を育成するものである。

　保健の指導は、教育課程では主に特別活動において位置付けられており、学級や学年を対象にした集団指導が中心である。教育課程外では保健管理に伴い、個人やグループを対象にして、必要に応じて保健の指導が実施される。

1) 特別活動における健康安全に関する内容

①小学校（平成29年改訂）

　小学校学習指導要領解説特別活動編では、次のように述べている。

　○学級活動

---

(2) 日常の生活や学習への適応と自己の成長及び健康安全

　ア　基本的な生活習慣の形成

　　　身の回りの整理や挨拶などの基本的な生活習慣を身に付け、節度ある生活にすること。

　イ　よりよい人間関係の形成

　　　学級や学校生活において互いのよさを見付け、違いを尊重し合い、仲よくしたり信頼し合ったりして生活すること。

　ウ　心身ともに健康で安全な生活態度の形成

　　　現在及び生涯にわたって心身の健康を維持することや、事件、事故や災害等から身を守り安全に行動すること。

　エ　食育の観点を踏まえた学校給食と望ましい食習慣の形成

　　　給食の時間を中心としながら、健康によい食事のとり方など、望ましい食習慣の形成を図るとともに、食事を通して人間関係をよりよくすること。

　「心身ともに健康で安全な生活態度の形成」について小学校学習指導要領解説特別活動編では以下のように述べている。

　「保健に関する指導としては、心身の発育・発達、心身の健康を高める生活、健康と環境とのかかわり、病気の予防、心の健康などがある。これらの題材を通して、児童は、自分の健康状態について関心をもち、身近な生活における健康上の問題を見付け、自分で判断し、処理する力や、心身の健康を保持増進する態度を養う。さらに、性や薬物等に関する情報の入手が容易になるなど、児童を取り巻く環境が大きく変化している。こうした課題を乗り越えるためにも、現在及び生涯にわたって心身の健康を自分のものとして保持し、健康で安全な生活を送ることができるよう、必要な情報を児童が自ら収集し、よりよく判断し行動する力を育むことが重要である。

　　なお、心身の発育・発達に関する指導に当たっては、発達の段階を踏まえ、学校全体の共通理解を図るとともに、家庭の理解を得ることなどに配慮する必要がある。また内容によっては、養護教諭などの協力を得て指導に当たる必要がある。

　（中略）

　　保健や安全に関する指導については、関係団体や外部講師等の協力を得て実施される健康教室、防犯教室、交通安全教室、避難訓練などの学校行事と関連付けて指導を行うことが重要である。また、防犯や交通安全、防災の指導を行うに当たっては、保護者や地域と連携するなどして作成した「地域安全マップ」を活用するなど、日常生活で具体的に実践できるよう工夫することが大切である。」

○学校行事

　学校行事の健康安全・体育的行事について小学校学習指導要領第6章第2で次のように示している。「心身の健全な発達や健康の保持増進、事件や事故、災害等から身を守る安全な行動や規律ある集団行動の体得、運動に親しむ態度の育成、責任感や連帯感の涵養、体力の向上などに資するようにすること」

〈ねらいと内容〉

　小学校学習指導要領解説特別活動編では次のように示している。「児童自らが自己の発育や健康状態について関心をもち、心身の健康の保持増進に努めるとともに、身の回りの危険を予測・回避し、安全な生活に対する理解を深める。……（中略）

　健康安全・体育的行事には、健康診断や給食に関する意識を高めるなどの健康に関する行事、避難訓練や交通安全、防犯等の安全に関する行事、運動会や球技大会等の体育的な行事などが考えられる。」

　特別活動における保健の指導は、学級活動、学校行事の健康安全・体育的行事だけでなく児童会活動やクラブ活動などにおいても健康に関する内容が扱われる。

②中学校（平成29年改訂）

中学校学習指導要領解説特別活動編では、次のように述べている。

○学級活動

（2）日常の生活や学習への適応と自己の成長及び健康安全

　ア　自他の個性の理解と尊重、よりよい人間関係の形成

　　自他の個性を理解して尊重し、互いのよさや可能性を発揮しながらよりよい集団生活をつくること。

　イ　男女相互の理解と協力

　　男女相互について理解するとともに、共に協力し尊重し合い、充実した生活づくりに参画すること。

　ウ　思春期の不安や悩みの解決、性的な発達への対応

　　心や体に関する正しい理解を基に、適切な行動をとり、悩みや不安に向き合い乗り越えようとすること。

　エ　心身ともに健康で安全な生活態度や習慣の形成

　　節度ある生活を送るなど現在及び生涯にわたって心身の健康を保持増進することや、事件や事故、災害等から身を守り安全に行動すること。

　オ　食育の観点を踏まえた学校給食と望ましい食習慣の形成

　　給食の時間を中心としながら、成長や健康管理を意識するなど、望ましい食習慣の形成を図るとともに、食事を通して人間関係をよりよくすること。

○学校行事のねらいと内容

（3）健康安全・体育的行事

　「心身の健全な発達や健康の保持増進、事件や事故、災害等から身を守る安全な行動や規律ある集団行動の体得、運動に親しむ態度の育成、責任感や連帯感の涵養、体力の向上などに資するようにすること。」

　その他生徒会活動においても健康に関するテーマを扱っている。

③高等学校（平成30年改訂）

高等学校学習指導要領では、以下のように述べている。

○ホームルーム活動

　日常の生活や学習への適応と自己の成長及び健康安全に関すること。

「青年期の悩みや課題とその解決」、「生命の尊重と心身ともに健康で安全な生活態度や規律ある習慣の確立」など

○学校行事

　健康安全・体育的行事

「心身の健全な発達や健康の保持増進、事件や事故、災害等から身を守る安全な行動や規律ある集団行動の体得、運動に親しむ態度の育成、責任感や連帯感の涵養、体力の向上などに資するようにすること。」

２）教育課程の領域以外の保健指導

　特別活動などで行われる保健の指導は、学級や学年を対象にした集団指導が基本であるが、健康問題を抱えていたり、疑問を持っている子どもを対象にする場合などは個別指導が主で、養護教諭が担当する場合が多い。このような場合、子ども自身が健康問題解決について意識していることが多く保健指導の効果は高いと思われる。

　感染症の流行の兆しが見えたとき、遠足や運動会の前などに集団指導をする場合もある。

保健指導の機会

　　子どもが健康に関して質問したとき

　　健康診断で問題が発見されたとき

　　救急処置を行ったとき

　　保健室来室者の実態から

　　健康に関する調査の結果から

　　感染症が流行り始めたとき

　　要管理児童生徒への指導

　　その他

保健指導の進め方

　　○指導計画を作成する。

　　○歯みがき、手洗い、食事など家庭生活と密接な関係を持つものが多いので、家庭と連携を図る。

　　○問題によっては地域の関係機関と連携を図る。

　　○保健行動は習慣化するまで繰り返して行う。

　　○教科保健との関連を図る。

表2-3　　　　　　　　　学級活動指導（保健指導案）例
5年○組学級活動指導案

平成○○年10月○日（○）第○校時
指導者○○　○○

1　題材「歯と口の健康つくり」
　内容（2）日常の生活や学習への適応及び健康安全　カ　心身ともに健康で安全な生活態度の形成
2　題材について
　（1）児童の実態（略）
　（2）題材設定の理由（略）
3　本題材のねらい
　自分の歯に関心をもち、むし歯や歯肉炎になる仕組みや自分にあった歯みがきの方法を知ることで、5年生の歯みがきの到達目標である第一大臼歯・第二大臼歯・犬歯・歯肉がきれいにみがけるようにすることによって、むし歯と歯周病を予防することができるようにする。
4　第5学年及び第6学年の（2）の評価規準
　（略）
5　事前の指導

児童の活動	指導上の留意点	目指す児童の姿と評価方法
1家庭での歯みがきに関するアンケート調査 2給食後の歯みがきの実態調査	○家庭や学校でどのように歯みがきをしているか、振り返らせる。	

6　本時の学習

	学習活動	指導上の留意点	資料	目指す児童の姿と評価方法
導入5分	1本日の学習のめあてをつかませる。 2歯科検診の結果を振り返る。 ・自分の歯・口の実態を知る。（むし歯と歯周病の様子を知る。）	・歯みがきに関するアンケート調査と歯科検診の結果を知り、本時のめあてを確かめる。 ・永久歯と乳歯の違いを確認して話す。	調査や検診結果の統計グラフ	
展開30分	歯みがきをしているのにどうしてこんなにむし歯と歯周病が多いの？ 3自分の歯肉の状態を確認する。 4むし歯と歯周病の原因と予防方法についてグループで話し合い、発表する。 5染め出しテストでみがき残しを確かめる。 6歯みがきの実践をする。	○歯肉炎の写真を見せ歯周病について説明する。 ・むし歯と歯周病の原因について考えさせる。 ・むし歯の多い児童と歯肉の状態の悪い児童に配慮する。 ・児童の発表を聞いて補足説明をする。 ・正しい歯及び歯肉のみがき方について模型を使って指導する。 ・自分の永久歯の萌出状況を確認させる。 ・みがき残ししやすい部分や歯肉が腫れているところに気付き、自分の歯にあった歯みがきができるようにする。 ・5年生の歯みがきの到達目標である①第一大臼歯・第二大臼歯・犬歯・歯肉がきれいにみがけるようにする。	歯肉の写真（数枚） ワークシート	【知識・技能】 ・むし歯と歯周病の原因について理解している。（観察・発言・ワークシート） ・歯肉やみがき残しをしやすい場所をきれいにみがく方法を理解している。（観察、染め出しテスト、ワークシート）
まとめ10分	7むし歯や歯肉炎を予防するために、これからがんばりたいことを自己決定する。 8先生の話を聞く。	・自己決定の内容が、これまでの自分の歯のみがき方を振り返り、実践に向けてより具体的な目標になっているか、グループで意見交換させ、確認するようにする。 ・本日の学習のまとめをする。		

7　事後の活動

児童の活動	指導上の留意点	目指す児童の姿と評価方法
1給食後の歯みがきを行う。 2保健委員から定期的に、呼びかけをしてもらう。	一定期間経過後、実践状況や家庭での歯みがきの状況について振り返る場を設ける。	【思考・判断・表現】 自分に合った歯みがきの方法を知り、継続して実践している。

＊書式については、「評価規準の作成、評価方法等の工夫改善のための参考資料・小学校編」国立教育政策研究所教育課程研究センター（2011年3月）を使用

【参考文献・引用】

　　『小学校学習指導要領』文部科学省　平成29年

　　『小学校学習指導要領解説　総則編』文部科学省　平成29年

　　『小学校学習指導要領解説　体育編』文部科学省　平成29年

　　『小学校学習指導要領解説　特別活動編』文部科学省　平成29年

　　『中学校学習指導要領』文部科学省　平成29年

　　『中学校学習指導要領解説　保健体育編』文部科学省　平成29年

　　『中学校学習指導要領解説　特別活動編』文部科学省　平成29年

　　『高等学校学習指導要領』文部科学省　平成30年

　　『高等学校学習指導要領解説　保健体育編』文部科学省　平成30年

　　『高等学校学習指導要領解説　特別活動編』文部科学省　平成30年

　　『学校保健』小倉学著　光生館　昭和58年

　　『学校保健マニュアル』高石昌弘他編　南山堂　平成20年

　　『保健主事の手引（三訂版）』財団法人 日本学校保健会　平成16年

　　『新養護概説〈第13版〉』采女智津江編集代表　少年写真新聞社　令和6年

〈memo〉

49

保健管理

第 3 章

Ⅰ　健康相談

1 健康相談

　健康相談については、学校保健安全法（平成21年４月施行）において、メンタルヘルスに関する課題やアレルギー疾患の増加など児童生徒の健康課題の多様化に伴い、学校において適切な対応が求められている中、これらの問題に組織的に対応する観点から、従来、学校医、学校歯科医が行うとされていた健康相談についても、学校医、学校歯科医のみならず、養護教諭、学校薬剤師、担任教諭等の関係教職員の積極的な参画が求められた。更に、学校においては、救急処置、健康相談または保健指導を行うにあたっては、必要に応じ地域の医療機関その他の関係機関との連携を図るよう努めることが規定されるなど、健康相談の充実が図られた。

　以下は、法律および通達により示されている健康相談に関する事項である。（下線は筆者が記入）

（1）学校保健安全法

学校保健安全法（昭和33年４月公布、平成27年６月最終改正）

（健康相談）
　第８条：学校においては、児童生徒等の心身の健康に関し、健康相談を行うものとする。
（保健指導）
　第９条：養護教諭その他の職員は、相互に連携して、健康相談又は児童生徒等の健康状態の日常的な観察により、児童生徒等の心身の状況を把握し、健康上の問題があると認めるときは、遅滞なく、当該児童生徒等に対して必要な指導を行うとともに、必要に応じ、その保護者（学校教育法第16条に規定する保護者をいう。第24条及び第30条において同じ。）に対して必要な助言を行うものとする。
（地域の医療機関等との連携）
　第10条：学校においては、救急処置、健康相談又は保健指導を行うに当たつては、必要に応じ、当該学校の所在する地域の医療機関その他の関係機関との連携を図るよう努めるものとする。

（2）学校保健法等の一部を改正する法律の公布について（通知）
　学校保健安全法（平成21年４月１日施行）の施行通知において、健康相談については、保健指導についての項目にて次のように解説されている。（下線は筆者が記入）

学校保健法等の一部を改正する法律の公布について（通知）（20文科ス第522号、平成20年７月９日）
（抜粋）
　第二　留意事項・第１　学校保健安全法関連・二　学校保健に関する留意事項
　（７）保健指導について（第９条）

1　近年、メンタルヘルスに関する課題やアレルギー疾患等の現代的な健康課題が生ずるなど児童生徒等の心身の健康問題が多様化、深刻化している中、これらの問題に学校が適切に対応することが求められていることから、第9条においては、<u>健康相談や担任教諭等の行う日常的な健康観察による児童生徒等の健康状態の把握、健康上の問題があると認められる児童生徒等に対する指導や保護者に対する助言を保健指導として位置付け</u>、養護教諭を中心として、関係教職員の協力の下で実施されるべきことを明確に規定したものであること。

したがって、このような保健指導の前提として行われる第8条の健康相談についても、児童生徒等の多様な健康課題に組織的に対応する観点から、特定の教職員に限らず、<u>養護教諭、学校医・学校歯科医・学校薬剤師</u>、<u>担任教諭など関係教職員による積極的な参画</u>が求められるものであること。

2　学校医及び学校歯科医は、健康診断及びそれに基づく疾病の予防処置、改正法において明確化された保健指導の実施をはじめ、感染症対策、食育、生活習慣病の予防や歯・口の健康つくり等について、また、学校薬剤師は、学校環境衛生の維持管理をはじめ、薬物乱用防止教育等について、それぞれ重要な役割を担っており、さらには、学校と地域の医療機関等との連携の要としての役割も期待されることから、各学校において、児童生徒等の多様な健康課題に的確に対応するため、これらの者の有する専門的知見の積極的な活用に努められたいこと。

（3）学校保健安全法施行規則

学校保健法の改正に伴い、学校保健法施行規則の改正が行われ、学校保健安全法施行規則の学校医等の職務準則において、学校医及び学校歯科医のみならず、学校薬剤師の職務準則にも新たに健康相談が加わった。（下線は筆者が記入）

学校保健安全法施行規則（昭和33年6月公布、令和5年4月最終改正）

（抜粋）

（学校医の職務執行の準則）

第22条：学校医の職務執行の準則は、次の各号に掲げるとおりとする。
一　学校保健計画及び学校安全計画の立案に参与すること。
二　学校の環境衛生の維持及び改善に関し、学校薬剤師と協力して、必要な指導及び助言を行うこと。
三　法第8条の健康相談に従事すること。
四　法第9条の保健指導に従事すること。　　　　　　　　　・・・以下（略）

（学校歯科医の職務執行の準則）

第23条：学校歯科医の職務執行の準則は、次の各号に掲げるとおりとする。
一　学校保健計画及び学校安全計画の立案に参与すること。
二　法第8条の健康相談に従事すること。
三　法第9条の保健指導に従事すること。　　　　　　　　　・・・以下（略）

（学校薬剤師の職務執行の準則）

第24条：学校薬剤師の職務執行の準則は、次の各号に掲げるとおりとする。
一　学校保健計画及び学校安全計画の立案に参与すること。
二　第1条の環境衛生検査に従事すること。
三　学校の環境衛生の維持及び改善に関し、必要な指導及び助言を行うこと。
四　法第8条の健康相談に従事すること。
五　法第9条の保健指導に従事すること。　　　　　　　　　・・・以下（略）

51

（4）学校保健法等の一部を改正する法律の施行に伴う関係政令の整備に関する政令等の施行について（通知）

学校保健安全法施行規則の施行通知における健康相談に関する解説事項は次の通りである。（下線は筆者が記入）

学校保健法等の一部を改正する法律の施行に伴う関係政令の整備に関する政令等の施行について
（通知）　　　　　　　　　　　　　　　　　　（21文科ス第6004号、平成21年4月1日）

第2　省令改正の概要（抜粋）

（4）学校医、学校歯科医及び学校薬剤師の職務執行の準則について

　改正法において、養護教諭その他の職員の行う日常的な健康観察等による児童生徒等の健康状態の把握、必要な指導等が「保健指導」として位置付けられた。また、従来、学校医又は学校歯科医のみが行うものとされてきた「健康相談」は、学校医又は学校歯科医に限らず、学校薬剤師を含め関係教職員が積極的に参画するものと再整理された。これは、近年、メンタルヘルスに関する課題やアレルギー疾患等の現代的な健康課題が生ずるなど児童生徒等の心身の健康問題が多様化、深刻化している中、これらの問題に学校が組織的に対応する観点から、特定の教職員に限らず、養護教諭、学校医・学校歯科医・学校薬剤師、担任教諭など関係教職員各々が有する専門的知見の積極的な活用に努められたいという趣旨である。

　これらを踏まえ、学校医、学校歯科医及び学校薬剤師の職務執行の準則に「保健指導に従事すること」を追加するとともに、学校薬剤師の職務執行の準則に「健康相談に従事すること」を追加する等の改正を行ったこと。（第22条、第23条及び第24条関係）

---

2 健康相談の意義

　近年、心理的ストレスや悩み、いじめ、不登校、精神疾患（心身症、摂食障害等）などメンタルヘルスに関する課題やアレルギー疾患の増加、ネット依存、ＬＧＢＴ（115頁参照）など、児童生徒の心身の健康問題が多様化していることや医療の支援を必要とする事例も増えていることから、養護教諭、学校医、学校歯科医、学校薬剤師、担任教諭等及び地域の医療機関等が連携して組織的に健康相談を行うことが必要である。児童生徒の健全な発育発達のために、自己解決能力をはぐくむ健康相談は、ますます重要となっている。

3 学校における健康相談の基本的な考え方

　先に述べたように、従来、健康相談は学校医や学校歯科医が行うものとして扱われてきたが、学校保健安全法により新たに養護教諭その他の職員が行う健康相談が位置付けられるとともに、保健管理に伴う保健指導の明確化が図られた。健康相談と保健指導は、明確に切り分けられたものではなく、相互に関連して展開されているものであり、学校における健康相談の目的は、子どもの心身の健康に関する問題について、子どもや保護者等に対して、関係者が連携し相談等を通して問題の解決を図り、学校生活によりよく適応していけるように支援していくことである。具体的には、子ども・保護者等からの相談希望、健康観察や保健室での対応等から健康相談が必要と判断された子どもに対し、心身の健康問題の背景（問題の本質）にあるものを的確にとらえ、相談等を通して支援して行く。また、一対一の相談に限定されるものではなく、関係者の連携のもと教育活動のあらゆる機会を捉えて、健康相談における配慮が生かされるようにするものである。

4 健康相談における養護教諭、学級担任等、学校医等の役割

（1）養護教諭が行う健康相談

　健康相談は、子どもの心身の健康問題の変化に伴い、従来（1960年代以降）から養護教諭の重要な役割となっていたが、平成９年の保健体育審議会答申において、養護教諭の行う健康相談が広く周知され、中央教育審議会答申（平成20年１月）[*1]においても、その重要性が述べられている。この答申を踏まえて、学校保健安全法に養護教諭を中心として学級担任等が相互に連携して行う健康相談が明確に規定されるなど、健康相談における養護教諭の役割がますます大きくなっている。

　養護教諭の行う健康相談は、子どもの心身の健康に関して専門的な観点から行われ、発達段階に即して一緒に心身の健康問題を解決する過程で、子どもが自己理解を深め自分自身で解決しようとする人間的な成長につながることから、健康の保持増進のみならず教育的な意義が大きく、学校教育において重要な役割を担っている。

　養護教諭の職務については、中央教育審議会答申（平成20年１月）において、保健管理、保健教育、健康相談[*2]、保健室経営、保健組織活動の５項目に整理されている。健康相談が特出されていることは、先に述べたように、単に個々の子どもの健康管理に留まらず、自己解決能力をはぐくむなど子どもの健全な発育発達に大きく寄与しており、養護教諭の職務の中でも大きな位置を占めているとともに期待されている役割でもあるからである。

　また、養護教諭は、職務の特質[*3]から子どもの心身の健康問題を発見しやすい立場にあることから、いじめや児童虐待などの早期発見、早期対応に果たす役割や、健康相談や保健指導の必要性の判断、受診の必要性の判断、医療機関などの地域の関係機関等との連携におけるコーディネーターの役割などが求められている。

---

*1　中央教育審議会答申「子どもの心身の健康を守り、安全・安心を確保するために学校全体として取組を進めるための方策について」（平成20年１月17日）
*2　健康相談については、従来、学校医・学校歯科医が行うものを健康相談、養護教諭が行うものを健康相談活動と区別していたが、特定の教職員に限らず、養護教諭、学校医・学校歯科医・学校薬剤師、学級担任等が行う健康相談として整理された。
*3　養護教諭の職務の特質として挙げられる主な事項
　ア　全校の子どもを対象としており、入学時から経年的に子どもの成長・発達を見ることができる。
　イ　活動の中心となる保健室は、だれでもいつでも利用でき安心して話ができるところである。
　ウ　子どもは、心の問題を言葉に表すことが難しく、身体症状として現れやすいので、問題を早期に発見しやすい。
　エ　保健室頻回来室者、不登校傾向者、非行や性に関する問題などさまざまな問題を抱えている子どもと保健室でかかわる機会が多い。
　オ　職務の多くは学級担任をはじめとする教職員、学校医等、保護者等との連携のもとに遂行される。
　などが、主な養護教諭の職務の特質としてあげられる。

（2）学級担任等が行う健康相談
　メンタルヘルスに関する課題やアレルギー疾患など、子どもの現代的な健康課題が顕在化している中、特定の教職員に限らず、この問題に組織的に対応して行く必要があることから、学級担任等においても、教諭の立場から健康相談を適切に行うことが求められている。

　健康観察（朝の健康観察、授業中や放課後など学校生活全般における健康観察）は、身体的不調のみならず、不登校、虐待、人間関係の問題などの早期発見につながる重要な活動であることから、学級担任は毎日の健康観察を丁寧に行い、問題の早期発見に努めることが大切である。そのため、養護教諭には、随時、健康観察の視点等について学級担任等に啓発していくことが求められる。

　また、学級担任等は、毎日、直接子どもとかかわることから、多様な子どもがいることを前提に、子どもとの人間的な触れ合い、きめ細かい観察（子どもの変化を見逃さない）、面接、保護者との対話を深める、関係者との情報の共有化などを通して、一人一人の子どもを客観的かつ総合的に理解し、問題の背景を的確にとらえた上で支援できるように努めることが大切である。

　学級担任等が行う健康相談の実施にあたってのポイントは、一人で抱え込まず養護教諭をはじめ、関係者と連携し、子どもの心身の健康問題について情報の共有化を図り、組織的に対応することである。

また、必要に応じて医療機関等と連携していくことが大切である。

（3）学校医・学校歯科医・学校薬剤師等が行う健康相談

　学校保健法の改正により、従来、学校医または学校歯科医が行うとされてきた健康相談は、養護教諭、学校医・学校歯科医・学校薬剤師、学級担任等の関係職員による積極的な参画が求められるものとなった。学校医等が行う健康相談は、受診の必要性の有無の判断、疾病予防、治療等の相談及び学校と地域の医療機関等とのつなぎ役など、主に医療的な観点から行われ、専門的な立場から学校及び子どもを支援していくことが求められている。

　学校保健法施行規則の一部改正（学校保健安全法施行規則）により、学校医等の職務執行の準則において、学校医及び学校歯科医のみならず、学校薬剤師の職務執行の準則にも新たに健康相談が加わった。また、これまで、学校歯科医の職務執行の準則においては、「……健康相談のうち歯に関する健康相談に従事すること」として健康相談の範囲を限定していたが、「法第8条の健康相談に従事すること」と改正され、範囲を限定する規定が削除された。

5 健康相談の進め方

（1）健康相談の目的

　健康相談の目的は、子どもの心身の健康に関する問題について、子どもや保護者等に対して、関係者が連携し相談等を通して問題の解決を図り、学校生活によりよく適応していけるように支援していくことである。

（2）健康相談の対象者

　健康相談の主な対象者は次の通りである。
① 健康診断の結果、継続的な観察指導（慢性疾患及び障害のあるものを含む）を必要とする者。
　ア　保健調査等の結果から、食生活、睡眠、運動などの日常生活において指導が必要である者。
　イ　体重減少、視力異常、CO（う歯の初期病変の徴候）・GO（歯周疾患要観察者）、肥満傾向、その他の疾患異常などがあり経過観察や受診指導が必要な者。
② 保健室等での児童生徒の対応を通して健康相談の必要があると判断された者。
③ 日常の健康観察の結果、継続的な観察指導を必要とする者。
　（欠席・遅刻・早退の多い者、体調不良が続く者、心身の健康観察から健康相談が必要と判断された者等）
④ 健康相談を希望する者。
⑤ 保護者及び担任教諭等の依頼による者。
⑥ 修学旅行、遠足、運動会、対外運動競技会等の学校行事に参加させる場合に必要と認めた者。
⑦ 健康にかかわる各種の調査結果（生活習慣、心の健康等）から必要と認めた者。
⑧ その他

（3）健康相談のプロセス

① 対象者の把握（健康相談の必要性の判断）
　　日常の健康観察や保健室での対応等により、健康相談の対象者の把握を行う（前記（3）健康相談の対象者参照）。
　　健康相談は、1回で終わるものもあれば、継続的な支援が必要なものもある。子どもの訴え（腹痛や頭痛等）に対しては、病気や障害があるかないかを確かめることが大切である。最初から心の問題だと決めつけることのないようにする。また、子どもは自分の気持ちを十分に言葉に表現することが難しく、身体症状として現れることが多いことから、子どもの訴えや話をよく聞き受け止め

ることが大切である。

<緊急的な対応が必要な場合>

　緊急的な対応が必要なものには、虐待、いじめ、自傷行為、自殺念慮、体重減少、災害時（事件・事故を含む）等がある。関係機関と連携しつつ適切な危機介入が必要である。そのためには、日ごろから他機関の関係者と顔の見える関係づくりをしておくことが大切である。

　虐待については、健康観察をはじめ、不登校、骨折、内出血、傷痕、体重減少、衣服の汚れ等に留意し、常に虐待の可能性があることを念頭に置いて対応するとともに、子どもの命にかかわる問題として捉えることが大切である。

　災害や事件・事故発生時の心のケアは、学校保健安全法に規定されており、危機管理の一環として位置付けることが必要である（第5章「学校安全」参照）。

② 　健康問題の背景の把握

　子どもの心身の健康問題の背景は多様化しており、問題の把握にあたっては、一人の情報では不十分であるため、学級担任をはじめとする関係者との情報交換により、子どもを多面的・総合的に理解した上で、問題の本質（医学的・心理社会的・環境要因）を捉えていく必要がある。そのため、校内委員会（組織）等で情報交換し検討することによって、的確に問題の背景がつかめるようにする。

　健康相談を実施するにあたり、最も留意しなければならない点は、カウンセリングで解決できるものと医療的な対応が必要なものとがあることである。例えば、統合失調症にカウンセリングをしても悪化させてしまうので、医療との連携が必要となるように、問題の本質を見極めることが大切である。特に、精神疾患が疑われるものについては、専門医の診断や指導が必要であり、早期の対応が大切である。学校内の支援活動で対応できるものか、病的なものが疑われ医療機関等との連携が必要かの見極めは、養護教諭の専門職としての重要な役割である。

③ 　支援方針・支援方法の検討

　組織的な対応を図るには、校内組織との連携が必要である。関係者による支援チームをつくり、支援方針・支援方法（支援計画）を協議し、役割分担して組織的に対応していくことが重要である。抱え込みにより、課題が悪化してしまい、解決が長期間にわたってしまうなどのケースもあるため、一人で対応するのではなく、関係職員、管理職等と連携して行うことが大切である。

　また、校内組織（教育相談部、生徒指導部等）はあっても機能していない現状も見られることから、活性化を図ることが必要である。

<支援計画の内容例>

ア 　何を目標に（長期目標と短期目標）

イ 　だれが（支援担当者や支援機関）

ウ 　どこで（支援場所）

エ 　どのような支援を（支援内容や方法）

オ 　いつまで行うか（支援期間）　　について、支援計画を立てる。

※作成した支援計画は、関係者に周知し、共通理解を図ることが大切である。

④ 　支援の実施と評価

　定期的に校内委員会（組織）を開催し、情報交換、支援検討会議（事例検討会）、経過から支援方針や支援方法を見直し、評価・改善を行う。また、必要に応じて関係機関等と連携していくことが大切である。近年、子どもの精神疾患が増加傾向にあり、学校においても医療機関等との連携が必要となっている。そのため、保護者及び関係機関等（医療・相談、福祉機関等）と連携を図り、学校での対応について指導を受けながら組織的に支援することが必要である。

　また、養護教諭は、精神疾患が疑われ医師の診察が必要と判断した場合は、関係者と協議の上、専門医への受診を勧める必要がある。

健康相談の基本的なプロセス

<table>
<tr><td rowspan="1">健康相談対象者</td><td>①健康診断の結果、経過観察（慢性疾患や障害のあるものも含む）が必要とされた児童生徒
②保健室等での対応を通して健康相談が必要とされた児童生徒
③日常の健康観察の結果、健康相談が必要とされた児童生徒
④健康相談を希望する児童生徒
⑤担任教諭等及び保護者から相談依頼のあった児童生徒
⑥学校行事に参加させる場合に必要と認めた児童生徒
⑦健康にかかわる各種の調査結果（生活習慣、心の健康等）から必要と認めた児童生徒
⑧その他</td></tr>
</table>

（相談の必要性の判断）
対象者の把握

→ 単発で終了

→ 継続的な支援が必要と判断

問題の背景の把握

医学的要因（病気・障害等の有無）の把握	心理社会的要因・環境要因の把握 （友人関係や家族関係等）
・健康観察の実施 　心身の状態（よく聞く、見る、触れる、バイタルサインの確認等）、欠席、遅刻、早退等 ・保健室利用状況の確認（利用状況、来室時間帯等） ・健康診断、保健調査等の健康情報等	・関係教職員との情報交換 　（問題理解のための事実関係が把握できる情報） ・個人面談 ・保護者との面談等

校内委員会（組織）で検討

→ 学校内の支援活動で解決できると判断

→ 医療・関係機関等との連携が必要と判断
○本人及び保護者への受診や相談の勧め
・学校医等との連携
・学級担任等との連携

支援方針・支援方法の検討

医療・関係機関等 → 異常なし →

<支援活動>校内組織
○支援計画の作成
・支援方針と支援方法の検討
・支援チームの役割分担（主な支援者の決定）
・学校医との連携
・スクールカウンセラーとの連携
・スクールソーシャルワーカーとの連携
・特別支援教育コーディネーターとの連携
・医療機関等との連携
・保護者との連携
○支援検討会議（事例検討会）
○経過に基づく支援方針・方法の見直し
○評価

疾病・異常あり

医療機関等との連携
○医療機関等の関係機関との連携
・主治医の診断結果及び指導に基づく支援
○養護教諭・学級担任等及び保護者との連携
・継続的な受診・相談状況の把握

実施・評価

→ 長期的な支援

6 校内組織体制づくり

　健康相談を実施するにあたっては、組織的な対応が必要であり、そのためには、健康相談に対応できる組織体制づくりが大切である。新たに組織をつくることが困難な場合には、教育相談部や生徒指導部などの既存の組織を活用して対応できるようにすることが必要である。

　学級担任等や養護教諭が一人で問題を抱え込むことなく、どのように対応していくべきかなどについて学校内で情報を共有し共通理解を図った上で、早い段階から組織的に支援していくことが大切である。

① 　校内組織の定例化

　　校内委員会（組織）会議の定例化（例：週1回等）を図り、機能する組織とすることが大切である。中・高等学校では、校時表に位置付け（例：月曜の5時間目）、メンバーが出席しやすいようにする、小学校では曜日を決めて実施するなどの工夫をして、定例化を図ることが望まれる。

② 　組織構成：例

　　組織の構成員としては、校長（管理職）、教務主任、生徒指導主事、進路指導主事、保健主事（兼務養護教諭含む）、養護教諭、教育相談主任、学年主任、学級（ホームルーム）担任、特別支援教育コーディネーター、スクールカウンセラー、スクールソーシャルワーカー等が考えられる。

③ 　管理職のリーダーシップ

　　校内組織を設置し機能させていくには、管理職の健康相談に対する理解とリーダーシップが重要である。校長が会議に出席することにより、決定されたことが速やかに実行に移しやすくなる、全校の子どもの様子を詳細に把握できるなど、有効性が高いことから、管理職の出席が望まれる。

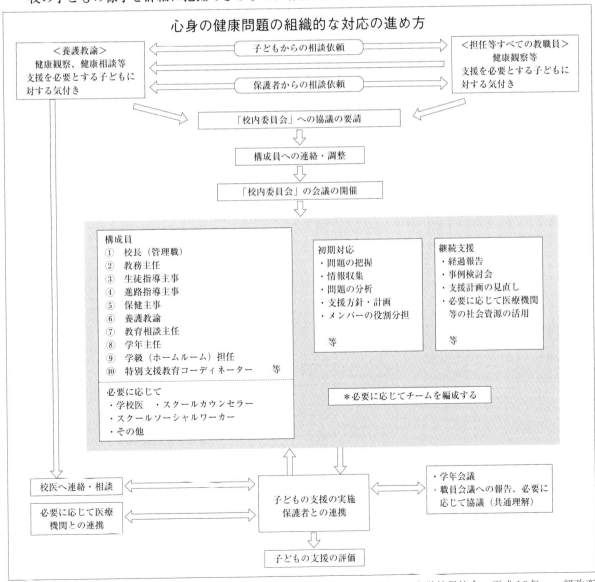

出典：『子どものメンタルヘルスの理解とその対応』財団法人日本学校保健会　平成19年　一部改変

7 健康相談実施上の留意点

① 学校保健計画に健康相談を位置付け、計画的に実施する。また、状況に応じて計画的に行われるものと随時に行われるものとがある。

② 学校医・学校歯科医・学校薬剤師などの医療的見地から行う健康相談・保健指導の場合は、事前の打ち合わせを十分に行い、相談の結果について養護教諭、学級担任等と共通理解を図り、連携して支援を進めていくことが必要である。

③ 健康相談の実施について周知を図るとともに、子ども、保護者等が相談しやすい環境を整える。

④ 相談場所は、相談者のプライバシーが守られるように十分配慮する。

⑤ 継続支援が必要なものについては、校内組織及び必要に応じて関係機関等と連携して実施する。

⑥ 各機関の役割や専門性などの正しい知識を教職員が理解するとともに、連携にあたっての方法や担当窓口などについて、日頃から正しく把握しておく。

⑦ 学校は、健康相談を必要とする子どもの課題解決にあたって、学校なりのはっきりとした考え方を持って専門機関と連携していく必要がある。そのため、お互いの立場を理解し合い意見交換をしながら組織的に支援する姿勢が必要となる。

⑧ 子どもが抱えている問題が複雑で支援が多岐にわたり、複数の機関がかかわるような事例は、それぞれの機関が指導方法や指導に関する役割分担・責任を確認しながら実施する。

【参考文献・引用】

『子どものメンタルヘルスの理解とその対応』（財）日本学校保健会　平成19年

采女智津江編集代表『新養護概説〈第13版〉』少年写真新聞社　令和6年

『教職員のための子どもの健康相談及び保健指導の手引』文部科学省　平成23年

参考　地域の主な関係機関とその役割

地域社会の主な関係機関	主な役割	主な専門職と役割
教育センター 教育委員会所管の機関	子どもの学校や家庭での様子等を聞き取り、必要に応じて各種心理検査等を実施し、総合的に判断した上で、学校・家庭での対応や配慮等の具体的支援について、相談員がアドバイスする。医療機関等との連携も行っている。	○心理職　（心理カウンセリング、教職員・保護者への指導・助言等） ○臨床発達心理士 　発達心理を専門とした心理職
子ども家庭相談センター （児童相談所）	子どもの虐待をはじめ専門的な技術援助及び指導を必要とする相談に応え、問題の原因がどこにあるか、どのようにしたら子どもが健やかに成長するかを判定し、その子どもに最も適した指導を行っている。	○児童福祉司 　児童の保護・相談 ○児童心理司 　心理判定
精神保健福祉センター	心の問題や病気、アルコール・薬物依存の問題、思春期・青年期における精神医学的問題について、専門の職員が相談に応じている。また、精神保健福祉に関する専門的な機関として、地域の保健所や関係諸機関の職員を対象とする研修を行ったり、連携や技術協力・援助をとおして地域保健福祉の向上のための活動をしている。	○精神科医 　精神福祉相談 ○精神保健福祉士 　精神福祉領域のソーシャルワーカー ○保健師 　健康教育・保健指導 ○心理職 　公認心理士・臨床心理士（心理カウンセリング、本人・保護者への指導・助言等）
発達障害者支援センター	自閉症等発達障害に対する専門的な相談支援、療育支援を行う中核的な拠点センターとして活動を行っている。自閉症、アスペルガー症候群、学習障害（LD）、注意欠陥多動性障害（ADHD）などの発達障害のある子どもや家族にかかわるすべての関係者のための支援センターである。	○精神科医 ○心理職　（心理査定、心理カウンセリング、本人、保護者への指導・助言） ○保健師 　健康教育・保健指導
保健所 （健康福祉事務所） 保健センター	子どもの虐待及びドメスティック・バイオレンス(DV)をはじめ、難病の相談や講演会・交流会等、子どもと家庭の福祉に関する相談指導を行っている。	○医師 ○社会福祉士 　ソーシャルワーカー ○保健師 　健康教育・保健指導
警察 少年サポートセンター	万引き、薬物乱用等の非行、喫煙や深夜はいかい等の不良行為、また、いじめ、児童虐待、犯罪被害等で悩んでいる子どもや保護者等からの相談に応じ、問題の早期解決に向け、支援する。	○心理職（心理カウンセリング、本人・保護者への指導・助言） ○警察関係者（少年相談、本人・保護者への指導・助言）

出典：『教職員のための子どもの健康相談及び保健指導の手引き』文部科学省　（https://www.mext.go.jp/a_menu/kenko/hoken/__icsFiles/afieldfile/2013/10/02/1309933_01_1.pdf）　平成23年　一部改変

Ⅱ　健康観察

1 健康観察の重要性

　学級担任をはじめ教職員により行われる健康観察は、日常的に子どもの健康状態を観察し、心身の健康問題を早期に発見し適切な対応を図ることによって、学校における教育活動を円滑に進めるために行われる重要な活動である。

　学級担任等により行われる朝の健康観察をはじめ、学校生活全般を通して健康観察を行うことは、体調不良のみならず心理的ストレスや心の悩み、いじめ、不登校、虐待や精神疾患など、子どもの心の健康問題の早期発見・早期対応にもつながることから、その重要性は増してきている。

2 健康観察の目的

①子どもの心身の健康問題の早期発見・早期対応を図る。
②感染症や食中毒などの集団発生状況を把握し、感染の拡大防止や予防を図る。
③日々の継続的な実施によって、子どもに自他の健康に興味・関心を持たせ自己管理能力の育成を図る。

3 健康観察の法的根拠

　健康観察は、中央教育審議会答申（平成20年1月）においてもその重要性が述べられており、それらを踏まえて学校保健安全法（平成21年4月1日施行）に新たに健康観察が位置付けられ、充実が図られた。

中央教育審議会答申（平成20年1月17日）

Ⅱ　学校保健の充実を図るための方策について
2．学校保健に関する学校内の体制の充実
（3）学級担任や教科担任等
② 健康観察は、学級担任、養護教諭などが子どもの体調不良や欠席・遅刻などの日常的な心身の健康状態を把握することにより、感染症や心の健康課題などの心身の変化について早期発見・早期対応を図るために行われるものである。また、子どもに自他の健康に興味・関心を持たせ、自己管理能力の育成を図ることなどを目的として行われるものである。（後略）
③ 学級担任等により毎朝行われる健康観察は特に重要であるため、全校の子どもの健康状態の把握方法について、初任者研修をはじめとする各種現職研修などにおいて演習などの実践的な研修を行うことやモデル的な健康観察表の作成、実践例の掲載を含めた指導資料作成が必要である。

学校保健安全法（昭和33年4月公布、平成27年6月最終改正）

（保健指導）
　第9条：養護教諭その他の職員は、相互に連携して、健康相談又は児童生徒等の健康状態の日常的な観察により、児童生徒等の心身の状況を把握し、健康上の問題があると認めるときは、遅滞なく、当該児童生徒等に対して必要な指導を行うとともに、必要に応じ、その保護者（学校教育法第16条に規定する保護者をいう。第24条及び第30条において同じ。）に対して必要な助言を行うものとする。

4 健康観察の機会

　学校における健康観察は、学級担任や養護教諭が中心となり、教職員との連携のもとで実施すべきものであることから、全教職員がそうした認識を持つことが重要である。また、保護者にも、子どもの健康観察の視点等について周知を図っておくことが必要である。

　中央教育審議会答申（平成20年1月）でも述べられているように、学級担任等により毎朝行われる健康観察は、特に重要である。

	時　　間	主な実施者	主な視点
学校における健康観察	朝や帰りの会	学級担任（ホームルーム担任）	登校の時間帯・形態、朝夕の健康観察での表情・症状
	授業中	学級担任及び教科担任等	心身の状況、友人・教員との人間関係、授業の参加態度
	休憩時間	教職員	友人関係、過ごし方
	給食（昼食）時間	学級担任（ホームルーム担任）	食事中の会話・食欲、食事摂取量
	保健室来室時	養護教諭	心身の状況、来室頻度
	部活動中	部活動担当教職員	参加態度、部活動での人間関係、体調
	学校行事	教職員	参加態度、心身の状況、人間関係
	放課後	教職員	友人関係、下校時の時間帯・形態

5 健康観察の視点

　基本的には、子どもが学校生活を順調に過ごすことができる状態であるかを知ることであり、健康上の問題を持つ子どもに対して適切な支援を行うことは、心身ともに健康な国民の育成を目ざす教育の主旨にもつながるものである。

　基本的な観察の観点を表などにしておくと効率的にできるが、季節によって流行する感染症、例えばインフルエンザなどの感染症の発見にはその疾病の症状の特徴を加えることが大切であり、早期発見が、学校・家庭ひいてはその地域の感染拡大を阻止することにもつながる。

　また、子どもは自分の気持ちを言葉でうまく表現できないことが多く、心の問題が顔の表情や行動に現れたり、頭痛・腹痛などの身体症状となって現れたりすることが多いため、きめ細やかな観察が必要である。また、子どもに自分の健康状態を意識させることによって、自己健康管理能力を育てることが大切である。

<小学校・中学校・高等学校（例）>
　子どもがかかりやすい感染症や病気の症状を中心に、観察項目を設定している。

<欠席>	心身の健康状態	
	（他覚症状）	（自覚症状）
散発的な欠席	普段と変わった様子が見られる	頭痛
継続的な欠席	元気がない	腹痛
欠席する曜日が限定していないか	顔色が悪い（赤い、青い）	発熱
登校渋り	せきが出ている	目がかゆい
理由のはっきりしない欠席	目が赤い	喉が痛い
	鼻水・鼻づまり	頬やあごが痛い
	けがをしている	気分が悪い、重い
<遅刻>	その他	体がだるい
遅刻が多い		眠い
理由がはっきりしない遅刻		皮膚がかゆい
		発しん・湿しん
		息が苦しい
		関節が痛い
		その他

6 学校生活全般における健康観察

<体・行動や態度・対人関係に現れるサイン>
　朝の健康観察に加え、学校生活全般（授業中、休憩時間、保健室来室時、給食（昼食）時間、放課後、学校行事等）を通じて行う健康観察の視点について、体・行動や態度・対人関係に現れるサインの3つに分けて例示した。なお、これらのサインの現れ方は、発達段階によって変化することを考慮する必要がある。
　また、これらのサインの推測される背景要因の例としては、内科・小児科疾患、発達障害、精神疾患、てんかん、心身症、いじめ、虐待、生活環境の問題などがあげられる。疾患や障害が原因となっている場合は、専門機関との連携が必要となるので留意する。

小学校・中学校・高等学校（例）
<体に現れるサイン>

発熱が続く
吐き気、おう吐、下痢等が多く見られる
体の痛み（頭痛、腹痛等）をよく訴える
急に視力、聴力が低下する
めまいがする、体がだるい等の不定愁訴を訴える
せきをしていることが多い
眠気が強く、すぐに寝てしまうことが多い（いつも眠そうにしている）
以前に比べて、体調を崩す（風邪を引く等）ことが多い
尿や便のお漏らしが目立つ
最近、極端に痩せてきた、または太ってきた
けいれん、失神がある
目をパチパチさせる、首を振る、肩をすくめる、口をモグモグする、おかしな声を出す
理由のはっきりしない傷やあざができていることがある

＜行動や態度に現れるサイン＞

登校を渋ったり、遅刻や欠席をしたりすることが目立ってきた
保健室（相談室）を頻繁に利用する
用事がないのに職員室に入ったり、トイレ等に閉じこもったりする
部活動を以前に比べて休むことが多くなり、理由を聞いても答えない
家に帰りたがらない
顔の表情が乏しい
ほとんど毎日、朝食を食べていない
給食時、極端に少食または過食気味である
ブツブツ独り言を言う
死を話題にする
自傷行為が見られる、または疑われる
喫煙や飲酒が疑われる態度が見られる
手を洗うことが多い、型にはまった行動を繰り返す
急に、落ち着きのなさや活気のなさが見られるようになった
教員が理解しにくい不自然な行動（ボーッとしている、急に大きな声をだす等）が見られる
おどおどした態度やほんやりとした態度が目立つ
急に服装や髪型が派手になったり、挑発的な行動等が見られるようになった
忘れ物が多い、授業に必要な物を用意しない
机上や机の周りが散乱している
落ち着きがなく、集中して学習に取り組めない
特定の教科や学習の遅れ、学習への拒否が見られる
急に成績が下がった

＜対人関係に現れるサイン＞

登下校時に、一人だけである、または友達に避けられている
登下校時に、友達の荷物を持たされたり走らされたりしている
ほとんどだれとも喋らない、関係をもたない
他学年の子どもとばかり遊ぶ
明るく振る舞っているときと急にふさぎ込んでいるときが極端に見られる
ささいなことで急に泣き出したり、担任にまとわりつこうとする
特定の子どもの配膳が不自然（山盛り、配り忘れ）である
授業中や給食時などに、特定の子どもだけ非難されたりからかわれたりしている
日常のあいさつ時や呼名時に、返事をしなかったり元気がないことが増えた
授業中や休み時間に、友達とのトラブルが絶えないまたは孤立している
ささいなことでイライラしたり、急にかっとなって暴力的な態度をとったりする
恋愛関係や性に関する悩み（トラブル）が見られる
弱いものいじめをする
清掃時間に、だれもがやりたがらない分担をやっている

7 健康観察の評価

　健康観察の計画から実施及び事後の対応・記録などについて評価する。評価する時期については、学期ごとあるいは学年末に行い、次年度の実施に生かすことが大切である。

●評価の観点（例）
(1) 健康観察の必要性について共通理解されているか。
(2) 学級担任による朝の健康観察は適切に行われているか。
(3) 全教育活動を通じて実施されているか。
(4) 健康観察事項は適切であったか。
(5) 心身の健康問題の早期発見に生かされているか。
(6) 健康観察の事後措置（健康相談・保健指導等）は適切に行われたか。
(7) 子どもに自己健康管理能力がはぐくまれたか。
(8) 必要な事項について記録され、次年度の計画に生かされたか。
(9) 保護者等の理解や協力が得られたか。　　等
　　　引用文献：『教職員のための子どもの健康観察の方法と問題への対応』文部科学省　平成21年3月　一部改変

〈memo〉

Ⅲ　健康診断

1 健康診断の変遷

(1) 身体検査から健康診断へ（昭和33年4月「学校保健法」施行）

　戦前の富国強兵策に基づく身体検査から戦後の各自が自分の健康を守るための健康診断へと、それぞれの時代の要請あるいは背景により学校保健の目指すものが変わってきた。しかし、その根底には学校を一つのまとまりとして個々の健康状態・集団としての健康の状況を把握するという目的があり、学校保健活動の中心としての役割を担ってきた。特に、昭和33年の「学校保健法」施行により健康診断の内容等が細かく規定され、健康診断は学校保健活動の中心として定着した。

(2) 健康診断の見直しによりスクリーニングの定着へ（昭和47年「保健体育審議会答申」）

　昭和47年の「保健体育審議会答申」に基づいて健康診断の見直しが行われ、健康診断をスクリーニング方式を基本とする、集団検診としての目的が明確になった。さらに、定期健康診断が特別活動の健康安全的行事として位置付けられ、教育活動として展開されることが周知された。これにより、学校教育における学校保健、その学校保健推進の基礎として健康診断の意義が認知されたと考える。

(3) 心身の健康を守り、安全・安心を確保するために（中央教育審議会答申（平成20年1月）・法律の改正）

　平成20年1月「中央教育審議会スポーツ・青少年分科会学校健康・安全部会」において、子どもの健康・安全を守るための基本的な考え方や充実を図るための方策について答申され、公布された。

　これを受けて、学校保健法は平成20年6月に学校保健安全法と改正され、児童生徒等の心身の健康に関しては、健康相談を行い（法第8条）、養護教諭その他の職員が相互に連携して必要な保健指導を行うとともに保護者に対して必要な助言を行うものとすると規定された（法第9条）。さらに、地域の医療機関等との連携を図るよう努めるものとすると規定され（法第10条）、児童生徒等の心身の健康の保持増進に関して、学校が一体となって取り組み、一層の推進を図ることが求められるようになった。

　これを受けて新たに保健指導が位置付けられるとともに、学校安全の章が独立した。

(4)「結核の有無」の検査方法の技術的基準について

　学校保健法施行規則の一部を改正する省令（平成24年文部科学省令第11号）が施行され、結核の有無の検査方法の技術的基準について見直しが行われた。これは、平成15年から平成20年までの間の小中学生の結核患者のうち、学校検診で発見された者の数がわずかであったことによるもので、問診票の保健調査票への統合や結核対策委員会を設置せずに学校医が直接精密検査を指示することなどが可能となった。

(5) 平成26年から平成28年

　平成26年4月に、学校保健安全法施行規則の一部を改正する省令（平成26年文部科学省令第21号）が公布された。職員の健康診断及び就学時健康診断票に係る改正規定については同日に、児童生徒等の健康診断に係る改正規定等については平成28年4月1日から施行されることとした。改正の概要は以下のとおり。

　① 児童生徒等の健康診断の変遷
　　○検査の項目並びに方法及び技術的基準（学校保健安全法施行規則第6条及び第7条関係）
　　ア　座高の検査について、必須項目から削除すること。
　　イ　寄生虫卵の有無の検査について、必須項目から削除すること。

ウ　「四肢の状態」を必須項目として加えるとともに、四肢の状態を検査する際は、四肢の形態および発育並びに運動器の機能の状態に注意することを規定すること。

○保健調査（第11条関係）

学校医・学校歯科医がより効果的に健康診断を行うため、保健調査の実施時期を小学校入学時及び必要と認めるときから、小学校、中学校、高等学校及び高等専門学校においては全学年（中等教育学校及び特別支援学校の小学部、中学部、高等部を含む）において、幼稚園及び大学においては必要と認めるときとすること。

「児童生徒等の月経随伴症状等の早期発見及び保健指導等の実施について」文部科学省事務連絡（令和3年12月）において、保健調査票に女子の月経随伴症状を含む月経に伴う諸症状について記入する欄を設け、保護者にもその記入について注意を促すなどにより、所見を有する児童生徒等を的確に把握し、適切な相談や治療につなげることは、児童生徒等の健やかな成長の観点から重要である。

② 職員の健康診断

○方法及び技術的基準（第14条関係）

ア　血圧の検査方法について、水銀血圧計以外の血圧計が利用できるよう改めたこと。

イ　胃の検査の方法について、胃部エックス線検査に加えて、医師が適当と認める方法を新たに認めるよう改めたこと。

③ 就学時健康診断（第一号様式関係）

予防接種法の一部を改正する法律（平成25年法律第8号）が平成25年4月1日より施行されたことを受けて、第一号様式（就学時の健康診断票）の予防接種の欄にHib感染症と肺炎球菌感染症の予防接種を加えたこと。

そのほか、検査項目の推移の詳細については、（82頁、表3-3）を参照のこと。

2 健康診断の目的

児童生徒等の健康診断は、家庭における健康観察を踏まえ、学校生活を送るに当たり支障があるかどうかについて、医学的見地から疾病をスクリーニングし、児童生徒等の健康状態を把握するとともに、学校における健康課題を明らかにすることで、健康教育の充実に役立てる。具体的には、

① 個々の子どもの健康上の問題点を早期に発見し、適正な健康管理・保健指導を行う。

② 子どもたちの健康状態を把握し、学校における保健教育の基礎資料として活用する。

③ 健康診断を通して、自分の健康状態や問題に気づき、自ら積極的に問題解決しようとする態度を養う。

④ 子どもの健康について、保護者の意識・関心を高める機会とする。　等

根拠となる法律

学校教育法（昭和22年3月公布、令和4年6月最終改正）

第12条：学校においては、別に法律で定めるところにより、幼児、児童、生徒及び学生並びに職員の健康の保持増進を図るため、健康診断を行い、その他その保健に必要な措置を講じなければならない。

学校保健安全法（昭和33年4月公布、平成27年6月最終改正）

（目的）

第1条：この法律は、学校における児童生徒等及び職員の健康の保持増進を図るため、学校における保健管理に関し必要な事項を定めるとともに、学校における教育活動が安全な環境において実施され、児童生徒等の安全の確保が図られるよう、学校における安全管理に関し必要な事項を定め、

もつて学校教育の円滑な実施とその成果の確保に資することを目的とする。
（児童生徒等の健康診断）
　第13条：学校においては、毎学年定期に、児童生徒等（通信による教育を受ける学生を除く。）の健康診断を行わなければならない。
　2　学校においては、必要があるときは、臨時に、児童生徒等の健康診断を行うものとする。
　第14条：（前条の健康診断の結果に基づく事後措置）
　第15条：（職員の健康診断）
　第16条：（第15条の事後措置）
　第18条：（保健所との連絡）

3 健康診断の意義

（1）健康診断は教育の一環
　健康診断実施に伴う教育活動によって、教育目標の具現化を図る。
①体について学習し、疾病・異常を理解すると共に健康の大切さを認識する。
②ヘルスプロモーションの理念に基づく生活・環境への改善の努力の必要性を学ぶ。
③人権尊重、プライバシーの保護について学び、理解する。
④児童生徒の発育・発達や健康状態について教職員が共通理解を図る。
⑤保護者に対し児童生徒の発育・発達や健康状態等について啓発し、健康の保持増進に対する協力を得る。
（2）健康診断の位置づけ
　健康診断は学校教育法及び学校保健安全法に規定され、さらに、学習指導要領（小・中学校は平成29年、高校は平成30年文部科学省告示）の総則及び特別活動の学校行事における健康安全・体育的行事に位置づけられ、「学校における体育・健康に関する指導を、児童（生徒）の発達段階を考慮して、学校の教育活動全体を通じて適切に行う（以下略）」と述べられている。

4 健康診断の種類

　健康診断には、就学時の健康診断、定期の健康診断及び必要に応じて行う臨時の健康診断がある。それぞれの健康診断の法的根拠等は次のとおりである。

1）就学時の健康診断
　学校教育法第17条1項の規定による就学者（満6歳）に対して、市町村の教育委員会は、健康診断を行い、その結果に基づき、治療を勧告し、保健上必要な助言を行い、就学義務の猶予や免除、特別支援学校等への就学に関し適切な措置をとらなければならないとされている。なお、知能については、平成14年4月の学校保健法施行規則の改正により検査法を限定せずに、適切な方法であればよいこととなった。
　学校保健安全法第11条：健康診断実施義務、同法第12条：事後措置の義務
　学校保健安全法施行規則第3条：方法及び技術的基準、第4条：就学時健康診断票

2）定期の健康診断
　学校においては、学校教育法第12条により、「幼児、児童、生徒及び学生並びに職員の健康の保持増進を図るため、健康診断を行い、その他その保健に必要な措置を講じなければならない」と規定されている。関連法、規則等は次のとおりである。
　学校保健安全法
　　第13条1項、第14条：定期健康診断の実施と事後措置

学校保健安全法施行規則
　　第5条：実施の時期～毎学年、6月30日までに行う
　　第6条：検査の項目（表3-1参照）
　　第7条：方法及び技術的基準
　　第8条：健康診断票の作成、送付、保存の義務（5年間）
　　第9条：事後措置、結果の通知（21日以内）

3）臨時の健康診断

　学校保健安全法第13条2項には、「学校においては、必要があるときは、臨時に、児童生徒等の健康診断を行うものとする。」と規定されている。さらに、同法施行規則第10条において、「次に掲げるような場合で必要があるときに、必要な検査の項目について行うものとする。」としている。
　　1．感染症又は食中毒の発生したとき。
　　2．風水害等により感染症の発生のおそれのあるとき。
　　3．夏季における休業日の直前又は直後。
　　4．結核、寄生虫病その他の疾病の有無について検査を行う必要のあるとき。
　　5．卒業のとき。
　以上の他に修学旅行、移動教室、合宿、マラソン大会等の前に臨時の健康診断を行っている。なお、臨時の健康診断の実施にあたっては、目的に即して的確で迅速な事前準備、検診、事後措置の徹底を図ることが大切である。

5 定期健康診断

1）実施計画の企画・立案

（1）事前準備
　　①前年度の評価・反省、課題を今年度の改善に繋げる。
　　②法令や各自治体における諸検診実施要項等について改正や変更はないか確認する。
　　　○対象学年、対象者（ハイリスク等）、検査項目、予算等の確認。
　　③規則等により規定されている検査以外の項目を実施する場合の対応を徹底する。
　　　○インフォームド・コンセント（説明・納得）、選択の自由を周知徹底する。
　　④児童生徒、保護者等への事前教育に保健情報等を活用し、健康教育に生かす。
　　⑤検査・検診のための人的、物的手配等を確認する。
　　⑥実施上の注意、配慮（欠席、重複、障害等）、その他欠落している事項がないか担当者が複数で確認する。

インフォームド・コンセント
　検査等の意義や方法等について事前に説明を受けることにより、被検査者（児童生徒、幼児の場合は保護者も含む）が自分で納得・同意して検査等を受けること。

（2）学校医、学校歯科医や検診機関等との連絡調整
（3）学校、学年行事等との調整、会場となる教室の使用の確認等
（4）教職員、児童生徒、保護者等への周知徹底
　健康診断の必要性、内容、受診方法等について周知するとともに、児童生徒に対しては校種、学年（年齢）に応じた説明が必要である。
（5）保健調査の実施（72～75頁参照）
　学校保健安全法施行規則第11条において、健康診断を的確かつ円滑に実施するため、小学校、中学校、

高等学校及び高等専門学校においては全学年において、幼稚園及び大学においては必要と認めるときに、児童生徒等の発育、健康状態等に関する調査を行うものとすると規定している。なお、『児童生徒等の健康診断マニュアル（平成27年度改訂）』（公益財団法人 日本学校保健会、2015年）には、「事前に児童生徒等の健康状態を把握し、保健調査票を活用することにより、健康診断がより的確に行われるとともに、診断の際の参考になるなど、健康診断を円滑に実施することができる。また、個人のプライバシーに十分配慮しつつ、保健調査票の活用により家庭や地域における児童生徒等の生活の実態を把握するとともに、学校において日常の健康観察を行い、これらの結果のほか新体力テストの結果を健康診断の結果と併せて活用することなどにより児童生徒等の保健管理及び保健指導を適切に行う必要がある。」とされている。

（6）検査用器具・器械に関する点検、補充、消毒等の手配と確認

2）健康診断の実施

　健康診断の実施にあたっての計画から評価、次年度の計画立案までの流れについては参考資料（表3－2参照）のとおりであるが、特に、係りの配置（教職員、係り児童生徒等）、受診者の流れと所要時間、検診会場の様子（環境）、検診機関等との連携、必要器具・器械等の充当について点検・確認等が必要である。また、児童生徒の係り分担については次のような指導・配慮が大切である。

> 児童生徒の係り分担について
> 　児童生徒の係り分担は特別教育活動の一つとして有意義なことであるが、人権にかかわると危惧されるような係りにつけてはならない。また、事前に委員会等を開催して係りの内容・役割、責任者（教職員等）を明確にすることが大切である。係りの責任者（教職員等）は、係りの児童生徒が他の児童生徒のプライバシーの保護に努め、人権を侵害することのないように注意し、指導しなければならない。

3）健康診断票

　健康診断票については、学校保健安全法施行規則第8条において「学校においては、法第13条第1項の健康診断を行ったときは、児童生徒等の健康診断票を作成しなければならない」と規定されており、進学先や転学先への送付、5年間の保存も規定されている。

　健康診断票（一般、歯・口腔用）を参考資料として78、80頁に掲載した。なお、次の4）事後措置に関連して学校医、学校歯科医等が必要と認める所見を記入押印し、押印した月日を記入することを含め、記入上の注意も掲載してある。

4）事後措置

　学校においては、校務支援システム等を活用して、健康診断結果等の情報をまとめ、健康診断実施後21日以内にその結果を本人及び保護者に通知するとともに、発見された疾病異常等について適切な措置をとらなければならない。学校保健安全法施行規則第9条に9項目にわたって規定し（76頁参照）、生活規正の面及び医療の面を組み合わせて決定する指導区分に基づくことなども規定している。（学校教育法第12条　前掲65頁参照）

> ─ 学校保健安全法（昭和33年4月公布、平成27年6月最終改正）
> 　第14条：学校においては、前条の健康診断の結果に基づき、疾病の予防処置を行い、又は治療を指示し、並びに運動及び作業を軽減する等適切な措置をとらなければならない。

表3−1　検査項目及び実施学年

平成28年4月1日現在

項　目	検診・検査方法		幼稚園	小学校 1年	2年	3年	4年	5年	6年	中学校 1年	2年	3年	高等学校 1年	2年	3年	大学
保健調査	アンケート		○	◎	◎	◎	◎	◎	◎	◎	◎	◎	◎	◎	◎	○
身　長			◎	◎	◎	◎	◎	◎	◎	◎	◎	◎	◎	◎	◎	◎
体　重			◎	◎	◎	◎	◎	◎	◎	◎	◎	◎	◎	◎	◎	◎
栄養状態			◎	◎	◎	◎	◎	◎	◎	◎	◎	◎	◎	◎	◎	◎
脊柱・胸郭 四　肢 骨・関節			◎	◎	◎	◎	◎	◎	◎	◎	◎	◎	◎	◎	◎	△
視　力	視力表 裸眼の者	裸眼視力	◎	◎	◎	◎	◎	◎	◎	◎	◎	◎	◎	◎	◎	△
	視力表 眼鏡等をしている者	矯正視力	◎	◎	◎	◎	◎	◎	◎	◎	◎	◎	◎	◎	◎	△
		裸眼視力	△	△	△	△	△	△	△	△	△	△	△	△	△	△
聴　力	オージオメータ		◎	◎	◎	◎	△	◎	△	◎	△	◎	◎	△	◎	◎
眼の疾病 及び異常			◎	◎	◎	◎	◎	◎	◎	◎	◎	◎	◎	◎	◎	◎
耳鼻咽喉頭疾患			◎	◎	◎	◎	◎	◎	◎	◎	◎	◎	◎	◎	◎	◎
皮膚疾患			◎	◎	◎	◎	◎	◎	◎	◎	◎	◎	◎	◎	◎	◎
歯及び口腔 の疾患及び 異　常			◎	◎	◎	◎	◎	◎	◎	◎	◎	◎	◎	◎	◎	△
結　核	問診・学校医による診察			◎	◎	◎	◎	◎	◎	◎	◎	◎				
	エックス線撮影												◎			◎ 1学年(入学時)
	エックス線撮影 ツベルクリン反応検査 喀痰検査等			○	○	○	○	○	○	○	○	○				
	エックス線撮影 喀痰検査・聴診・打診												○			○
心臓の疾患 及び異常	臨床医学的検査 その他の検査		◎	◎	◎	◎	◎	◎	◎	◎	◎	◎	◎	◎	◎	◎
	心電図検査		△	◎	△	△	△	△	△	◎	△	△	◎	△	△	△
尿	試験紙法	蛋白等	◎	◎	◎	◎	◎	◎	◎	◎	◎	◎	◎	◎	◎	△
		糖	△	◎	◎	◎	◎	◎	◎	◎	◎	◎	◎	◎	◎	△
その他の疾 病及び異常	臨床医学的検査 その他の検査		◎	◎	◎	◎	◎	◎	◎	◎	◎	◎	◎	◎	◎	◎

（注）　◎　ほぼ全員に実施されるもの
　　　　○　必要時または必要者に実施されるもの
　　　　△　検査項目から除くことができるもの

出典：『児童生徒等の健康診断マニュアル（平成27年度改訂）』公益財団法人 日本学校保健会　平成27年

69

表3-2　健康診断実施の流れ

期日/実施段階		主な内容	留意事項
1月〜3月	① 実施計画	◇次年度の学校保健計画（案）作成 　学校医・学校歯科医・学校薬剤師は学校保健計画の立案に参与 ◇健康診断実施計画（案）・要項（案）の作成 　*関係者等との連絡・調整	○学校評価や学校保健活動の評価、学校医、学校歯科医からの指導助言等を踏まえ、校内保健委員会などで原案を作成する。 ○職員会議で検討し、原案を確定する。 ○学校医・学校歯科医等関係者、検査機関、教育委員会等の担当課と連絡・調整を図る。
4月〜6月	② 準備	◇実施計画・実施要項の決定 ◇関係者等との共通理解・確認 　学校医、学校歯科医、教職員等 ◇検診・検査会場の準備	○学校保健計画、健康診断実施計画・要項等について職員会議等で検討し、校長が決定する。 ○教職員や学校医、学校歯科医、関係機関等と実施内容等の共通理解と日程確認等を行う。 ○検診等の会場に適した場所を確保・設定する。
		◇検診・検査用機器や用具等の点検 　*学校医・学校歯科医との打合せ 　*滅菌消毒、必要数等の確認 ◇健康診断票や諸用紙の確認と準備 　*学校医・学校歯科医との打合せ	○会場責任者との打合せを行う。 ○検診・検査用機器、用具等を点検し、準備する。 ○使用前後の管理・保管について確認する。 ○健康診断票（一般、歯・口腔）、結核問診票、保健調査票等の確認と配付等の準備をする。 ○個票、学級別記録用紙等を準備する。
	事前指導	◇健康診断実施に関する資料等作成 　*指導資料の作成 　*保護者向けの通知 　　（協力依頼、啓発等） ◇子どもへの事前指導	○健康診断実施についての教師用指導資料や子ども向けの資料を作成し、配付する。 ○保護者向けに「健康診断実施計画について」等で連絡や啓発を行う。 ○検診や検査当日に受診等できなかった場合の対応についても連絡しておく。 ○健康診断の結果をスムーズに本人及び保護者に通知できるよう準備をしておく。 ○学級活動やホームルーム活動等において、健康診断の意義や受け方などについて指導を行う。
	保健調査	◇保健調査票やアンケート等の実施	○教職員や保護者等に配付と回収方法を伝える。 ○回収後、記載事項を教師や養護教諭が確認し、検診前に整理しておく。
	打合せ	◇学校医・学校歯科医等との打合せ	○事前に学校医や学校歯科医と健康診断の判定基準や留意事項、事後措置の進め方などを打ち合わせする。（検診時のプライバシー保護のための工夫や未受診者への対応方法等）
	③ 検診等実施	◇健康診断の実施 　*校内で行う検査 　*検査機関による検査 　*学校医・学校歯科医による健康診断 ◇学校医・学校歯科医からの指導 ◇総合判定 ◇健康診断結果の通知	○職員朝会等で日程や役割分担等を再確認する。 　教職員の協力体制（役割分担） 　学校医・学校歯科医への対応（来校時刻確認等） 　検診・検査用の機器や用具の配置 　健康診断票等諸用紙の準備（記入方法等確認） ○子どもの健康状況等について指導を受ける。 ○保健管理や保健指導の進め方等を検討する。 ○健康診断結果を本人及び保護者に通知する。

（表の左側縦書き：事前の活動）

期日/実施段階	主な内容	留意事項
④ 事後の活動 6月〜12月	◇後片付け ＊使用機器や用具等、会場 ◇事後措置の実施 　学校医・学校歯科医等による指導 　学級担任・養護教諭等による保健指導 　＊未受診者への指導と対応 　＊管理が必要な子どもへの対応 ◇学校医・学校歯科医による健康相談の実施 ◇地域の関係機関との連携 ◇健康実態の把握及び課題の把握 　＊健康診断結果の集約（統計処理） 　＊健康状況報告と課題や対策検討 　＊教育計画の見直し、改善 ◇保健教育における活用 ◇健康診断票等の整理と管理 ◇養護教諭による健康相談の実施 ◇臨時の健康診断の実施	○検診等で使用した機器や用具に適した方法で消毒等を行い、後片付けをする。 （適切な管理・保管） ○個別や集団指導、学級活動等にて指導を行う。 ○早期に未検診等の項目を受けるよう本人及び保護者に指導する。 ○状況に応じた検診・検査体制を整備する。 ○主治医や保護者等と管理の内容等を確認する。 ○一人ひとりの健康問題の解決に向けて行う。 ○結核対策委員会の開催など管轄保健所、病院等と連携を図り、子どもの健康管理を行う。 ○健康診断の結果を集計し、分析する。 ○校内保健委員会や学校保健委員会等において報告し、自校の健康課題への対応について検討をする。 ○必要に応じて、校内運営委員会・職員会議等で教育計画の見直しを行う。 ○教育活動全体を通して、健康の保持増進を図る。 ○一人ひとりの健康問題解決に向けて、計画的継続的に行う。 ○個人情報の取扱いを周知し、適切に管理する。 ○継続的な観察や指導の必要なものについて、予め計画し、実施する。
⑤ 評価 1月〜3月	◇学校保健活動の評価 ◇健康診断に関する評価 　＊学校評価　など	○学校保健活動の評価（学校保健計画、保健教育、保健管理、組織活動等）を行う。 〔健康診断に関する評価〕 　実施計画、事前・事後指導、事後措置状況 　自校の健康課題と対策、成果と課題　等

出典：『児童生徒の健康診断マニュアル（改訂版）』財団法人 日本学校保健会　平成18年　一部訂正

参考　保健調査票の例

保　健　調　査　票

　この調査はお子様の心身の健康状態について調べ、学校で行う健康診断の資料にするとともに、在学中の健康管理の参考にするものです。他人に漏れることはありませんので、正確に記入してください。

ふりがな		血液型		男 ・ 女	
児童生徒氏名		型	RH （－） （＋）	年　月　日生	

電話番号	（　　　） （　　　）	住所	変更の場合								
学校名		学年	小1	2	3	4	5	6	中1	2	3
		組									
		番号									
		保護者印									

出典：『児童生徒等の健康診断マニュアル（平成27年度改訂）』公益財団法人 日本学校保健会　平成27年

1　これまでにかかった病気等に○をつけ、かかった時の年齢と現在の状況を記入してください。

病　名	初発の年齢	現在の状況（○印）			医療機関名	服薬の有無（○印）	
		治療中	経過観察	治癒		有	無
心臓病（病名　　　　）		才	才	才			
腎臓病（病名　　　　）		才	才	才			
ひきつけ・てんかん		才	才	才			

| 学校生活管理指導表、糖尿病連絡表、川崎病調査票の有無 | 心疾患用（有・無） | 腎疾患用（有・無） | アレルギー疾患用（有・無） | 糖尿病連絡表（有・無） | 川崎病調査票（有・無） | |

2　予防接種歴と既往歴と副作用歴

		未接種	接種有	接種有	接種有	接種有	感染有	副反応有	
①	日本脳炎		1回目	2回目	3回目	4回目			・未接種の場合は未接種に○を記入
②	3種混合（ジフテリア・百日咳・破傷風）		1回目	2回目	3回目	4回目			・接種有の場合は接種した回数すべてを○で囲む
③	4種混合（ジフテリア・百日咳・破傷風・ポリオ）		1回目	2回目	3回目	4回目			・感染したことがある場合は感染有に○を記入
④	麻疹（はしか）		1回目	2回目					・予防接種の副反応がある場合は、副反応有に○を記入
⑤	風疹（三日はしか）		1回目	2回目					
⑥	水痘（水ぼうそう）		1回目	2回目					
⑦	流行性耳下腺炎（おたふくかぜ）		1回目	2回目					
⑧	肺炎球菌性肺炎（肺炎球菌ワクチン）		1回目	2回目	3回目	4回目			
⑨	インフルエンザ桿菌（HIB）		1回目	2回目	3回目	4回目			
⑩	BCG		1回目	未接種の理由：ツベルクリン反応検査が陽性だったため（　）、その他（　）					

⑪　その他任意接種等で受けたものがありましたらご記入ください。

3　結核について

		小1	小2	小3	小4	小5	小6	中1	中2	中3
①	今までに結核性の病気（肺浸潤、胸膜炎、ろくまく炎、頸部リンパ腺結核等）にかかったことがありますか？	いいえ はい 年 月頃	いいえ はい 年 月頃	いいえ はい 年 月頃	いいえ はい 年 月頃	いいえ はい 年 月頃	いいえ はい 年 月頃	いいえ はい 年 月頃	いいえ はい 年 月頃	いいえ はい 年 月頃
②	今までに結核の予防薬を飲んだことがありますか？	いいえ はい 年 月頃	いいえ はい 年 月頃	いいえ はい 年 月頃	いいえ はい 年 月頃	いいえ はい 年 月頃	いいえ はい 年 月頃	いいえ はい 年 月頃	いいえ はい 年 月頃	いいえ はい 年 月頃
③	生まれてから家族や同居人で結核にかかった人がいますか？	いいえ はい 年 月頃	いいえ はい 年 月頃	いいえ はい 年 月頃	いいえ はい 年 月頃	いいえ はい 年 月頃	いいえ はい 年 月頃	いいえ はい 年 月頃	いいえ はい 年 月頃	いいえ はい 年 月頃
④	過去3年以内に通算して半年以上、外国に住んでいたことがありますか？	いいえ はい	いいえ はい	いいえ はい	いいえ はい	いいえ はい	いいえ はい	いいえ はい	いいえ はい	いいえ はい
	「はい」の場合、その国はどこですか？									
⑤	2週間以上「せき」や「たん」が続いていますか？	いいえ はい	いいえ はい	いいえ はい	いいえ はい	いいえ はい	いいえ はい	いいえ はい	いいえ はい	いいえ はい
⑥ ⑤の質問に「はい」の場合	医療機関で受診していますか？	いいえ はい	いいえ はい	いいえ はい	いいえ はい	いいえ はい	いいえ はい	いいえ はい	いいえ はい	いいえ はい
	ぜんそく、ぜんそく性気管支炎などといわれていますか？	いいえ はい	いいえ はい	いいえ はい	いいえ はい	いいえ はい	いいえ はい	いいえ はい	いいえ はい	いいえ はい

出典：『児童生徒等の健康診断マニュアル（平成27年度改訂）』公益財団法人 日本学校保健会　平成27年

氏名

		症状	小1	小2	小3	小4	小5	小6	中1	中2	中3
内科	1	食欲がなく、体重が増えにくい									
	2	頭痛・腹痛を起こしやすい									
	3	下痢、便秘になりやすい									
	4	動悸、めまい、息切れをすることがある									
	5	疲れやすく、元気のないことが多い									
	6	急に立つとめまいをすることがある									
	7	気を失って倒れたことがある									
皮膚科	8	肌がかゆくなりやすい									
	9	肌があれやすい、かぶれやすい									
	10	うみやすい、にきびがでやすい									
	11	体や手足にブツブツができている									
	12	髪の毛に異常がある（頭シラミ、脱毛症等）									
	13	生まれつきのあざ、皮膚病がある									
	14	その他、気になる皮膚病がある									
耳鼻科	15	聞こえが悪い									
	16	発音で気になることがある、声がかれている									
	17	よく鼻水がでる									
	18	よく鼻がつまる									
	19	鼻血がでやすい									
	20	のどの腫れや痛みを伴う発熱が多い									
	21	普段口を開けている									
	22	いびきをかくことがある									
	23	現在治療中の病気がある									
眼科	24	黒板の字が見えにくい、遠くを見るとき目を細める									
	25	色まちがいをすることがある									
	26	頭を傾ける、上目づかい、顔の正面で見ない									
	27	左右の視線がずれることがある									
	28	本を読むと目が疲れたり、頭痛がしたりする									
	29	目がかゆくなる、目やにが出る、目が赤くなる									
	30	目がかわく、涙が出ることが多い									
	31	メガネ・コンタクトレンズを使用している									
	32	コンタクトレンズ使用で、見にくい、充血、ゴロゴロする									
歯科	33	歯が痛んだり、しみたりする									
	34	顎の関節が痛んだり音がしたりすることがある									
	35	かみにくい、食べにくいと思うことがある									
	36	歯並びやかみ合わせが気になる									
	37	口のにおいが気になる									
	38	歯ぐきから血が出ることがある									
整形外科	39	背骨が曲がっている									
	40	腰を曲げたり、反らしたりすると痛みがある									
	41	腕、脚を動かすと痛みがある									
	42	腕、脚に動きの悪いところがある									
	43	片脚立ちが5秒以上できない									
	44	しゃがみこみができない									
	45	月経に伴って腹痛や頭痛、はき気などがある									

4　最近の健康状態・生活習慣について、次の事項であてはまるものがあれば○を記入してください。

5	現在治療中または病院で経過観察を受けている病気やけが、その他学校に知らせておきたいことがあれば記入してください。特にない場合は、'なし'か斜線を引いてください。
学年	
小1	
小2	
小3	
小4	
小5	
小6	
中1	
中2	
中3	

家庭でできる姿勢の検査

立位検査　　　　前屈検査

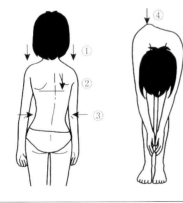

脊柱側わん症の早期発見のためにご家庭でもチェックをお願いします。

＊　四つのポイント　＊
① 両肩の高さの違い
② 両肩甲骨の位置、高さの違い
③ 脇ラインの左右非対称
④ 前屈したときの、背面（肋骨及び腰）の高さの違い

イ　保健調査票作成上の配慮事項
・ 学校医・学校歯科医等の指導助言を得て作成する。
・ 地域や学校の実態に即した内容のものとする。
・ 内容・項目は精選し、活用できるものとする。
・ 集計や整理が容易で客観的分析が可能なものとする。
・ 発育・発達状態や健康状態及び生活背景をとらえることができるものとする。
・ 個人のプライバシーに十分配慮し、身上調査にならないようにする。
・ 継続して使用できるものとする。

出典：『児童生徒等の健康診断マニュアル（平成27年度改訂）』公益財団法人 日本学校保健会　平成27年　一部追加

> 学校保健安全法施行規則（昭和33年6月、令和5年4月最終改正）
>
> （事後措置）
>
> 　第9条：学校においては、法第13条第1項の健康診断を行つたときは、21日以内にその結果を幼児、児童又は生徒にあつては当該幼児、児童又は生徒及びその保護者（学校教育法（昭和22年法律第26号）第16条に規定する保護者をいう。）に、学生にあつては当該学生に通知するとともに、次の各号に定める基準により、法第14条の措置をとらなければならない。
>
> 　一　疾病の予防処置を行うこと。
> 　二　必要な医療を受けるよう指示すること。
> 　三　必要な検査、予防接種等を受けるよう指示すること。
> 　四　療養のため必要な期間学校において学習しないよう指導すること。
> 　五　特別支援学級への編入について指導及び助言を行うこと。
> 　六　学習又は運動・作業の軽減、停止、変更等を行うこと。
> 　七　修学旅行、対外運動競技等への参加を制限すること。
> 　八　机又は腰掛の調整、座席の変更及び学級の編制の適正を図ること。
> 　九　その他発育、健康状態等に応じて適当な保健指導を行うこと。
>
> 　2　前項の場合において、結核の有無の検査の結果に基づく措置については、当該健康診断に当たつた学校医その他の医師が別表第一（略）に定める生活規正の面及び医療の面の区分を組み合わせて決定する指導区分に基づいて、とるものとする。

5）評価：反省と改善事項〜次に生かす〜

　児童生徒や保護者、教職員等さまざまな立場からの評価により反省事項をまとめ、次年度の改善に繋げ、生かすことが大切である。

（1）係り（教職員、係り児童生徒等）や学校医等、検査機関からの情報収集、評価。

（2）被検査者や保護者からの評価（当日や事後措置の問題点、希望等）。

（3）直接の担当者（保健部や養護教諭等）による評価等。

6 職員の健康管理

　学校に勤務する職員（以下「職員」という）の健康診断の実施にあたっては、学校保健安全法、労働安全衛生法及び感染症の予防及び感染症の患者に対する医療に関する法律並びにこれらに基づく政令及び省令に定めるものの他、各自治体の健康管理運営規則、要綱等の定めに従って行われる。

1）職員の健康管理

　○労働基準法（昭和22年法律第49号、令和4年6月最終改正）第42条：労働者の安全及び衛生に関しては、労働安全衛生法の定めるところによる。

　○労働安全衛生法（昭和47年法律第57号、令和4年6月最終改正）：労働者の健康安全に関する法、産業医や衛生管理者の選任等も規定している。

　○感染症の予防及び感染症の患者に対する医療に関する法律（平成10年法律第114号、令和5年5月最終改正）第53条の2：（前略）期日又は期間を指定して、結核に係る定期の健康診断を行わなければならない。

　○学校保健安全法第15条：健康診断の実施、第16条：健康診断実施後の事後措置

　○学校保健安全法施行規則第13条：検査項目、第14条：方法及び技術的基準

　学校保健安全法において、職員の健康診断を規定しているのは、職員の健康の保持増進を図ることは当然のことであるが、一方、職員の健康が児童生徒等に与える影響が大きいからである。

２）健康診断の種類
（1）採用時の健康診断
（2）定期健康診断
    ①一般健康診断：生活習慣病、消化器系、呼吸器系
    ②特別健康診断：女性検診、VDT検診、腰痛検診　他
（3）臨時健康診断：学校保健安全法第15条第２項に必要があるときに行うと規定されており、学校保健安全法施行規則第17条には感染症や食中毒の発生したときなどが掲げられている（第10条の準用）。なお、事後措置等については定期の健康診断に準じて適切な措置をとらなければならない。

３）健康診断項目の追加について
　脳、心臓疾患につながる内臓脂肪症候群等の所見を有する労働者が増加しているなどの状況にかんがみ、健康増進法（平成14年法律第103号）第９条第１項に規定する健康診査等指針と調和が保たれたものでなければならない、等により、平成20年４月から「腹囲」が新たに加わった（学校保健安全法施行規則第13条）。

４）健康診断の方法及び技術的基準（学校保健安全法施行規則第14条関係）
　平成26年の学校保健安全法施行規則の改正により、職員の健康診断の方法及び技術的基準が改正された。
　ア　血圧の検査方法について、水銀血圧計以外の血圧計が利用できるよう改めたこと。
　イ　胃の検査の方法について、胃部エックス線検査に加えて、医師が適当と認める方法を新たに認めるよう改めたこと。

５）職員の保健指導、健康相談
　職員の健康診断の事後措置、保健指導、健康相談については、産業医や衛生管理者がかかわる。資格等については、次のとおりである。
　○産業医：労働安全衛生法第13条により、労働者の健康管理等を行うのに必要な医学に関する専門的知識を有する者が担当。
　○衛生管理者：労働安全衛生法第12条により、衛生に係る技術的事項を管理する。資格は労働安全衛生規則（昭和47年労働省令第32号、令和５年１月最終改正）第10条四により厚生労働大臣が定める者のうち、大学で保健衛生に関する科目等を学んだ教員は当該校に限り担当できる条項が含まれており、養護教諭や保健体育科教諭が該当する。

【参考文献・引用】
　『教育小六法』　市川須美子他編　学陽書房　平成20年３月
　『児童生徒等の健康診断マニュアル（平成27年度改訂）』　公益財団法人 日本学校保健会　平成27年８月
　『健康診断実施マニュアル』　東京都教育委員会　平成11年３月
　『児童生徒の健康診断マニュアル（改訂版）』財団法人 日本学校保健会　平成18年３月

参考資料　（表）健康診断票の様式参考例

（用紙　日本工業規格 A4 縦型）

区分＼学年	小学生						中学生		
	1	2	3	4	5	6	1	2	3
学　級									
番　号									

児 童 生 徒 健 康 診 断 票 （一般）
小 ・ 中 学 校 用

氏名				性別	男	女	生年月日		年		月		日
学 校 の 名 称													
年　　　　齢	歳	歳	歳	歳	歳	歳	歳	歳	歳
年　　　　度									
身　長（cm）	・	・	・	・	・	・	・	・	・
体　重（kg）	・	・	・	・	・	・	・	・	・
栄 養 状 態									
脊柱・胸郭・四肢									
視力 右	（　）	（　）	（　）	（　）	（　）	（　）	（　）	（　）	（　）
視力 左	（　）	（　）	（　）	（　）	（　）	（　）	（　）	（　）	（　）
目の疾病及び異常									
聴力 右									
聴力 左									
耳 鼻 咽 頭 疾 患									
皮 膚 疾 患									
結核 疾病及び異常									
結核 指 導 区 分									
心臓 臨床医学的検査（心電図等）									
心臓 疾病及び異常									
尿 蛋白第1次									
尿 糖第1次									
尿 その他の検査									
その他の疾病及び異常									
学校医 所　　見									
学校医 月　　日	・	・	・	・	・	・	・	・	・
事 後 措 置									
備　　考									

出典：『児童生徒等の健康診断マニュアル（平成27年度改訂）』公益財団法人 日本学校保健会　平成27年

（裏）児童生徒健康診断票（一般）　記入上の注意

各欄の記入については、次によること。

1　「年齢」の欄

　定期の健康診断が行われる学年の始まる前日に達する年齢を記入する。

2　「身長」及び「体重」の欄

　測定単位は、小数第1位までを記入する。

3　「栄養状態」の欄

　栄養不良または肥満傾向で特に注意を要すると認めた者を「要注意」と記入する。

4　「脊柱・胸郭・四肢」の欄

　病名又は異常名を記入する。

5　「視力」の欄

　裸眼視力はかっこの左側に、矯正視力はかっこ内に記入する。この場合において、視力の検査結果が1.0以上であるときは「A」、1.0未満0.7以上であるときは「B」、0.7未満0.3以上であるときは「C」、0.3未満であるときは「D」と記入して差し支えない。

6　「目の疾病及び異常」の欄

　病名または異常名を記入する。

7　「聴力」の欄

　1,000Hzにおいて30dBまたは4,000Hzにおいて25dB（聴力レベル表示による）を聴取できない者については、○印を記入する。なお、上記の者について、さらに聴力レベルを検査したときは、併せてその聴力レベルデシベルを記入する。

8　「耳鼻咽頭疾患」及び「皮膚疾患」の欄

　病名または異常名を記入する。

9　「結核」の欄

　イ「疾病及び異常」の欄には病名または異常名を記入する。

　ロ「指導区分」の欄には、規則第9条の第2項規定により決定した指導区分を記入する。

10　「心臓」の欄

　心電図等の臨床医学的検査の結果及び病名または異常名を記入する。

11　「尿」の欄

　「蛋白第一次」の欄には蛋白第一次の検査の結果を、「糖第一次」の欄には糖第一次の検査の結果を、それぞれ＋等の記号で記入し、「その他の検査」の欄には蛋白若しくは糖の第二次検査又は潜血検査等の検査を行った場合の検査項目名及び検査結果を記入する。

12　「その他の疾病及び異常」の欄

　病名または異常名を記入する。

13　「学校医」の欄

　規則第9条の規定によって学校においてとるべき事後措置に関連して学校医が必要と認める所見を記入押印し、押印した月日を記入する。

14　「事後措置」の欄

　規則第9条の規定によって学校においてとるべき事後措置を具体的に記入する。

15　「備考」の欄

　健康診断に関し必要のある事項を記入する。

出典：「児童、生徒、学生、幼児及び職員の健康診断の方法及び技術的基準の補足的事項及び健康診断票の様式例の取扱いについて〈平成27年9月11日事務連絡〉」文部科学省スポーツ・青少年局学校健康教育課　平成27年

参考資料　（表）児童生徒健康診断票（歯・口腔）

小・中学校用

| 氏　名 | | | 性　別 | 男 | 女 | 生年月日 | 年 | 月 | 日 |

歯　式
- 現在歯
- う歯　　未処置歯　C
- 　　　　処置歯　　○
- 喪失歯（永久歯）　△
- 要注意乳歯　　　　×
- 要観察歯　　　　　CO

（例　A　B）

歯の状態
- 乳歯：現在歯数／未処置歯数／処置歯数
- 永久歯：現在歯数／未処置歯数／処置歯数／喪失歯数

年齢	年度	顎関節	歯列・咬合	歯垢の状態	歯肉の状態	歯式	乳歯 現在歯数	乳歯 未処置歯数	乳歯 処置歯数	永久歯 現在歯数	永久歯 未処置歯数	永久歯 処置歯数	永久歯 喪失歯数	その他の疾病及び異常	学校歯科医 所見	月日	事後措置
歳	平成　年度	0 1 2	0 1 2	0 1 2	0 1 2	8 7 6 5 4 3 2 1 ｜ 1 2 3 4 5 6 7 8 ／ 上 右 E D C B A ｜ A B C D E 左 上 ／ 下 E D C B A ｜ A B C D E 下 ／ 8 7 6 5 4 3 2 1 ｜ 1 2 3 4 5 6 7 8										月 日	
歳		0 1 2	0 1 2	0 1 2	0 1 2	8 7 6 5 4 3 2 1 ｜ 1 2 3 4 5 6 7 8 ／ 上 右 E D C B A ｜ A B C D E 左 上 ／ 下 E D C B A ｜ A B C D E 下 ／ 8 7 6 5 4 3 2 1 ｜ 1 2 3 4 5 6 7 8										月 日	
歳		0 1 2	0 1 2	0 1 2	0 1 2	8 7 6 5 4 3 2 1 ｜ 1 2 3 4 5 6 7 8 ／ 上 右 E D C B A ｜ A B C D E 左 上 ／ 下 E D C B A ｜ A B C D E 下 ／ 8 7 6 5 4 3 2 1 ｜ 1 2 3 4 5 6 7 8										月 日	
歳		0 1 2	0 1 2	0 1 2	0 1 2	8 7 6 5 4 3 2 1 ｜ 1 2 3 4 5 6 7 8 ／ 上 右 E D C B A ｜ A B C D E 左 上 ／ 下 E D C B A ｜ A B C D E 下 ／ 8 7 6 5 4 3 2 1 ｜ 1 2 3 4 5 6 7 8										月 日	
歳		0 1 2	0 1 2	0 1 2	0 1 2	8 7 6 5 4 3 2 1 ｜ 1 2 3 4 5 6 7 8 ／ 上 右 E D C B A ｜ A B C D E 左 上 ／ 下 E D C B A ｜ A B C D E 下 ／ 8 7 6 5 4 3 2 1 ｜ 1 2 3 4 5 6 7 8										月 日	
歳		0 1 2	0 1 2	0 1 2	0 1 2	8 7 6 5 4 3 2 1 ｜ 1 2 3 4 5 6 7 8 ／ 上 右 E D C B A ｜ A B C D E 左 上 ／ 下 E D C B A ｜ A B C D E 下 ／ 8 7 6 5 4 3 2 1 ｜ 1 2 3 4 5 6 7 8										月 日	
歳		0 1 2	0 1 2	0 1 2	0 1 2	8 7 6 5 4 3 2 1 ｜ 1 2 3 4 5 6 7 8 ／ 上 右 E D C B A ｜ A B C D E 左 上 ／ 下 E D C B A ｜ A B C D E 下 ／ 8 7 6 5 4 3 2 1 ｜ 1 2 3 4 5 6 7 8										月 日	
歳		0 1 2	0 1 2	0 1 2	0 1 2	8 7 6 5 4 3 2 1 ｜ 1 2 3 4 5 6 7 8 ／ 上 右 E D C B A ｜ A B C D E 左 上 ／ 下 E D C B A ｜ A B C D E 下 ／ 8 7 6 5 4 3 2 1 ｜ 1 2 3 4 5 6 7 8										月 日	
歳		0 1 2	0 1 2	0 1 2	0 1 2	8 7 6 5 4 3 2 1 ｜ 1 2 3 4 5 6 7 8 ／ 上 右 E D C B A ｜ A B C D E 左 上 ／ 下 E D C B A ｜ A B C D E 下 ／ 8 7 6 5 4 3 2 1 ｜ 1 2 3 4 5 6 7 8										月 日	

出典：『児童生徒等の健康診断マニュアル（平成27年度改訂）』公益財団法人 日本学校保健会　平成27年

（裏）児童生徒健康診断票（歯・口腔用）　記入上の注意

　各欄の記入については、次によること。

1「歯列・咬合」の欄

　歯列の状態、咬合の状態について、異常なし、定期的観察が必要、専門医（歯科医師）による診断が必要、の3区分について、それぞれ0、1、2で記入する。

2「顎関節」の欄

　顎関節の状態について、異常なし、定期的観察が必要、専門医（歯科医師）による診断が必要、の3区分について、それぞれ0、1、2で記入する。

3「歯垢の状態」の欄

　歯垢の付着状態について、ほとんど付着なし、若干の付着あり、相当の付着あり、の3区分についてそれぞれ0、1、2で記入する。

4「歯肉の状態」の欄

　歯肉炎の発症は歯垢の付着とも関連深いものであるが、ここでは歯肉の増殖や退縮などの歯肉症状からみて、異常なし、定期的観察が必要、専門医（歯科医師）による診断が必要、の3区分について、それぞれ0、1、2で記入する。

5「歯式」の欄

　次による。

　イ　現在歯、う歯、喪失歯、要注意乳歯及び要観察歯は、記号を用いて、歯式の該当歯の該当記号を附する。

　ロ　現在歯は乳歯、永久歯とも該当歯を斜線又は連続横線で消す。

　ハ　喪失歯はう歯が原因で喪失した永久歯のみとする。該当歯に△を記入する。

　ニ　要注意乳歯は、保存の適否を慎重に考慮する必要があると認められた乳歯とする。該当歯に×を記入する。

　ホ　う歯は、乳歯、永久歯ともに処置歯○または未処置歯Cに区分する。

　ヘ　処置歯は、充填、補綴により歯の機能を営むことができると認められる歯で該当歯に○を記入する。ただし、う歯の治療中のもの及び処置がしてあるがう歯の再発等により処置を要するものは未処置歯とする。

　ト　永久歯の未処置歯Cは、直ちに処置を必要とするものとする。

　チ　要観察歯は主として視診にて明らかなう窩が確認できないが、う歯の初期病変の徴候（白濁、白斑、褐色斑）が認められ、その経過を注意深く観察する必要がある歯で該当歯にCOと記入する。具体的には、（1）小窩裂溝では、エナメル質の実質欠損は認められないが、う蝕の初期病変を疑うような褐色、黒色などの着色や白濁が認められるもの、（2）平滑面では、エナメル質の実質欠損は認められないが、脱灰を疑うような白濁や褐色斑等が認められるもの、（3）そのほか、例えば、隣接面や修復物下部の着色変化、（1）、（2）の状態が多数に認められる場合等、地域の歯科医療機関との連携が必要な場合が該当する。この場合は学校歯科医所見欄に「CO要相談」と記載する。

6「歯の状態」の欄

　歯式の欄に記入された当該事項について、上下左右の歯数を集計した数を該当欄に記入する。

7「その他の疾病及び異常」の欄

　病名及び異常名を記入する。

8「学校歯科医」の欄

　規則第9条の規定によって、学校においてとるべき事後措置に関連して学校歯科医が必要と認める所見を記入押印し、押印した月日を記入する。

　保健調査の結果と視診触診の結果から必要とみられる事項や要観察歯がある場合には、歯式欄に加えこの欄にもCO、CO要相談と記入する。また、歯垢と歯肉の状態を総合的に判断して、歯周疾患要観察者の場合はGO、歯科医による診断と治療が必要な場合はGと記入する。歯周疾患要観察者GOとは、歯垢があり、歯肉に軽度の炎症症候が認められているが、歯石沈着は認められず、注意深いブラッシング等を行うことによって炎症症候が消退するような歯肉の保有者をいう。

9「事後措置」の欄

　規則第9条の規定によって学校においてとるべき事後措置を具体的に記入する。

出典：「児童、生徒、学生、幼児及び職員の健康診断の方法及び技術的基準の補足的事項及び健康診断票の様式例の取扱いについて〈平成27年9月11日事務連絡〉」文部科学省スポーツ・青少年局学校健康教育課（2015年）

表3-3　健康診断項目の推移

年　度	内　容
昭和63年 9月1日施行	○「聴力」検査結果表示の変更 ・新規格によるオージオメータを用い、聴力レベル値で記入すること
平成4年 4月1日施行	○「心臓の疾病及び異常の有無」検査方法の簡略化 ・小1でのエックス線間接撮影を必須の検査方法から外した ○「尿」検査項目の追加 ・糖の検査を追加（幼稚園は省略可） ○「聴力」検査法について ・オージオメータによる方法のみとした ○「脊柱及び胸部の疾病及び異常の有無」 ・注意すべき疾病及び異常から「扁平胸」「漏斗胸」「鳩胸」を削除 ○「視力」検査の簡略化 ・1.0、0.7、0.3の指標により判定して差し支えないものとした
平成5年 4月1日施行	○「結核の有無」変更 ・小1におけるツ反陽性者を対象としたエックス線間接撮影を廃止 ・小4における検査を廃止 ・中1におけるツ反陽性者を対象としたエックス線間接撮影を廃止 ・中2における検査でのエックス線間接撮影を廃止 ・中3における検査を廃止 ・小1、中1における検査で必要と認められる者に対して精密検査を行うこととした
平成7年 4月1日施行	○「胸囲」検査項目の削除 ○「色覚」検査実施学年を小4に限定 ○「聴力」検査小2の検査必須化 ○「寄生虫卵」検査小4以上での省略可 ○「視力」裸眼検査の省略可 ○「心臓の疾病異常の有無」心電図検査の追加
平成14年4月1日施行	○「色覚」検査項目の削除
平成15年 4月1日施行	○「結核の有無」検査実施学年及び実施方法等の変更 ・「小・中学生の第1学年」→「小・中学校の全学年」 ・「ツベルクリン反応検査」→「問診」　　　　等
平成17年 4月1日施行	○「結核」健康診断実施時期の変更 ・「高等学校以上の学校の第1学年の検査において結核によるものと考える治癒所見が発見されたものは第2・第3学年においても検査を行う」→「第1学年に限定」
平成23年 4月1日施行	○「エックス線撮影」の方法の変更 ・フィルムによるエックス線撮影のみならず、デジタル撮影によることができるよう変更
平成24年 4月1日施行	○「結核の有無」の検査方法の技術的基準について ・教育委員会に設置された結核対策委員会からの意見を聞かずに、精密検査を行うことができることとした
平成28年 4月1日施行	○「座高」検査項目の削除 ○「寄生虫卵の有無」検査項目の削除 ○「四肢の状態」検査項目の追加 ○「保健調査」の実施時期の変更 ・「小学校入学時及び必要と認めるとき」→「小学校、中学校、高等学校及び高等専門学校においては全学年、幼稚園及び大学においては必要と求めるとき」に変更
令和4年 4月1日施行	○定期の健康診断を実施する際の保健調査票等に女子の月経随伴症状を含む月経に伴う諸症状について記入する欄を設ける

出典：采女智津江編集代表『新養護概説〈第13版〉』少年写真新聞社　令和6年

Ⅳ　疾病の予防と管理

1 学校における疾病管理の目的

　学校における疾病や異常の管理の目的は、学校教育を円滑に実施し、子ども等が快適で楽しい学校生活を送ることができるよう支援することである。疾病に罹患している子どもの早期受診や受療への配慮、異常のある子どもの運動や授業などへの参加の制限を最小限に止め、可能な限り教育活動に参加できるよう配慮することが求められる。このような疾病や異常の管理の目的達成のためには、全教職員の共通理解のもと、保護者や主治医、学校医、地域の関係機関が相互に連携を図ることが大切である。養護教諭は、疾病・異常の管理を円滑に進めるための核となることが求められている。このことは、学校保健安全法においても規定されているところである（学校保健安全法第2章第2節「健康相談等」第8条～第10条）。

> 学校保健安全法（昭和33年4月公布、平成27年6月最終改正）
>
> （健康相談）
> 　第8条：学校においては、児童生徒等の心身の健康に関し、健康相談を行うものとする。
>
> （保健指導）
> 　第9条：養護教諭その他の職員は、相互に連携して、健康相談又は児童生徒等の健康状態の日常的な観察により、児童生徒等の心身の状況を把握し、健康上の問題があると認めるときは、遅滞なく、当該児童生徒等に対して必要な指導を行うとともに、必要に応じ、その保護者（学校教育法第16条に規定する保護者をいう。第24条及び第30条において同じ。）に対して必要な助言を行うものとする。
>
> （地域の医療機関等との連携）
> 　第10条：学校においては、救急処置、健康相談又は保健指導を行うに当たつては、必要に応じ、当該学校の所在する地域の医療機関その他の関係機関との連携を図るよう努めるものとする。

2 疾病管理上の注意事項

（1）教職員や関係者について
　疾病や異常について正しく理解し、過度な制限や無理な参加の強制をすることのないように保護者や主治医、学校医等と十分に話し合い、適切な生活指導管理や救急処置に万全を期すことなど綿密な連携が必要である。
（2）疾病管理が必要な児童生徒本人に対して
　本人が自己の疾病や異常の内容・程度、生活管理の必要性を理解しているか確認するとともに、（教職員は）本人が理解できるよう指導し支援することが必要である。
（3）同級生等について
　教職員は、保護者や本人の了解を得た上で、人権を侵害しないよう配慮しながら、同級生などが疾病や異常について正しく理解し偏見や差別をしないよう話しておくことも必要である。

3 疾病管理の実際

（1）疾病の内容
　学校にはさまざまな疾患・異常を持った児童生徒等が通学している。保護者からの連絡による既往症や治療中の疾病のため配慮が必要な場合に加え、健康診断による新たな疾病・異常の発見、感染症の流行、日常の心身の健康問題等に対して、当該児童生徒等への健康相談や保健指導の充実を図ることが求

83

められる。また、保護者に対して助言を行い、必要に応じて保護者の同意を得た上で主治医や関係機関との連絡をとることも大切である。いずれの場合も当該児童生徒等の運動や行事の参加等については、どこまでできるかという観点で制限は最小に止め、他の児童生徒等と一緒に教育活動に参加できるよう配慮することが望まれる。全教職員の共通理解と配慮・支援が大切であり、主治医・学校医等、保護者、関係機関との緊密な連携が必要である。

①配慮を必要とする疾病・異常等
　○心臓疾患・異常：術後管理や経過観察等の児童生徒への理解、家庭や医療機関との連携。「学校生活管理指導表」（表 3 - 4 - ①、②参照）の活用
　○腎臓疾患・異常：血尿、蛋白尿等の児童生徒への理解、人工透析・CAPD（連続携行式腹膜透析）の児童生徒への配慮、家庭や医療機関との連携。「学校生活管理指導表」（表 3 - 4 - ①、②参照）の活用
　○糖尿病：Ⅰ型糖尿病とインスリン注射への理解と配慮。「学校生活管理指導表」「糖尿病患児の治療・緊急連絡法等の連絡表」（表 3 - 4 - ①、②、表 3 - 5 参照）の活用
　○アレルギー体質・疾患等：当該児童生徒への理解と配慮（特にアナフィラキシーに注意、エピペン®への理解）。給食等食物に対する注意。家庭や医療機関との連携。「学校生活管理指導表（アレルギー疾患用）」（表 3 - 6 参照）を活用
　○生活習慣病・予備軍：食や運動など生活全般の改善に関する保健指導、家庭との連携（特に肥満に注意）、小児メタボリックシンドロームについて
　○感染症：結核や麻しん、インフルエンザ、性感染症等に対する知識や予防教育
　　「4　感染症の予防」（90頁）で述べる。
　○骨、関節等の疾患・異常、事故等の後遺症による運動制限：理解と配慮、家庭や医療機関との連携
　○思春期のさまざまな健康問題、心の病、精神神経疾患の疑い等：健康相談の充実、家庭や医療機関との密な連携が必要
　○眼科、耳鼻科関連の疾患・異常等：既往症や現在の症状に対する理解、学校医による健康相談の充実
　○その他：児童生徒等の訴えや健康観察等による健康相談の充実
②歯科保健
　学校歯科保健では、むし歯（う歯）や歯肉炎の低年齢化、咀しゃく機能、食生活や食習慣などが大きな問題となっている。近年は、治療から予防へ、食生活や生活リズムの改善へ、さらに生涯にわたる健康づくりを推進することが求められている。学校歯科保健においても、小学校の低学年から中学校・高等学校へと計画的・系統的な歯科保健教育の実施が望まれる。

DMFT 歯数について
　DMF とは、永久歯のむし歯の状況（むし歯経験歯）を表す用語である。DMFT 歯数とは、永久歯のむし歯経験歯が、一人当たり何本あるかを示している。

　＊永久歯のむし歯は DMF、乳歯のむし歯は dmf で表す。
　D（d）：Decayed teeth（むし歯で未処置の歯）‥‥健康診断票歯式欄の「C」を意味する。
　M（m）：Missing teeth（むし歯が原因で抜歯した歯）‥‥健康診断票歯式欄の「△」のうちう蝕を原因とした喪失歯を意味する。
　F（f）：Filled teeth（むし歯で処置を完了した歯）‥‥健康診断票歯式欄の「○」処置歯を意味する。
　DMFT の最後の T は teeth（歯）の略。
　永久歯むし歯経験歯数＝ D ＋ M ＋ F
　永久歯1人平均むし歯経験歯数（DMFT 歯数）＝ $\dfrac{\text{被験者の DMF 歯数の合計}}{\text{被験者総数}}$

出典：『養護教諭のための看護学 改訂版』大修館書店　平成23年　一部改変

(2)「学校生活管理指導表」等の活用（表 3 － 4 －①、②、表 3 － 5、表 3 － 6）

　　現在、学校生活における管理が必要な児童生徒に活用されている指導表・連絡表は、｜学校生活管理指導表」（表 3 － 4 －①、②）、「糖尿病患児の治療・緊急連絡法等の連絡表」（表 3 － 5）、「学校生活管理指導表（アレルギー疾患用)」（表 3 － 6）がある。

　　これらが効果的に活用されるには、保護者や児童生徒、主治医、学校医など関係者に対し、学校での管理や活用について説明するなどして、正しく理解してもらうことが必要である。一方、学校においては、該当する児童生徒への日常における教育活動時や緊急時の対応に役立てるものであり、教職員全員で共有することが必要である。

　　○「学校生活管理指導表」（表 3 － 4 －①、②）は、平成23年度と令和２年度に改訂されており、それらの改善点は次のようになっている。

　　①　平成20・21年と平成29・30年の学習指導要領の改訂に基づいたものとした。

　　②　「その他注意すること」の欄を新設し、主治医・学校医の意見を明記できるようにした。

　　③　従来の生活管理指導表は運動制限の方向性が強い傾向にあったが、適性の範囲で体育の授業に参加できるよう配慮した。

　　④　小学生用は学年別に運動強度を示した。

　　○「糖尿病患児の治療・緊急連絡法等の連絡表」（表 3 － 5）は、糖尿病に罹患している児童生徒に適切に対応するために必要な事項について主治医と学校をつなぐ連絡表である。なお、この連絡表は、「学校生活管理指導表」（表 3 － 4 －①、②）と併せて活用するものである。

　　○「学校生活管理指導表（アレルギー疾患用)」（表 3 － 6）は、学校生活における配慮や管理が必要な場合に使用されるものである。なお、この指導表の裏面には、教職員全員で記載内容を共有することについての保護者の同意を確認できる欄が設けられている。

　　アレルギー疾患のそれぞれの特徴を把握し、適切な配慮や管理がなされるよう保護者等と連携を図ることが大切である。また、教職員全員で該当する児童生徒の情報を共有することが必要である。

(3) 保健指導の実施

　①　個別、グループ保健指導

　　学校医や学校歯科医、養護教諭、栄養教諭等による健康相談の実施により、早期治療や予防措置を行う。

　②　集団保健指導

　　○学校行事等（体育祭、文化祭、宿泊を伴う行事等）や学年行事等に際して、目的に即した保健指導を行う。

　　○感染症（インフルエンザ、腸炎、その他）の流行前や流行に際して、予防教育や実際的な保健指導を行う。

　③　一次予防としての保健教育

　　児童生徒等が主体的に健康に関する課題の解決を図り、自己のライフスタイルを確立するよう支援するために、一次予防としての保健教育が必要であり、全教育活動をとおして行うことが望まれる。(特別活動、教科等、総合的な学習の時間ほか)

表3-4-①　学校生活管理指導表（小学生用）〈2020年度改訂〉

[2020年度改訂]

学 校 生 活 管 理 指 導 表　（小学生用）

氏名		男・女	年　月　日（　）才		
①診断名（所見名）		②指導区分	③運動クラブ活動		④次回受診
		要管理：A・B・C・D・E	（　　　　）クラブ		（　　　）ヶ月後
		管理不要	可（ただし、　　　　）禁		または異常があるとき

[指導区分 A…在宅医療・入院が必要　B…登校はできるが運動は不要　C…軽い運動は可　D…中等度の運動も可　E…強い運動も可]

医療機関　　　　　　　印
医師　　　　　　　　　印
年　月　日

運動強度			軽い運動（C・D・Eは"可"）	中等度の運動（D・Eは"可"）	強い運動（Eのみ"可"）
体育活動	体ほぐしの運動遊び 多様な動きをつくる運動遊び	1・2年生	体のバランスをとる運動遊び （寝転ぶ、起きる、座る、立つなどの動きで構成される遊びなど）	用具を操作する運動遊び （用具を持つ、降ろす・回す・転がす・くぐるなどの動きで構成される遊びなど）	体を移動する運動遊び（這う、走る、跳ぶ、はねるなどの動きで構成される遊び）
	体ほぐしの運動 多様な動きをつくる運動	3・4年生	体のバランスをとる運動 （寝転ぶ、起きる、座る、立つ、ケンケンなどの動きで構成される運動など）	用具を操作する運動 （用具を持つ、降ろす・回す・転がす・くぐるなどの動きで構成される運動など）	力試しの運動（人を押す、引く動きや力比べをする動きで構成される運動） 基本的な動きを組み合わせる運動
	体ほぐしの運動 体力を高める運動	5・6年生	体の柔らかさを高める運動（ストレッチングを含む）、軽いウォーキング	巧みな動きを高めるための運動 （リズムに合わせての運動、ボール・輪・棒を使った運動）	力強い動きを高める運動
運動領域等	陸上運動系	走・跳の運動遊び	1・2年生	いろいろな歩き方、ゴム跳び遊び	ケンパー跳び遊び	全力でのかけっこ、折り返しリレー遊び 低い障害物を用いてのリレー遊び
		走・跳の運動	3・4年生	ウォーキング、軽い立ち幅跳び	ゆっくりとしたジョギング、軽いジャンプ動作（幅跳び・高跳び）	全力でのかけっこ、周回リレー、小型ハードル走 短い助走での幅跳び及び高跳び
		陸上運動	5・6年生			全力での短距離走、ハードル走 助走をした走り幅跳び、助走をした走り高跳び
	ボール運動系	ゲーム・ボールゲーム・鬼遊び（低学年） ゴール型・ネット型・ベースボール型ゲーム（中学年）	1・2年生	その場でボールを投げたり、ついたり、捕ったりしながら行う的当て遊び	ボールを蹴ったり止めたりして行う的当て遊びや蹴り合い 陣地を取り合うなどの簡単な鬼遊び	マット、鉄棒、跳び箱を使った運動遊び
			3・4年生	基本的な操作 （パス、キャッチ、キック、ドリブル、シュート、バッティングなど）	簡易ゲーム （場の工夫、用具の工夫を加えた、基本的操作を踏まえたゲーム）	
	ボール運動		5・6年生			ゲーム（試合形式）
	器械運動系	器械・器具を使っての運動遊び	1・2年生	ジャングルジムを使った運動遊び	雲梯、ろくぼうを使った運動遊び	マット、鉄棒、跳び箱を使った運動遊び
		器械運動 マット、跳び箱、鉄棒	3・4年生	基本的な動作 （マット（前転、後転）、跳び箱（開脚跳びなどの部分的な動作）	基本的な技 マット（前転、後転、開脚前転・後転、壁倒立、補助倒立など） 跳び箱（短い助走での開脚跳び、抱え込み跳び、台上前転など）	連続技や組合せの技
			5・6年生	基本的な動作 鉄棒（前回り下りなどの部分的な動作）	鉄棒（補助逆上がり、転向前下り、前方支持回転、後方支持回転など）	
	水泳系	水遊び	1・2年生	水に慣れる遊び （水かけっこ、水につかっての電車ごっこなど）	浮く・もぐるなどの運動遊び （壁につかまっての伏し浮き、水中でのジャンケンじゃんけんごっこなど）	水につかっての伏し浮き・水中歩行
		水泳運動	3・4年生	浮く運動（伏し浮き、背浮き、くらげ浮きなど）	浮く動作（けのびなど） 泳ぐ動作（初歩的な泳ぎなど）	補助具を使ったクロール、平泳ぎのストロークなど
		水泳	5・6年生	水に慣れる遊び		クロール、平泳ぎ
	表現運動系	表現リズム遊び	1・2年生	まねっこ遊び（飛行機、遊園地の乗り物など）	まねっこ遊び（飛行機、遊園地の乗り物など）	リズム遊び（跳ぶ、回る、ねじる、スキップなど）
		表現運動	3・4年生	その場での即興表現	軽いリズムダンス、フォークダンス、日本の民謡の簡単なステップ	変化のある動きをつなげた表現（ロック、サンバなど）
		表現運動	5・6年生			強い動きのある日本の民謡
雪遊び、氷上遊び、スキー、スケート、水辺活動			雪遊び、氷上遊び	スキー・スケートの歩行、水辺活動	スキー・スケートの滑走など
文化的活動			体力の必要な長時間の活動を除く文化活動	その他の文化活動	体力を相当使って長時間行う楽器（トランペット、トロンボーン、オーボエ、バスーン、ホルンなど）、リズムのかなり速い曲や強い音を伴う指揮、行進を伴うマーチングバンドなど
学校行事、その他の活動				▼運動会、体育祭、球技大会、新体力テストなどは上記の運動強度に準ずる。 ▼指導区分、"E"以外の児童の遠足、宿泊学習、修学旅行、林間学校、臨海学校などの参加について不明な場合は学校医・主治医と相談する。	

その他注意すること

《軽い運動》同年齢の平均的児童にとって、ほとんど息がはずまない程度の運動。
《中等度の運動》同年齢の平均的児童にとって、少し息がはずむが息苦しくない程度の運動。パートナーがいれば楽に会話ができる程度の運動。
《強い運動》同年齢の平均的児童にとって、息がはずみ息苦しさを感じるほどの運動。
*　新体力テストで行われるシャトルラン・持久走は強い運動に属することがある。

定義　・《中等度の運動》《強い運動》においては、それらの運動を含む、小児の心疾患では一般に等尺運動の強度が重要視されるが、動作を含む場合は、動作時や動作後に顔面の紅潮、呼吸促迫を伴うなどの運動。

出典：公益財団法人 日本学校保健会HP　令和5年

表３－４－②　学校生活管理指導表（中学・高校生用）〈2020年度改訂〉

（2020年度改訂）

学 校 生 活 管 理 指 導 表　（中学・高校生用）

氏名　　　　　　　　　男・女　　　　　年　月　日生（　）才

① 診断名（所見名）	② 指導区分 要管理：A・B・C・D・E 管理不要	③ 運動部活動 （　　）部 （ただし、　　）	④ 次回受診 （　）年（　）ヶ月後 または異常があるとき	中学校 高等学校　　年　組 医療機関 医　師　　　　　印 年　月　日

【指導区分：A…在宅医療・入院が必要　B…登校はできるが運動は不可　C…軽い運動は可　D…中等度の運動まで可　E…強い運動は可】

体育活動			運動強度	軽い運動（C・D・Eは"可"）	中等度の運動（D・Eは"可"）	強い運動（Eのみ"可"）
★体つくり運動			体ほぐしの運動 体力を高める運動	仲間と交流するための手軽な運動、律動的な運動 基本の運動（投げる、打つ、捕る、蹴る、跳ぶ）		体の柔らかさおよび巧みな動きを高める運動、力強い動きを高める運動、動きを持続する能力を高める運動
器械運動			（マット、跳び箱、鉄棒、平均台）	準備運動、簡単なマット運動、バランス運動、簡単な跳躍	簡単な技の練習、助走からの支持、ジャンプ・基本的な技（回転系の技を含む）	演技、競技会、発展的な技
運動領域等	陸上競技		（競走、跳躍、投てき）	基本動作、立ち幅跳び、負荷の少ない投てき、軽いジャンピング（走ることは不可）	ジョギング、短い助走での跳躍	長距離走、短距離走の競走、競技、タイムレース
	水泳		（クロール、平泳ぎ、背泳ぎ、バタフライ）	水慣れ、浮く、伏し浮き、け伸びなど	ゆっくりな泳ぎ	競泳、遠泳（長く泳ぐ）、タイムレース、スタート・ターン
	球技	ゴール型（バスケットボール、ハンドボール、サッカー、ラグビー）	らくな動作	基本動作（パス、シュート、ドリブル、フェイント、リフティング、トラッピング、スローイング、キッキング、ハンドリングなど）	基本動作を生かした簡易ゲーム（ゲーム時間、コートの広さ、用具の工夫などを取り入れた運動）	試合・競技 簡易ゲーム・ゲーム・競技・応用練習
		ネット型（バレーボール、卓球、テニス、バドミントン）	ゆっくりした動作	基本動作（バス、サービス、レシーブ、トス、フェイント、ストローク、ショットなど）		
		ベース型（ソフトボール、野球） ゴルフ	ふつうの動作 激しい動作	基本動作（投球、捕球、打撃など） 基本動作（軽いスイング）	クラブで球を打つ練習	
	武道	柔道、剣道、相撲		礼儀作法、基本動作（受け身、素振り、さばきなど）	基本動作を生かした簡単な技・形の練習	応用練習、試合
	ダンス	創作ダンス、フォークダンス、現代的なリズムのダンス		基本動作（手ぶり、ステップ、表現など）	基本動作を生かした動きの激しさを伴わないダンスなど	各種のダンス発表会など
	野外活動	雪遊び、氷上遊び、スキー、スケート、キャンプ、登山、遠泳、水辺活動		水・雪・氷上遊び	スキー、スケートの歩行やゆるやかな斜面平地歩きのハイキング、水に浸かり遊ぶなど	登山、遠泳、潜水、カヌー、ボート、サーフィン、ウインドサーフィンなど
文化的活動				体力の必要な長時間の活動を除く文化活動	右の強い活動を除くほとんどの文化活動	体力を相当使って吹く楽器（トランペット、トロンボーン、オーボエ、バスーン、ホルンなど）、リズムのかなり速い曲の演奏や指揮、行進を伴うマーチングバンドなど
学校行事、その他の活動				▼運動会、体育祭、球技大会、新体力テストなどは上記の運動強度に準ずる。 ▼指導区分"E"以外の生徒の遠足、宿泊学習、修学旅行、林間学校、臨海学校などの参加については不明な場合は学校医・主治医と相談する。		

その他注意すること

定義　《軽い運動》同年齢の平均的な生徒にとって、ほとんど息がはずまない程度の運動。
　　　《中等度の運動》同年齢の平均的な生徒にとって、少し息がはずむが息苦しくない程度の運動。パートナーがいれば楽に会話ができる程度の運動。
　　　《強い運動》同年齢の平均的な生徒にとって、息がはずみ息苦しさを感じるほどの運動。
＊新体力テストで行われるシャトルラン・持久走は強い運動に属する。

87

出典：公益財団法人 日本学校保健会HP　令和５年

表3－5

糖尿病患児の治療・緊急連絡法等の連絡表

学校名　　　　　　　　　　　年　　組　　　　記載日　令和　　年　　月　　日

　　　　　　　　　　　　　　　　　　　　　　医療機関

氏名　　　　　　　　　　　　　男・女　　　　医師名　　　　　　　　　　印

生年月日　平成・令和　　年　　月　　日　　　電話番号

要管理者の現在の治療内容・緊急連絡法

診断名　　① 1型（インスリン依存型）糖尿病　　② 2型（インスリン非依存型）糖尿病

現在の治療　1. インスリン注射：　1日　　回　　　　　　　昼食前の学校での注射（有・無）
　　　　　　　　学校での自己血糖値測定　（有・無）
　　　　　　2. 経口血糖降下薬：　薬品名（　　　　　　　）学校での服用　　　（有・無）
　　　　　　3. 食事・運動療法のみ
　　　　　　4. 受診回数　　回／月

緊急連絡先　保護者　氏名　　　　　　　　　　　　自宅TEL
　　　　　　　　　　勤務先（会社名　　　　　　　　TEL　　　　　　　　　　　）
　　　　　　主治医　氏名　　　　　　　施設名　　　　　　　TEL

学校生活一般:基本的には健常児と同じ学校生活が可能である

1. 食事に関する注意
　学校給食　　　　①制限なし　②お代わりなし　③その他（　　　　　　　）
　宿泊学習の食事　①制限なし　②お代わりなし　③その他（　　　　　　　）
　補食　　　　　　①定時に（　　時　食品名　　　　　　　）
　　　　　　　　　②必要なときのみ　（どういう時　　　　　）
　　　　　　　　　　　　　　　　　　（食品名　　　　　　　）
　　　　　　　　　③必要なし

2. 日常の体育活動・運動部活動について
　「日本学校保健会　学校生活管理指導表」を参照のこと

3. 学校行事（宿泊学習、修学旅行など）への参加及びその身体活動
　「日本学校保健会　学校生活管理指導表」を参照のこと

4. その他の注意事項

低血糖が起こったときの対応＊

程度	症状	対応
軽度	空腹感、いらいら、手がふるえる	グルコース錠2個 （40kcal=0.5単位分。入手できなければ、スティックシュガー10g）
中等度	黙り込む、冷汗・蒼白、異常行動	グルコース錠2個 （あるいは、スティックシュガー10g） さらに多糖類を40〜80kcal（0.5〜1単位分）食べる。 （ビスケットやクッキーなら2〜3枚、食パンなら1/2枚、小さいおにぎり1つなど） 上記補食を食べた後、保健室で休養させ経過観察する。
高度	意識障害、けいれんなど	保護者・主治医に緊急連絡し、救急車にて主治医または近くの病院に転送する。救急車を待つ間、砂糖などを口内の頬粘膜になすりつける

＊軽度であっても低血糖が起こったときには、保護者・主治医に連絡することが望ましい。

出典：公益財団法人 日本学校保健会HP　令和5年

表3−6　（表）学校生活管理指導表（アレルギー疾患用）

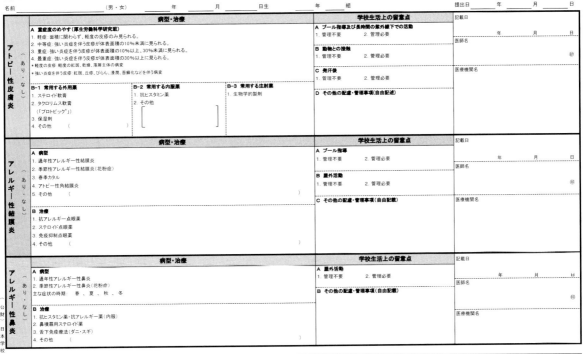

出典：公益財団法人 日本学校保健会HP　令和5年

4 感染症の予防

1）感染症とは

　ウイルス、細菌、寄生虫などの微生物が、人体または動物の体内に侵入し、臓器や組織の中で増殖することを感染といい、その結果、生じる疾病が感染症である。感染症にはインフルエンザや結核などのように直接あるいは間接に人から人へ感染し流行的に発生する疾病と、破傷風などのように人から人へと感染することのない疾病がある。

2）学校で予防すべき感染症

　厚生労働省は、「感染症の予防及び感染症の患者に対する医療に関する法律」（感染症法）において感染症を1類から5類に分類し、対策や措置等を規定している。これを受けて、学校で予防すべき感染症の見直しが行われ、3種類に分類されて平成20年5月から実施されている。

（1）学校で予防すべき感染症の法的根拠

　感染症の予防については、学校保健安全法において出席停止や臨時休業等について規定され、学校保健安全法施行規則において感染症の種類や出席停止の期間等が定められている。

学校保健安全法（昭和33年4月公布、平成27年6月最終改正）

（保健所との連絡）
　第18条：学校の設置者は、この法律の規定による健康診断を行おうとする場合その他政令*で定める場合においては、保健所と連絡するものとする。

（出席停止）
　第19条：校長は、感染症にかかつており、かかつている疑いがあり、又はかかるおそれのある児童生徒等があるときは、政令で定めるところにより、出席を停止させることができる。

（臨時休業）
　第20条：学校の設置者は、感染症の予防上必要があるときは、臨時に、学校の全部又は一部の休業を行うことができる。

（文部科学省令への委任）
　第21条：前2条（第19条の規定に基づく政令を含む。）及び感染症の予防及び感染症の患者に対する医療に関する法律（平成10年法律第114号）その他感染症の予防に関して規定する法律（これらの法律に基づく命令を含む。）に定めるもののほか、学校における感染症の予防に関し必要な事項は、文部科学省令で定める。

　　　　　　　　　　　　　　　　　　　　　　　　＊学校保健安全法施行令第5条をいう。

学校保健安全法施行令（昭和33年6月、平成27年12月最終改正）

（保健所と連絡すべき場合）
　第5条：法第18条の政令で定める場合は、次に掲げる場合とする。
　一　法第19条の規定による出席停止が行われた場合
　二　法第20条の規定による学校の休業を行つた場合

（出席停止の報告）
　第7条：校長は、前条第一項の規定*による指示をしたときは、文部科学省令で定めるところにより、その旨を学校の設置者に報告しなければならない。

　　　　　　　　　　　　　　　　　　　　　　　＊（出席停止の指示）第6条をいう。

学校保健安全法施行規則（昭和33年6月公布、令和5年4月最終改正）

（感染症の種類）
　第18条：学校において予防すべき感染症の種類は、次のとおりとする。
　一　第1種　（以下略・後掲の表3-7参照）

　二　第2種
　三　第3種
2　感染症の予防及び感染症の患者に対する医療に関する法律第6条第7項から第9項までに規定する新型インフルエンザ等感染症、指定感染症及び新感染症は、前項の規定にかかわらず、第1種の感染症とみなす。
（出席停止の期間の基準）
　第19条：令第6条第2項の出席停止の期間の基準は、前条の感染症の種類に従い、次のとおりとする。
（以下、略。後掲、学校保健安全法施行規則（出席停止期間の基準・第19条（93頁）参照））
（感染症の予防に関する細目）
　第21条：校長は、学校内において、感染症にかかつており、又はかかつている疑いがある児童生徒等を発見した場合において、必要と認めるときは、学校医に診断させ、法第19条の規定による出席停止の指示をするほか、消毒その他適当な処置をするものとする。
2　校長は、学校内に、感染症の病毒に汚染し、又は汚染した疑いがある物件があるときは、消毒その他適当な処置をするものとする。
3　学校においては、その附近において、第1種又は第2種の感染症が発生したときは、その状況により適当な清潔方法を行うものとする。

(2) 感染症の種類と出席停止の期間
　学校保健安全法施行規則第18条に規定されている感染症は、第1種、第2種、第3種に分けられている（表3-7参照）。出席停止期間は、第1種は治癒するまで、第2種・第3種は、感染のおそれがないと認められるまでである。学校においては、出席停止や臨時休業中における児童生徒等に対する生活指導、学習指導及び保健指導を適切に行い、授業再開時には、欠席や罹患状況等をよく把握し、健康管理を徹底することが大切である。
　また、校長は、出席停止の指示をした場合は書面をもって、その旨を学校の設置者に報告しなければならない（学校保健安全法施行規則第20条）。
　平成24年に学校保健安全法施行規則の一部改正が行われ、4月1日に施行された。結核に関する知見の集積等を踏まえ、児童生徒の定期健康診断における結核の有無の検査方法の技術的基準についての規定の改正を行うとともに、医学の進展等を踏まえ、学校における感染症の予防方法についての規定の改正が行われたものである。主な改正内容は、次のとおりである。
① 児童生徒の定期健康診断における結核の有無の検査方法に関して、教育委員会に設置された結核対策委員会からの意見を聞かずに、精密検査を行うことができることとしたこと。
② 学校において予防すべき感染症の追加
　髄膜炎菌性髄膜炎は、近年学校において死亡例を含む感染の拡大があったことや、飛沫感染することなどから、第2種の感染症に追加された。
③ 出席停止期間の見直し
　近年の研究や抗ウイルス薬の進歩により、解熱等を基準とした出席停止期間ではそぐわなくなっている現状から見直しが行われた。改正項目は下記の表のとおりである。

感染症の種類	出席停止期間
インフルエンザ	発症した後5日を経過し、かつ、解熱した後2日（幼児は3日）を経過するまで
百日咳	特有の咳が消失するまでまたは5日間の適正な抗菌性物質製剤による治療が終了するまで
流行性耳下腺炎（おたふくかぜ）	耳下腺、顎下腺または舌下腺の腫脹が発現した後5日を経過し、かつ、全身状態が良好になるまで
髄膜炎菌性髄膜炎	病状により学校医等において感染のおそれがないと認めるまで

表3-7　学校・幼稚園で予防すべき感染症及び出席停止期間の基準

種別	感染症の種類	出席停止の期間の基準	
第1種	エボラ出血熱	第1種の感染症にかかった者については、治癒するまで。	※第1種若しくは第2種の感染症疾患者のある家に居住する者またはこれらの感染症にかかっている疑いがある者については、予防処置の施行の状況その他の事情により学校医その他の医師において感染のおそれがないと認めるまで。

※第1種または第2種の感染症が発生した地域から通学する者については、その発生状況により必要と認めたとき、学校医の意見を聞いて適当と認める期間。

※第1種または第2種の感染症の流行地を旅行した者については、その状況により必要と認めたとき、学校医の意見を聞いて適当と認める期間。 |
	クリミア・コンゴ出血熱		
	痘そう		
	南米出血熱		
	ペスト		
	マールブルグ病		
	ラッサ熱		
	急性灰白髄炎		
	ジフテリア		
	重症急性呼吸器症候群 (病原体がベータコロナウイルス属SARSコロナウイルスであるものに限る。)		
	中東呼吸器症候群 (病原体がベータコロナウイルス属MERSコロナウイルスであるものに限る。)		
	特定鳥インフルエンザ (病原体がインフルエンザウイルスA属インフルエンザAウイルスであってその血清亜型が新型インフルエンザ等感染症の病原体に変異するおそれが高いものの血清亜型として政令で定めるものに限る。)		
第2種		第2種の感染症（結核及び髄膜炎菌性髄膜炎を除く。）にかかった者については、次の期間。ただし、病状により学校医その他の医師において感染のおそれがないと認めたときは、この限りでない。	
	インフルエンザ (特定鳥インフルエンザを除く。)	発症した後5日を経過し、かつ、解熱した後2日(幼児にあっては、3日)を経過するまで。	
	百日咳	特有の咳が消失するまでまたは5日間の適正な抗菌性物質製剤による治療が終了するまで。	
	麻しん	解熱した後3日を経過するまで。	
	流行性耳下腺炎	耳下腺、顎下腺または舌下腺の腫脹が発現した後5日を経過し、かつ、全身状態が良好になるまで。	
	風しん	発しんが消失するまで。	
	水痘	すべての発しんが痂皮化するまで。	
	咽頭結膜熱	主要症状が消退した後2日を経過するまで。	
	結核	病状により学校医その他の医師において感染のおそれがないと認めるまで。	
	髄膜炎菌性髄膜炎		
	新型コロナウイルス感染症 (病原体がベータコロナウイルス属のコロナウイルス（令和2年1月に、中華人民共和国から世界保健機関に対して、人に伝染する能力を有することが新たに報告されたものに限る）であるものに限る。)	発症した後5日を経過し、かつ、症状が軽快した後1日を経過するまで。	
第3種	コレラ	病状により学校医その他の医師において感染のおそれがないと認めるまで。	
	細菌性赤痢		
	腸管出血性大腸菌感染症		
	腸チフス		
	パラチフス		
	流行性角結膜炎		
	急性出血性結膜炎		
	その他の感染症		

感染症の予防及び感染症の患者に対する医療に関する法律（平成10年法律第114号）第6条第7項から第9項までに規定する新型インフルエンザ等感染症、指定感染症及び新感染症は、前項の規定にかかわらず、第1種の感染症とみなす。

＊補足説明：第2種の感染症欄の但し書き「ただし、病状により学校医その他の医師において感染のおそれがないと認めたときは、この限りでない」は、インフルエンザ、百日咳、麻しん、流行性耳下腺炎、風しん、水痘、咽頭結膜熱の各感染症に適用されます。医師が「感染のおそれがない」と認めれば、登校できます。

┌───┐
学校保健安全法施行規則（昭和33年6月13日公布、令和5年4月最終改正）

（出席停止の期間の基準）

　第19条：令第6条第2項の出席停止の期間の基準は、前条の感染症の種類に従い、次のとおりとする。

　　一　第1種の感染症にかかつた者については、治癒するまで。

　　二　第2種の感染症（結核及び髄膜炎菌性髄膜炎を除く。）にかかつた者については、次の期間。ただし、病状により学校医その他の医師において感染のおそれがないと認めたときは、この限りでない。

　　　　イ　インフルエンザ（特定鳥インフルエンザ及び新型インフルエンザ等感染症を除く。）にあつては、発症した後5日を経過し、かつ、解熱した後2日（幼児にあつては、3日）を経過するまで。

　　　　ロ　百日咳にあつては、特有の咳が消失するまで又は5日間の適正な抗菌性物質製剤による治療が終了するまで。

　　　　ハ　麻しんにあつては、解熱した後3日を経過するまで。

　　　　ニ　流行性耳下腺炎にあつては、耳下腺、顎下腺又は舌下腺の腫脹が発現した後5日を経過し、かつ、全身状態が良好になるまで。

　　　　ホ　風しんにあつては、発しんが消失するまで。

　　　　ヘ　水痘にあつては、すべての発しんが痂皮化するまで。

　　　　ト　咽頭結膜熱にあつては、主要症状が消退した後2日を経過するまで。

　　三　結核、髄膜炎菌性髄膜炎及び第3種の感染症にかかつた者については、病状により学校医その他の医師において感染のおそれがないと認めるまで。

　　四　第1種若しくは第2種の感染症患者のある家に居住する者又はこれらの感染症にかかつている疑いがある者については、予防処置の施行の状況その他の事情により学校医その他の医師において感染のおそれがないと認めるまで。

　　五　第1種又は第2種の感染症が発生した地域から通学する者については、その発生状況により必要と認めたとき、学校医の意見を聞いて適当と認める期間。

　　六　第1種又は第2種の感染症の流行地を旅行した者については、その状況により必要と認めたとき、学校医の意見を聞いて適当と認める期間。（下線は平成24年の改正部分・筆者が加筆）
└───┘

3）学校における感染症の予防

　学校では、集団生活をすることが原則であり、ひとりの子どもが感染症の細菌やウイルス等を持っているとたちまち他の子どもに感染し、教育活動を円滑に進めることができなくなったり、さらには、子どもから家族に感染させるということもある。そのため学校では感染症の予防に力を入れてきたところである。

　感染症の予防の原則は、「感染源をなくす」「感染経路を断つ」「感受性をなくす」と言われている。

　ア　感染源をなくすこと

　　　学校においては、流行の情報の把握、健康観察等による感染症の兆しの早期発見や早期治療の勧告などにより、感染源の速やかな除去や感染源となるものを遠ざけること。

　イ　感染経路を断つこと

　　　清潔な環境の保持や感染経路の消毒の実施、体内に感染源を入れないために平常から手洗いやうがいなどの健康習慣づくりを指導することが大切である。

　ウ　感受性をなくすこと（免疫力を高めること）

　　　適度な休養や睡眠、バランスのとれた栄養摂取等、規則正しい生活により自己の抵抗力を高め、免疫力を高めることが望まれる。また、予防接種を受けることも有効である。

　以上に加えて、児童生徒等が感染症に関する科学的知識を身につけ、自らすすんで日常生活に生かす

ことができる健康教育の実施が大切である。

4）予防接種と予防接種の必要性

　平成13年度の法改正（「感染症の予防及び感染症の患者に対する医療に関する法律」）により、感染症については集団予防目的に比重をおいた予防接種の努力義務が課されている「A類疾病」と、個人予防目的に比重をおき各自の判断に基づいて接種を受ける「B類疾病」に類型化されている。この他、任意接種には流行性耳下腺炎、B類疾病、等がある。

「A類疾病」（主に集団予防、重篤な疾患の予防に重点。本人に努力義務。接種勧奨あり）
ジフテリア、百日せき、破傷風、急性灰白髄炎（ポリオ）、B型肝炎、Hib感染症、小児の肺炎球菌感染症、結核、麻しん（はしか）、風しん、水痘、日本脳炎、ヒトパピローマウイルス感染症（子宮頸がん予防）、ロタウイルス
「B類疾病」（主に個人予防に重点。努力義務なし。接種勧奨なし）
季節性インフルエンザ、高齢者の肺炎球菌感染症

　感染症については、従来から対策が図られている結核に加えB型肝炎やC型肝炎、平成19年に10代から20代を中心とした年齢層に流行した麻しん、平成20年あたりから流行が報告されている百日咳、さらに平成21年春に世界的に感染が報告され拡大が憂慮されている新型インフルエンザ、令和元年12月に中国で確認されて以降、世界各国に拡大し、世界保健機構（WHO）は、令和2年3月に「パンデミック（世界的大流行）とみなせる」とした新型コロナウイルス感染症等の対策が図られている。

　感染症の予防のためには、予防接種は有効な方法であるが、時に発熱、発赤、腫脹、発疹などの副反応を生じさせることがあるだけでなく、まれに重度の神経障害などの重篤な副反応が生じることがある。日常の健康状態の把握に努め、かかりつけ医師のところでよく相談した上で受けることが大切である。

　ポリオについては従来、生ポリオワクチンが使用されていたが、平成24年9月1日から、不活化ポリオワクチンが導入された。

　ヒトパピローマウイルス（HPV）は、子宮頸がんを引き起こす可能性があるとされている。2013年6月から接種は控えられていたが、厚生労働省の審議会で安全性が確認されたことを受けて、2022年4月からヒトパピローマウイルス（HPV）ワクチンの予防接種が再開された。対象者は、小学校6年生から高校1年生相当の女子となっている。

　なお、予防接種については、しばしば法律の改正が行われることがあるので確認が必要である。

5）注意すべき感染症
(1) 結核

　明治から昭和中期にかけ、わが国の死亡原因の第1位を占めてきた結核は抗生物質の発見、栄養状態の改善、結核検診の徹底等で非常に少なくなった。

　平成28年の結核罹患率は5〜9歳で10万対0.2、10〜14歳で0.4、昭和37年の5〜9歳の10万対262.2、10〜14歳の142.6に比較すると激変していることがわかる。

　しかし、結核に対する知識の欠如、結核検診の減少等から最近集団発生が見られるようになり、平成9年からわが国の新規結核登録患者数、罹患率が増加してきたため、厚生省（現厚生労働省）は、「結核緊急事態宣言」を行い、結核対策の推進が図られている。児童生徒等の健康診断については、学校保健安全法の規定により行われている。

　結核予防法については、平成18年、「感染症の予防及び感染症の患者に対する医療に関する法律」に統合され、平成19年4月より施行されている。

(2) B型肝炎・C型肝炎

　B型肝炎はB型肝炎ウイルス（HBV）、C型肝炎はC型肝炎ウイルスによるもので、このウイルス

感染者の血液、体液をとおして、あるいは感染者である母親から妊娠、分娩をとおして生まれてくる子どもに感染する場合もある（現在、Ｂ型肝炎に関しては、出生時に対策がとられている）。Ｂ型肝炎、Ｃ型肝炎とも体内でウイルスの増殖が起こっているにもかかわらず、症状を全く示さない無症候性キャリアがいるので、学校でけが等して出血したときの血液の扱いに注意が必要である。

(3) 麻しん

麻しんは、昭和51年より予防接種法に基づく対象疾病となり、患者数は減少してきたが、平成19年に10代及び20代を中心とした年齢層で大流行し、高等学校や大学において休業等の措置がとられるなど大きな混乱が生じた。こうした事態を受け、厚生労働省では「麻しんに関する特定感染症予防指針」を策定した。児童生徒等に関係する事項の概要は以下のとおりである。

○予防接種法に基づく定期の予防接種対象者に中学１年生と高校３年生に相当する年齢の者を時限的に追加した（平成20年度から５年間）。年度当初の４月から６月までの３か月間に特に積極的な勧奨を行った。

○厚生労働省は、文部科学省に協力を求め、就学時及び定期の健康診断の機会を利用し、麻しんの罹患歴及び予防接種歴を確認し、予防接種を必要回数接種していない者に接種勧奨を行う。

○その他

(4) 百日咳

咳が２週間以上続く、咳止め薬が効かない、発作性の咳、咳にともなって嘔吐する等の症状がある場合は、百日咳を疑って受診することが大切である。最近、10代から成人層を中心に流行している。感染症の一類疾病で予防接種の努力義務が課されている。

百日咳は百日咳菌によって感染する疾病で、抗生剤投与による治療が行われるが、早期受診が大切である。厚生労働省研究班や日本ワクチン学会は、三種混合（DPT）ワクチンが大人の予防接種に使えないか有効性と安全性を検討している。

(5) 季節性インフルエンザ

① 新型インフルエンザ（A／H1N1）に係る季節性インフルエンザ対策への移行について

2009年３～４月から流行した新型インフルエンザ（A／H1N1）は、2011年３月には流行がほぼ治まった状況となり、季節性インフルエンザと異なる大きな流行等の特別の事情は確認されていない。このような状況を踏まえ、新型インフルエンザ（A／H1N1）については、通常の季節性インフルエンザとして取り扱い、その対策も通常のインフルエンザ対策に移行することとなった。また、2011年４月１日以降、その名称については、「インフルエンザ（H1N1）2009＊」とすることになった。

＊「インフルエンザエイチイチエヌイチニセンキュウ」と読む。(厚生労働省)

② 季節性インフルエンザ対策

季節性インフルエンザは、毎年冬に流行を繰り返し、国民の健康に対して大きな影響を与えている感染症の一つである。感染の予防と拡大を防ぐために手洗い、うがい、マスクの着用、咳・くしゃみの際はティッシュ等で口と鼻を被う、使用したティッシュは直ちにごみ箱に捨てる、人ごみや繁華街への外出はできるだけ控えるなどが大切である。また、日常生活においては、栄養と休養、睡眠に注意するなどして、体力や抵抗力を高めるよう心がけることが大切である。一方、発熱や嘔吐、下痢など全身症状があるときは、早期に受診する必要がある。

(6) 腸管出血性大腸菌感染症

ベロ毒素を産生する腸管出血性大腸菌（O157、O26、O111等）による感染症で、感染力が強く100個程度でも感染する。感染経路は、接触感染、経口（糞口）感染で、生肉などの飲食物から感染する。症状は、全く症状のない人から腹痛や血便を呈する人まで様々で、合併症として溶血性尿毒症症候群や脳症を併発し、ときには死に至ることもある。日本では1977年に学童を中心とした広範な地域での集団感染や生肉（2011年）、漬物（2012年）を原因とする死亡例を伴う大規模な集団感染がみられた。2017年には惣菜店で感染が起こり、幼児の死亡事故が発生している。毎年3000例前後発生しており、80％が15歳以下で、小児と高齢者で重症化しやすい。

（7）髄膜炎菌性髄膜炎

　髄膜炎菌性髄膜炎は、わが国での発生報告はわずかであるが、発症した場合は重大性が高く、平成23年5月に宮崎県の高等学校の寮で発生したときは、死亡1名、入院6名、菌検出者8名という事態になったことから、それらを踏まえて学校感染症（平成24年4月）に位置づけられることになった。飛沫（咳やくしゃみ等）感染し、潜伏期は2～4日、発熱、頭痛、嘔吐、意識障害などが主症状である。

（8）新型コロナウイルス感染症

　新型コロナウイルス感染症は、令和元年12月に中国で確認されて以降、世界各国に拡大した。世界保健機構（WHO）は、令和2年3月11日に「パンデミック（世界大流行）とみなせる」と表明した。

　文部科学省は、全国の学校設置者に対して、3月2日から春季休業の開始日までの間、一斉休業をするように要請した。4月7日に7都道府県に緊急事態宣言が出され、4月22日の時点で95%以上の学校が臨時休業となった。以後、学校再開は、地域の感染状況に応じて、短縮授業や分散登校を段階的に行い、6月1日に98%の学校が再開された。

　学校における新型コロナウイルス感染症対策については、令和2年5月22日に文部科学省より【学校における新型コロナウイルス感染症に関する衛生管理マニュアル～「新しい学校の生活様式」～】が出され、以降改訂（直近では2022.4.1Ver.8）を重ねている。これに基づき、学校の実態に合わせた感染症対策が実施されている。

　新型コロナウイルス感染症に対する「学校における新型コロナウイルス感染症に関する衛生管理マニュアル 2023.5.8」(文部科学省)を要約したものを下記に示す。

平素から求められる感染対策について

　これまでの新型コロナウイルス感染症対策を踏まえ、5類感染症への移行後においても感染拡大を防止するため、学校教育活動に支障を生じさせることなく、両立が可能な対策については、継続して実施することが有効となる。

1　児童生徒等への指導

　　感染を正しく理解し、感染のリスクを自ら判断し、これを避ける行動をとることができるよう、感染対策に関する指導を行う

2　児童生徒等の健康観察

　　学校内での感染拡大を防止するためには、健康観察を通して、児童生徒等の健康状態の異変やその兆候を把握し、他者への感染リスクを減らすことが重要となる

　①発熱や咽頭通、咳等の普段と異なる症状がある場合は登校しないことの周知・呼びかけし、保護者等に対して、理解と協力を得る

　②家庭との連携により、児童生徒等の健康状態を把握する。また、児童生徒等の健康状態を効果的に把握するため、ICT等を活用することも考えられる

　③児童生徒等に発熱等の症状が見られた場合の対応

　　安全に帰宅させ、症状がなくなるまで自宅で休養するよう指導する。また、受診を勧め、受診状況を保護者から聴き取り、状況に応じた対応をする。

3　換気の確保

　　新型コロナウイルス感染症の感染経路は、接触感染のほか、咳、くしゃみ、会話等のときに排出される飛沫やエアロゾルの吸収等とされており、気候上可能な限り常時、困難な場合はこまめに(30分に1回以上、数分間程度、窓を全開する)、2方向の窓を開けて行う

4　手洗い等の手指衛生指導

　　接触感染の仕組みについて児童生徒等に理解させ、手指で目、鼻、口を触らないようにするとともに、接触感染を避ける方法として、手洗いを指導する

5　咳エチケットの指導

咳・くしゃみをする際、ティッシュやハンカチ、袖、肘の内側を使って、口や鼻を抑え、他者に飛沫を飛ばさないよう、適切に咳エチケットを行うよう指導する

6　マスクの取扱い

学校教育活動においては、マスクの着用を求めないことが基本となる。ただし、登下校時の混雑した電車やバスを利用する場合など、社会一般においてマスクの着用が推奨される場面では、着用することが推奨される

7　清掃

清掃により清潔な空間を保ち、手洗いを徹底することが重要である

8　抵抗力を高める

身体の抵抗力を高めるため、「十分な睡眠」、「適度な運動」及び「バランスの取れた食事」を心がけるよう指導する。また、ワクチン接種も発症や重症化の予防等の効果が期待されている

参考1：WHO（世界保健機関）が出した世界的インフルエンザ警戒フェーズについて

WHOは、世界的インフルエンザに関する新たな勧告とアプローチを既存の国レベルのインフルエンザ準備対策計画に盛り込みやすくするため、6つのフェーズによる方法を提示した。緊急事態に対する各国の理解と取り組みの強化を呼びかけている。

レベル	内容説明・取り組み等
フェーズ1	動物の中で循環しているウイルスがヒトにおいて感染を引き起こしたとの報告がない状態
フェーズ2	家畜または野生の動物の間で循環している動物のインフルエンザウイルスが、ヒトに感染を引き起こしたことが知られ、潜在的なパンデミック（世界的大流行）の脅威であると考えられる状態
フェーズ3	動物インフルエンザまたはヒト―動物のインフルエンザの再集合ウイルスが、ヒトにおいて散発例を発生させるか小集団集積症例を発生させたがヒト―ヒト感染伝播を起こしていない状態
フェーズ4	"市中レベルでのアウトブレイク"を引き起こすことが可能な動物のウイルスのヒト―ヒト感染伝播またはヒトインフルエンザ―動物インフルエンザの再集合体ウイルスのヒト―ヒト感染伝播が確認されたことである。パンデミックに対するリスク（可能性）が高まる。WHOに助言を求めるべき状態
フェーズ5	1つのWHOの地域で少なくとも2つの国でウイルスのヒト―ヒト感染拡大があることである。パンデミックが目の前に迫っている状態。対策計画の組織、情報伝達及び実施を最終的な状態にするまでの時間が短いことを示す強い"警告"である。
フェーズ6（パンデミックフェーズ）	フェーズ5に定義された基準に加え、WHOの異なる地域において少なくとも他の1つの国で市中レベルのアウトブレイクがあることである。このフェーズが指定されることは、世界的なパンデミックが進行中であることを示す。

出典：国立感染症研究所感染症情報センターHP　平成21年より抜粋

5 学校におけるアレルギー対応

平成16年に文部科学省が調査した小学校・中学校・高等学校・中等教育学校の児童生徒のアレルギー疾患の有病率は、アレルギー性鼻炎9.2%、気管支ぜん息5.7%、アトピー性皮膚炎5.5%、食物アレルギー2.6%、アナフィラキシー0.14%などで、アレルギー疾患の児童生徒が多数在籍していることが明らかになったことから、学校でのアレルギー対応の充実が求められた。この結果を受けて、教師用の啓発資料「学校におけるアレルギー疾患に対する取り組みガイドライン（平成20年）」を、文部科学省の監修の下に日本学校保健会が作成し、このガイドラインを基に取り組まれている。

続いて、平成25年に文部科学省は食物アレルギーについて、全国の公立の小学校・中学校・高等学校・中等教育学校33,893（うち回答があったのは、27,774）校を対象にして調査を実施している。その結果、児童生徒のアレルギー疾患の罹患率は、食物アレルギー4.5%、アナフィラキシー0.48%、エピペン®保持者0.3%であった。平成16年次調査と比較すると、食物アレルギーは1.7倍、アナフィラキシー3.4倍と大幅に増加している。また、学校生活管理指導表の提出があった割合は低く（食物アレルギー

97

12.7％、アナフィラキシー26.9％、エピペン®保持者23.4％）、課題となっている。

　平成26年には、アレルギー疾患対策基本法が制定され、学校においても設置者又は管理者の責務が明らかにされ、アレルギー疾患を有する児童生徒に適切な医療的、福祉的又は教育的配慮をするよう努めなければならないとされた。続いて平成29年に「アレルギー疾患対策の推進に関する基本的な指針」（厚生労働省告示）が示され、令和2年には『学校のアレルギー疾患に対する取り組みガイドライン＜令和元年度改訂＞』が発行された。

　ここでは、近年増加している食物アレルギーについて述べる。

１）食物アレルギーとアナフィラキシー反応

　アレルギー疾患とは、食べ物や花粉など本来なら体に害のない物質を「異物」と認識し、免疫が過剰に反応して起こる疾患である。

　食物アレルギーは、原因となる食物を摂取した後に免疫反応を介して生体にとって不利益な症状（皮膚、粘膜、消化器、呼吸器、アナフィラキシー反応等）が誘発される症状のことをいう。食物アレルギーの原因となる食物は、鶏卵、牛乳、小麦が上位を占めているが、実際に学校で起きた原因食物は、甲殻類や果物（特にキウイフルーツ）が多く発生している。ごくわずかな量でも誘発されることから、十分な留意が必要である。

　アナフィラキシー反応とは、じんましんなどの皮膚症状、腹痛や嘔吐などの消化器症状、ゼーゼー、呼吸困難などの呼吸器症状が、複数同時にかつ急激に出現した状態をいう。その中でも血圧が低下して意識障害や脱力をきたすような場合を、アナフィラキシーショックと呼び、直ちに迅速な処置を行わないと生命にかかわる重篤な状態であることを意味している。

　先に述べたように平成25年に文部科学省が行った調査では、エピペン®を所持している児童生徒は0.3％、アナフィラキシー既往は0.48％で平成16年調査の3.4倍になっており、増えている現状がある。事故発生から30分以内にエピペン®を投与＊できるか否かで大きく異なることから、児童生徒の命を守るための緊急対応が的確に行えるよう全教職員の情報共有及び共通理解（該当者名、原因食物等）を図っておくことが重要である。

（＊アナフィラキシーショックで生命が危険な状態にある児童生徒に対し、救命の現場に居合わせた教職員が、エピペン®を自ら注射できない本人に代わって注射することは、反復継続する意図がないものと認められるため、医師法違反にはならない。）

○アレルギー疾患の罹患者（有症者）数

　なお、（　）内の数字は、「調査対象児童生徒数」に対する各疾患の割合を示す。

	食物アレルギー	アナフィラキシー（※）	エピペン®保持者（※※）
小学校	219,897（4.50％）	29,282（0.60％）	17,866（0.37％）
中学校	115,759（4.71％）	9,730（0.40％）	4,691（0.19％）
中等教育学校	792（4.97％）	43（0.27％）	20（0.13％）
高等学校	71,098（3.95％）	4,566（0.25％）	1,288（0.07％）
合計	407,546（4.45％）	43,621（0.48％）	23,865（0.26％）

※アナフィラキシーとは、アレルギー反応により、じんましんなどの皮膚症状、腹痛やおう吐などの消化器症状、ゼーゼー、呼吸困難などの呼吸器症状が、複数同時にかつ急激に出現した状態をいう。ここでいうアナフィラキシーとは、特定の物質や食品に対してアナフィラキシーを起こしたことのあるもの。

※※エピペン®とは、アドレナリン自己注射薬のことをいう。

○学校におけるエピペン®の使用

	本人	学校職員	保護者	救急救命士	合計
小学校	51	63	87	47	248
中学校	32	20	11	4	67
中等教育学校	2	1	0	0	3
高等学校	24	8	2	2	36
合計	109	92	100	53	354

出典：「平成25年度 学校生活における健康管理に関する調査 事業報告書」公益財団法人 日本学校保健会（平成26年）より
＊調査対象：全国の公立小学校・中学校・高等学校・中等教育学校、合計27,774校

2）学校給食における食物アレルギー対応について

　児童生徒のアレルギーが増加しており、学校給食への対応では、状況に応じて詳細な献立対応（原材料の記入）、弁当対応、除去食対応、代替食対応などが行われている。近年、食物アレルギーのある児童が、給食の誤食によって死亡する事故が発生するなど深刻な問題となっている。事故検証委員会の報告（平成26年）を受けて文部科学省では、事故予防及び適切な対応を図るための留意事項として次の事項を挙げている。（「今後の学校給食における食物アレルギー対応について（通知）」25文科ス第713号、平成26年3月26日文部科学省スポーツ・青少年局長）

1　学校給食における食物アレルギー対応の基本的な考え方
(1) 学校給食における食物アレルギー対応においては、「ガイドライン」や学校生活管理指導表（アレルギー疾患用）（以下「管理指導表」という。）に基づく対応が重要であること。このため、「ガイドライン」の周知を図るとともに、その徹底のための措置を講じる必要があること。
(2)「ガイドライン」の内容に関する周知徹底や適切な緊急時対応を行うことができるよう、教職員等に対する研修の充実を図る必要があり、役割に応じた研修会の実施や研修時間の確保が重要であること。
(3) 給食提供における事故防止の徹底のため、アレルギー対応を踏まえた献立作成の配慮や給食の各段階におけるチェック機能を強化し、継続的に改善する取り組みが必要であること。
(4) 緊急時対応の充実を図るため、積極的なアドレナリン自己注射薬（「エピペン®」）の使用を促すための措置を講じるとともに、学校の状況に応じた危機管理マニュアルの整備が不可欠であること。
(5) 教育関係者のみならず、医療関係者、消防機関等の幅広い関係者が共通認識を持って食物アレルギー対応にあたることが重要であり、関係者間、関係機関間の連携体制の構築等に努めるべきこと。特に、小規模の市町村や学校等において、地域の医療機関等との連携が困難な地域に対しては、各都道府県教育委員会において、広域的な連携体制の構築を進めるなど、必要な支援を行うべきこと。

2　都道府県・市区町村教育委員会における対応
(1) 学校におけるアレルギー対応についての方向性の明示（略）
(2) アレルギー対策の研修会の充実（略）

3　学校における対応
(1) 学校におけるアレルギー対応の体制整備について
　1) 学校での管理を求めるアレルギーの児童生徒に対しては、「ガイドライン」に基づき、学校生活管理指導表の提出を必須にするという前提のもと、管理職を中心に、校内の施設整備や人員配置を踏まえ、具体的なアレルギー対応について一定の方針を定めること。
　2) 校内のアレルギー対応に当たっては、特定の職員に任せずに、校内委員会を設けて組織的に対応すること。具体的には、
　　・児童生徒ごとの個別対応プランの作成

　　　・症状の重い児童生徒に対する支援の重点化

　　などの取り組みを図ること。

　　3）　給食提供においては、安全性を最優先とする考えのもと、

　　　・献立作成から配膳までの各段階において、複数の目によるチェック機能の強化

　　　・食物アレルギー対応を踏まえた献立内容の工夫

　　　・食材の原材料表示

　　　・誰が見てもわかりやすい献立表の作成

　　などの実施に努めること。

（2）緊急時の体制整備について

　　1）　学校の状況に応じた実践可能なマニュアル等を整備する。その際には、例えば、既存の危機管理マニュアル等について、アレルギー対応の観点から見直すなどの取り組みも考えられる。

　　2）　緊急時対応に備えた校内研修の充実が必要であり、

　　　・「エピペン®」の法的解釈や取り扱いについての研修

　　　・教職員誰もが「エピペン®」使用を含めた緊急時対応のための実践的な訓練などに取り組むこと。

（3）保護者との連携について

　　1）　特に入学前においては、入学後に学校における適切なアレルギー対応ができるよう、学校や調理場の現状を保護者に理解してもらうとともに、食物アレルギー対応に関して、保護者からの十分な情報提供を求めること。

　　2）　食物アレルギーの児童生徒の保護者に対しては、専門の医療機関に関する情報や、アレルギー対応に関する資料を紹介するなど、必要に応じてケアを行うこと。

（4）その他

　　1）児童生徒の発達段階を踏まえた上で、食物アレルギーに関する指導に取り組むこと。

100

3）留意事項

　アレルギー疾患への対応に当たっては、学校生活管理指導表に基づいて実施することが基本となっている。しかし、平成25年度に実施した調査では、アレルギー疾患り患者のうち、学校生活管理指導表（アレルギー疾患用）の提出があった児童生徒は、小・中・中等教育・高等学校併せて、食物アレルギー12.7％、アナフィラキシー26.9％、エピペン保持者23.4％と低く課題となっている。学校生活管理指導表の提出（医師の指導）のもと適切な対応が求められている。

参考　「エピペン®」について

① 開発の経緯

　血圧が下がり、意識障害などがみられるいわゆる「ショック」の状態にある患者の救命率は、アドレナリンを30分以内に投与できるか否かで大きく異なります。アナフィラキシーショックは屋外などでの発症が多く、速やかに医療機関を受診することができないことが多いため、アドレナリン自己注射薬「エピペン®」が開発されました。(筆者注：「エピペン®」は商品名で、ペン型のアドレナリン自己注射薬のことです。)

（②アドレナリンの作用、③副作用は省略）

④ 「エピペン®」の使用について

　「エピペン®」は本人もしくは保護者が自ら注射する目的で作られたもので、注射の方法や投与のタイミングは医師から処方される際に十分な指導を受けています。

　投与のタイミングとしては、アナフィラキシーショック症状が進行する前の初期症状（呼吸困難などの呼吸器の症状が出現したとき）のうちに注射するのが効果的であるとされています。

　アナフィラキシーの進行は一般的に急速であり、「エピペン®」が手元にありながら症状によっては児童生徒が自己注射できない場合も考えられます。「エピペン®」の注射は法的には「医行為」にあたり、（中略）アナフィラキシーの救命の現場に居合わせた教職員が、「エピペン®」を自ら注射できない状況にある児童生徒に代わって注射することは、緊急やむを得ない措置として行われるものであり、医師法違反にならないと考えられます。医師法以外の民事・刑事の責任についても、人命救助の観点からやむをえず行った行為であると認められる場合には、関係法令の規定によりその責任が問われないものと考えられます。

＊「救急救命処置の範囲等について」の一部改正について（依頼）
　　　　　　　　　　　文部科学省スポーツ・青少年局学校健康教育課長通知（平成21年7月30日）より

　アナフィラキシーショックで生命が危険な状況にある児童生徒に対し、救命の現場に居合わせた教職員が、アドレナリン自己注射薬を自ら注射できない本人に代わって注射することは、反復継続する意図がないものと認められるため、医師法違反にならない、との解釈が厚生労働省に認められる。

＊保護者・学校・学校設置者等の共通理解を図っておくことが必要である。

参考：文部科学省スポーツ・青少年局学校健康教育課監修『学校のアレルギー疾患に対する取り組みガイドライン《令和元年度改訂》』公益財団法人 日本学校保健会　令和2年

【参考文献・引用】
　『学校のアレルギー疾患に対する取り組みガイドライン《令和元年度改訂》』公益財団法人 日本学校保健会　令和2年
　「平成25年度 学校生活における健康管理に関する調査 事業報告書」公益財団法人 日本学校保健会　平成26年
　「アレルギー疾患対策基本法」平成26年
　『学校のアレルギー疾患に対する取り組みガイドライン』財団法人 日本学校保健会　平成20年

V　学校環境衛生

1 学校環境衛生の目的

　全国的な学校の環境衛生基準を確保するための基準が法制化され、学校環境衛生基準が、学校保健安全法に示され、平成21年4月1日より施行された。その後、平成30年と令和2年に一部が改訂された。

　学校保健安全法第4条・5条・6条の規定から、学校環境衛生の目的は、「児童生徒等及び職員の心身の健康の保持増進を図るため」にあると捉えることができる。

　子どもが1日の大半を過ごしている学校の環境は、子どもの生命を守り、発育発達を促し、健康の保持増進が図られるよう衛生的に維持され、必要に応じて改善されなければならない。このことは教育を効果的に行う上でも重要なことである。

2 学校環境衛生の法的根拠と学校環境衛生基準

1）学校環境衛生の法的根拠

学校教育の基本を規定した学校教育法には次のように規定されている。

学校教育法（昭和22年3月公布、令和4年6月最終改正）

　第12条：学校においては、別に法律で定めるところにより、幼児、児童、生徒及び学生並びに職員の健康の保持増進を図るため、健康診断を行い、その他その保健に必要な措置を講じなければならない。

　上記の学校教育法を受け、学校保健安全法において学校環境衛生について次のように規定している。

学校保健安全法　（昭和33年4月公布、平成27年6月最終改正）

　第4条：学校の設置者は、その設置する学校の児童生徒等及び職員の心身の健康の保持増進を図るため、当該学校の施設及び設備並びに管理運営体制の整備充実その他の必要な措置を講ずるよう努めるものとする。

　第5条：学校においては、児童生徒等及び職員の心身の健康の保持増進を図るため、児童生徒等及び職員の健康診断、環境衛生検査、児童生徒等に対する指導その他保健に関する事項について計画を策定し、これを実施しなければならない。

　第6条：文部科学大臣は、学校における換気、採光、照明、保温、清潔保持その他環境衛生に係る事項（中略）について、児童生徒等及び職員の健康を保護する上で維持されることが望ましい基準（以下この条において「学校環境衛生基準」という。）を定めるものとする。

2　学校の設置者は、学校環境衛生基準に照らしてその設置する学校の適切な環境の維持に努めなければならない。

3　校長は、学校環境衛生基準に照らし、学校の環境衛生に関し適正を欠く事項があると認めた場合には、遅滞なく、その改善のために必要な措置を講じ、又は当該措置を講ずることができないときは、当該学校の設置者に対し、その旨を申し出るものとする。

学校保健安全法施行規則（昭和33年6月公布、令和5年4月最終改正）

（環境衛生検査）

　第1条：学校保健安全法（昭和33年法律第56号。以下「法」という。）第5条の環境衛生検査は、他の法令に基づくもののほか、毎学年定期に、法第6条に規定する学校環境衛生基準に基づき行わなければならない。

2　学校においては、必要があるときは、臨時に、環境衛生検査を行うものとする。

（日常における環境衛生）

> 第2条：学校においては、前条の環境衛生検査のほか、日常的な点検を行い、環境衛生の維持又は改善を図らなければならない。

２）学校環境衛生基準

　学校保健安全法第6条第1項に基づき、学校における換気、採光、照明、保温、清潔保持その他環境衛生に係る事項について、児童生徒等及び職員の健康を保護する上で維持されることが望ましい基準として定めるものである。

　学校環境衛生基準の構成は次のようになっている。なお、学校環境衛生基準については104～107頁までを参照のこと。

第1　教室等の環境に係る学校環境衛生基準
第2　飲料水等の水質及び施設・設備に係る学校環境衛生基準
第3　学校の清潔、ネズミ、衛生害虫等及び教室等の備品の管理に係る学校環境衛生基準
第4　水泳プールに係る学校環境衛生基準
第5　日常における環境衛生に係る学校環境衛生基準
第6　雑則

3 学校給食の衛生

　中央教育審議会答申（平成20年1月）で、学校給食においては、安全・安心な食事の提供が大前提であり、衛生管理の徹底を図り、食中毒の発生を防止することが不可欠であるとされている。しかしながら、食中毒が発生している事例も見られることから、衛生管理を今後さらに強化していくことが必要である。このため国の責任として、一定水準以上の衛生管理がすべての学校で行われるよう基準を示す観点から、「学校給食衛生管理の基準」を法体系に位置づけることを検討することが必要であるとされた。答申を受け、文部科学省告示第64号（平成21年3月31日）にて「学校給食衛生管理基準」が示され、平成21年4月1日から施行されている。学校給食の日常の衛生管理については、養護教諭も理解しておく必要がある。

「学校環境衛生基準」（令和4年3月31日改正・告示）

第1　教室等の環境に係る学校環境衛生基準

1　教室等の環境（換気、保温、採光、照明、騒音等の環境をいう。以下同じ。）に係る学校環境衛生基準は、次表の左欄に掲げる検査項目ごとに、同表の右欄のとおりとする。		
	検査項目	基準
換気及び保温等	（1）換気	換気の基準として、二酸化炭素は、1500ppm以下であることが望ましい。
	（2）温度	18℃以上、28℃以下であることが望ましい。
	（3）相対湿度	30%以上、80%以下であることが望ましい。
	（4）浮遊粉じん	0.10mg／m³以下であること。
	（5）気流	0.5m／秒以下であることが望ましい。
	（6）一酸化炭素	6ppm以下であること。
	（7）二酸化窒素	0.06ppm以下であることが望ましい。
	（8）揮発性有機化合物	
	ア. ホルムアルデヒド	100μg／m³以下であること。
	イ. トルエン	260μg／m³以下であること。
	ウ. キシレン	200μg／m³以下であること。
	エ. パラジクロロベンゼン	240μg／m³以下であること。
	オ. エチルベンゼン	3800μg／m³以下であること。
	カ. スチレン	220μg／m³以下であること。
	（9）ダニ又はダニアレルゲン	100匹／m²以下又はこれと同等のアレルゲン量以下であること。
採光及び照明	（10）照度	（ア）教室及びそれに準ずる場所の照度の下限値は、300lx（ルクス）とする。また、教室及び黒板の照度は、500lx以上であることが望ましい。 （イ）教室及び黒板のそれぞれの最大照度と最小照度の比は、20：1を超えないこと。また、10：1を超えないことが望ましい。 （ウ）コンピュータを使用する教室等の机上の照度は、500～1000lx程度が望ましい。 （エ）テレビやコンピュータ等の画面の垂直面照度は、100～500lx程度が望ましい。 （オ）その他の場所における照度は、工業標準化法（昭和24年法律第185号）に基づく日本工業規格（以下「日本工業規格」という。）Z9110に規定する学校施設の人工照明の照度基準に適合すること。
	（11）まぶしさ	（ア）児童生徒等から見て、黒板の外側15°以内の範囲に輝きの強い光源（昼光の場合は窓）がないこと。 （イ）見え方を妨害するような光沢が、黒板面及び机上面にないこと。 （ウ）見え方を妨害するような電灯や明るい窓等が、テレビ及びコンピュータ等の画面に映じていないこと。
騒音	（12）騒音レベル	教室内の等価騒音レベルは、窓を閉じているときはLAeq50dB（デシベル）以下、窓を開けているときはLAeq55dB以下であることが望ましい。
2　1の学校環境衛生基準の達成状況を調査するため、次表（省略）の左欄に掲げる検査項目ごとに、同表の右欄に掲げる方法又はこれと同等以上の方法により、検査項目（1）～（7）及び（10）～（12）については、毎学年2回、検査項目（8）及び（9）については、毎学年1回定期に検査を行うものとする。		

第2　飲料水等の水質及び施設・設備に係る学校環境衛生基準

1　飲料水等の水質及び施設・設備に係る学校環境衛生基準は、次表の左欄に掲げる検査項目ごとに、同表の右欄のとおりとする。		
	検査項目	基準
水質	（1）水道水を水源とする飲料水（専用水道を除く。）の水質	
	ア. 一般細菌	水質基準に関する省令（平成15年厚生労働省令第101号）の表の下欄に掲げる基準による。
	イ. 大腸菌	
	ウ. 塩化物イオン	
	エ. 有機物（全有機炭素（TOC）の量）	
	オ. pH値	
	カ. 味	
	キ. 臭気	
	ク. 色度	
	ケ. 濁度	
	コ. 遊離残留塩素	水道法施行規則（昭和32年厚生省令第45号）第17条第1項第3号に規定する遊離残留塩素の基準による。

検査項目		基準
水質	（2）専用水道に該当しない井戸水等を水源とする飲料水の水質	
	ア．専用水道（水道法（昭和32年法律第177号）第3条第6項に規定する「専用水道」をいう。以下同じ。）が実施すべき水質検査の項目	水質基準に関する省令の表の下欄に掲げる基準による。
	イ．遊離残留塩素	水道法施行規則第17条第1項第3号に規定する遊離残留塩素の基準による。
	（3）専用水道（水道水を水源とする場合を除く。）及び専用水道に該当しない井戸水等を水源とする飲料水の原水の水質	
	ア．一般細菌	水質基準に関する省令の表の下欄に掲げる基準による。
	イ．大腸菌	
	ウ．塩化物イオン	
	エ．有機物（全有機炭素（TOC）の量）	
	オ．pH値	
	カ．味	
	キ．臭気	
	ク．色度	
	ケ．濁度	
	（4）雑用水の水質	
	ア．pH値	5.8以上8.6以下であること。
	イ．臭気	異常でないこと。
	ウ．外観	ほとんど無色透明であること。
	エ．大腸菌	検出されないこと。
	オ．遊離残留塩素	0.1mg／L（結合残留塩素の場合は0.4mg／L）以上であること。
施設・設備	（5）飲料水に関する施設・設備	
	ア．給水源の種類	上水道、簡易水道、専用水道、簡易専用水道及び井戸その他の別を調べる。
	イ．維持管理状況等	（ア）配管、給水栓、給水ポンプ、貯水槽及び浄化設備等の給水施設・設備は、外部からの汚染を受けないように管理されていること。また、機能は適切に維持されていること。 （イ）給水栓は吐水口空間が確保されていること。 （ウ）井戸その他を給水源とする場合は、汚水等が浸透、流入せず、雨水又は異物等が入らないように適切に管理されていること。 （エ）故障、破損、老朽又は漏水等の箇所がないこと。 （オ）塩素消毒設備又は浄化設備を設置している場合は、その機能が適切に維持されていること。
	ウ．貯水槽の清潔状態	貯水槽の清掃は、定期的に行われていること。
	（6）雑用水に関する施設・設備	（ア）水管には、雨水等雑用水であることを表示していること。 （イ）水栓を設ける場合は、誤飲防止の構造が維持され、飲用不可である旨表示していること。 （ウ）飲料水による補給を行う場合は、逆流防止の構造が維持されていること。 （エ）貯水槽は、破損等により外部からの汚染を受けず、その内部は清潔であること。 （オ）水管は、漏水等の異常が認められないこと。

2　1の学校環境衛生基準の達成状況を調査するため、次表（省略）の左側に掲げる検査項目ごとに、同表の右欄に掲げる方法又はこれと同等以上の方法により、検査項目（1）については、毎学年1回、検査項目（2）については、水道法施行規則第54条において準用する水道法施行規則第15条に規定する専用水道が実施すべき水質検査の回数、検査項目（3）については、毎学年1回、検査項目（4）については、毎学年2回、検査項目（5）については、水道水を水源とする飲料水にあっては、毎学年1回、井戸水等を水源とする飲料水にあっては、毎学年2回、検査項目（6）については、毎学年2回定期に検査を行うものとする。

105

第3　学校の清潔、ネズミ、衛生害虫等及び教室等の備品の管理に係る学校環境衛生基準

1　学校の清潔、ネズミ、衛生害虫等及び教室等の備品の管理に係る学校環境衛生基準は、次表の左欄に掲げる検査項目ごとに、同表の右欄のとおりとする。

検査項目		基準
学校の清潔	（1）大掃除の実施	大掃除は、定期に行われていること。
	（2）雨水の排水溝等	屋上等の雨水排水溝に、泥や砂等が堆積していないこと。また、雨水配水管の末端は、砂や泥等により管径が縮小していないこと。
	（3）排水の施設・設備	汚水槽、雑排水槽等の施設・設備は、故障等がなく適切に機能していること。
ネズミ、衛生害虫等	（4）ネズミ、衛生害虫等	校舎、校地内にネズミ、衛生害虫等の生息が認められないこと。
教室等の備品の管理	（5）黒板面の色彩	（ア）無彩色の黒板面の色彩は、明度が3を超えないこと。 （イ）有彩色の黒板面の色彩は、明度及び彩度が4を超えないこと。

2　1の学校環境衛生基準の達成状況を調査するため、次表（省略）の左欄に掲げる検査項目ごとに、同表の右欄に掲げる方法又はこれと同等以上の方法により、検査項目（1）については、毎学年3回、検査項目（2）～（5）については、毎学年1回定期に検査を行うものとする。

第4　水泳プールに係る学校環境衛生基準

1　水泳プールに係る学校環境衛生基準は、次表の左欄に掲げる検査項目ごとに、同表の右欄のとおりとする。

検査項目		基準
水質	（1）遊離残留塩素	0.4mg／L以上であること。また、1.0mg／L以下であることが望ましい。
	（2）pH値	5.8以上8.6以下であること。
	（3）大腸菌	検出されないこと。
	（4）一般細菌	1mL中200コロニー以下であること。
	（5）有機物等(過マンガン酸カリウム消費量)	12mg／L以下であること。
	（6）濁度	2度以下であること。
	（7）総トリハロメタン	0.2mg／L以下であることが望ましい。
	（8）循環ろ過装置の処理水	循環ろ過装置の出口における濁度は、0.5度以下であること。また、0.1度以下であることが望ましい。
施設・設備の衛生状態	（9）プール本体の衛生状況等	（ア）プール水は、定期的に全換水するとともに、清掃が行われていること。 （イ）水位調整槽又は還水槽を設ける場合は、点検及び清掃を定期的に行うこと。
	(10)浄化設備及びその管理状況	（ア）循環浄化式の場合は、ろ材の種類、ろ過装置の容量及びその運転時間が、プール容積及び利用者数に比して十分であり、その管理が確実に行われていること。 （イ）オゾン処理設備又は紫外線処理設備を設ける場合は、その管理が確実に行われていること。
	(11)消毒設備及びその管理状況	（ア）塩素剤の種類は、次亜塩素酸ナトリウム液、次亜塩素酸カルシウム又は塩素化イソシアヌル酸のいずれかであること。 （イ）塩素剤の注入が連続注入式である場合は、その管理が確実に行われていること。
	(12)屋内プール	
	ア．空気中の二酸化炭素	1500ppm以下が望ましい。
	イ．空気中の塩素ガス	0.5ppm以下が望ましい。
	ウ．水平面照度	200lx以上が望ましい。

備考
一　検査項目（9）については、浄化設備がない場合には、汚染を防止するため、1週間に1回以上換水し、換水時に清掃が行われていること。この場合、腰洗い槽を設置することが望ましい。
　　また、プール水等を排水する際には、事前に残留塩素を低濃度にし、その確認を行う等、適切な処置が行われていること。

2　1の学校環境衛生基準の達成状況を調査するため、次表（省略）の左欄に掲げる検査項目ごとに、同表の右欄に掲げる方法又はこれと同等以上の方法により、検査項目（1）～（6）については、使用日の積算が30日以内ごとに1回、検査項目（7）については、使用期間中の適切な時期に1回以上、検査項目（8）～（12）については、毎学年1回定期に検査を行うものとする。

第5　日常における環境衛生に係る学校環境衛生基準

1 学校環境衛生の維持を図るため、第1から第4に掲げる検査項目の定期的な環境衛生検査等のほか、次表の左欄に掲げる検査項目について、同表の右欄の基準のとおり、毎授業日に点検を行うものとする。

検査項目		基準
教室等の環境	（1）換気	（ア）外部から教室に入ったとき、不快な刺激や臭気がないこと。 （イ）換気が適切に行われていること。
	（2）温度	18℃以上、28℃以下であることが望ましい。
	（3）明るさとまぶしさ	（ア）黒板面や机上等の文字、図形等がよく見える明るさがあること。 （イ）黒板面、机上面及びその周辺に見え方を邪魔するまぶしさがないこと。 （ウ）黒板面に光るような箇所がないこと。
	（4）騒音	学習指導のための教師の声等が聞き取りにくいことがないこと。
飲料水等の水質及び施設・設備	（5）飲料水の水質	（ア）給水栓水については、遊離残留塩素が0.1mg／L以上保持されていること。ただし、水源が病原生物によって著しく汚染されるおそれのある場合には、遊離残留塩素が0.2mg／L以上保持されていること。 （イ）給水栓水については、外観、臭気、味等に異常がないこと。 （ウ）冷水器等飲料水を貯留する給水器具から供給されている水についても、給水栓水と同様に管理されていること。
	（6）雑用水の水質	（ア）給水栓水については、遊離残留塩素が0.1mg／L以上保持されていること。ただし、水源が病原生物によって著しく汚染されるおそれのある場合には、遊離残留塩素が0.2mg／L以上保持されていること。 （イ）給水栓水については、外観、臭気に異常がないこと。
	（7）飲料水等の施設・設備	（ア）水飲み、洗口、手洗い場及び足洗い場並びにその周辺は、排水の状況がよく、清潔であり、その設備は破損や故障がないこと。 （イ）配管、給水栓、給水ポンプ、貯水槽及び浄化設備等の給水施設・設備並びにその周辺は、清潔であること。
学校の清潔及びネズミ、衛生害虫等	（8）学校の清潔	（ア）教室、廊下等の施設及び机、いす、黒板等教室の備品等は、清潔であり、破損がないこと。 （イ）運動場、砂場等は、清潔であり、ごみや動物の排泄物等がないこと。 （ウ）便所の施設・設備は、清潔であり、破損や故障がないこと。 （エ）排水溝及びその周辺は、泥や砂が堆積しておらず、悪臭がないこと。 （オ）飼育動物の施設・設備は、清潔であり、破損がないこと。 （カ）ごみ集積場及びごみ容器等並びにその周辺は、清潔であること。
	（9）ネズミ、衛生害虫等	校舎、校地内にネズミ、衛生害虫等の生息が見られないこと。
水泳プールの管理	（10）プール水等	（ア）水中に危険物や異常なものがないこと。 （イ）遊離残留塩素は、プールの使用前及び使用中1時間ごとに1回以上測定し、その濃度は、どの部分でも0.4mg／L以上保持されていること。また遊離残留塩素は1.0mg／L以下が望ましい。 （ウ）pH値は、プールの使用前に1回測定し、pH値が基準値程度に保たれていることを確認すること。 （エ）透明度に常に留意し、プール水は、水中で3m離れた位置からプールの壁面が明確に見える程度に保たれていること。
	（11）附属施設・設備等	プールの附属施設・設備、浄化設備及び消毒設備等は、清潔であり、破損や故障がないこと。

2 点検は、官能法によるもののほか、第1から第4に掲げる検査方法に準じた方法で行うものとする。

第6　雑則

1 学校においては、次のような場合、必要があるときは、臨時に必要な検査を行うものとする。

（1）感染症又は食中毒の発生のおそれがあり、また、発生したとき。

（2）風水害等により環境が不潔になり又は汚染され、感染症の発生のおそれがあるとき。

（3）新築、改築、改修等及び机、いす、コンピュータ等新たな学校用備品の搬入等により揮発性有機化合物の発生のおそれがあるとき。

（4）その他必要なとき。

2 臨時に行う検査は、定期に行う検査に準じた方法で行うものとする。

3 定期及び臨時に行う検査の結果に関する記録は、検査の日から5年間保存するものとする。また、毎授業日に行う点検の結果は記録するよう努めるとともに、その記録を点検日から3年間保存するよう努めるものとする。

4 検査に必要な施設・設備等の図面等の書類は、必要に応じて閲覧できるように保存するものとする。

出典：「学校環境衛生基準」文部科学省（https://www.mext.go.jp/content/20220407-mxt_kenshoku-100000613_3.pdf）（令和4年）より

<参考>

「放射線副読本と教師用解説書」について

　平成23年3月11日に発生した東日本大震災は、大地震（東北地方太平洋沖地震マグニチュード9）にとどまらずに、この地震によって引き起こされた大津波、さらには福島第一原子力発電所における事故発生と、未曾有の災害となった。発電所の周辺地域では、放射線を受ける量が一定の水準を超える恐れがある人々が避難をしたり、東日本の一部の地域では、水道水の摂取や一部の食品の摂取・出荷が制限されたりするなど、放射線や放射性物質などに対する不安が高まり、対策・対応が求められた。

　文部科学省は、学校生活における放射線からの安全・安心を確保するため、「福島県内の学校等の校舎・校庭等の利用判断における暫定的な考え方について」をはじめこれまで多くの通知等を発出している。また、小学生のための放射線副読本・教師用解説書「放射線について考えてみよう」と、中学生のための放射線副読本・教師用解説書「知ることから始めよう放射線のいろいろ」を作成し、各学校に配布するとともに文部科学省ホームページに掲載した。

　放射線副読本と教師用解説書の作成に当たっては、子どもの発達に応じ、放射線等について学び、自ら考え、判断する力を育成することが大切であると考えられることから、学校における放射線等に関する指導の一助となるように、また、放射線等についての理解を深めるため家庭や地域社会でも幅広く読まれ、活用されることを望んでいる。

　この副読本・解説書には、放射線の基礎知識や放射線による人体への影響、目的に合わせた測定器の利用方法、事故が起きた時の心構え、さらにはいろいろな分野で利用されている放射線の一面などについての解説や関連情報が掲載されている。

＊令和3年（令和4年一部修正）に、「放射線副読本」（小学生用及び中・高校生用）が改訂された。

目　次（令和3年改訂版より）
（小　学　生　用）◇放射線って、何だろう？
　　　　　　　　　◇放射線は身の回りにあるの？
　　　　　　　　　◇放射線はどのようなことに使われているの？
　　　　　　　　　◇放射線を受けると、どうなるの？
　　　　　　　　　◇放射線はどうやって調べられるの？
　　　　　　　　　◇体に受ける放射線の量と健康への影響は？　　　など
（中・高校生用）◇原子と原子核
　　　　　　　　　◇原子から出る放射線
　　　　　　　　　◇放射線の性質
　　　　　　　　　◇放射線の利用
　　　　　　　　　◇放射線・放射能の単位
　　　　　　　　　◇自然・人工放射線からの放射線の量
　　　　　　　　　◇放射線の測定
　　　　　　　　　◇内部被ばくと外部被ばく
　　　　　　　　　◇放射線量と健康との関係　　　など

【参考文献・引用】
　「放射線副読本」文部科学省ホームページ　令和3年
　『学校保健の動向 平成23年度版』財団法人 日本学校保健会　平成23年

Ⅵ　心身の健康課題への対応

1 児童生徒の心身の健康状況と問題への対応

　近年の社会環境や生活様式の変化は、児童生徒の心身の健康に大きな影響を与え、いじめ、不登校などのメンタルヘルスに関する問題、アレルギー疾患、生活習慣の乱れ、性に関する問題、喫煙、飲酒、薬物乱用、感染症、ネット依存、ＬＧＢＴなど新たな問題が顕在化している。さらに地震や台風などの自然災害や子どもが犯罪に巻き込まれるなどの事件・事故などが発生している。中央教育審議会答申（平成20年1月）においても、①健康教育の推進にあたって、現代的な健康課題の解決を図るためには、健康に関する課題を単に個人的な課題とするのではなく、社会全体で子どもの健康づくりに取り組むこと。②子どもの教育に第一義的な責任を持つ家庭と関係機関等とが適切な役割分担のもとに学校保健を推進すること。③学校教育においても WHO の提唱するヘルスプロモーションの考え方を大幅に取り入れていることから、組織的に健康教育を推進すること。④問題の解決にあたっては、学校、教育委員会、地方自治体などの実施主体が、計画・評価（PDCA）について適切な実施を行い、その成果を共有していくこと、などが必要であることを提言している。

　次に各種の統計調査結果から見る児童生徒の健康状況等について解説する。

1）学校保健統計調査（文部科学省、令和4年度）、調査結果の概要より
（1）発育状態（表3−8参照）
　①「身長」
　　令和4年度の男子の身長（全国平均値。以下同じ。）は幼稚園及び小学校・中学校の全学年で前年度よりわずかに高くなっている。また、高等学校では、前年度の同年齢と同じかわずかに増減している。
　　女子の身長は、5歳から12歳までは前年度よりわずかに高くなっている。また、13歳及び15歳で前年度の同年齢よりわずかに低くなっている。その他の年齢では、前年度と同じ数値となっている。
　②「体重」
　　令和4年度の男子の体重（全国平均値。以下同じ。）は、全年齢で、前年度の同年齢よりわずかに増加している。
　　女子の体重は、6歳から13歳で前年度の同年齢よりわずかに増加している。また、14歳から16歳で前年度の同年齢よりわずかに減少している。5歳、及び17歳では前年度と同じ数値となっている。
（2）健康状態（表3−9参照）
　①　疾病・異常の被患率等別状況
　　疾病・異常を被患率等別にみると、幼稚園から高等学校の全学年において「裸眼視力1.0未満の者」の割合が最も高く、次いで「むし歯（う歯）」の順となっている。これまで、幼稚園及び小学校においては「むし歯（う歯）」の割合が最も高く、次いで「裸眼視力1.0未満の者」の順であったが、令和4年度にはこの順番が初めて逆転した。

表3－8　年齢別　身長・体重の平均値及び標準偏差

区　分			身　長（cm）		体　重（kg）	
			平　均　値	標準偏差	平　均　値	標準偏差
男	幼稚園	5歳	111.1	4.88	19.3	2.85
	小学校	6歳	117.0	4.94	21.8	3.57
		7歳	122.9	5.27	24.6	4.39
		8歳	128.5	5.42	28.0	5.60
		9歳	133.9	5.77	31.5	6.85
		10歳	139.7	6.37	35.7	8.12
		11歳	146.1	7.37	40.0	9.22
	中学校	12歳	154.0	7.93	45.7	10.31
		13歳	160.9	7.32	50.6	10.60
		14歳	165.8	6.43	55.0	10.57
	高等学校	15歳	168.6	5.96	59.1	11.35
		16歳	169.9	5.82	60.7	10.98
		17歳	170.7	5.80	62.5	10.88
女	幼稚園	5歳	110.2	4.84	19.0	2.75
	小学校	6歳	116.0	4.96	21.3	3.45
		7歳	122.0	5.24	24.0	4.19
		8歳	128.1	5.68	27.3	5.18
		9歳	134.5	6.44	31.1	6.32
		10歳	141.4	6.86	35.5	7.41
		11歳	147.9	6.41	40.5	8.06
	中学校	12歳	152.2	5.73	44.5	8.04
		13歳	154.9	5.43	47.7	7.84
		14歳	156.5	5.32	49.9	7.69
	高等学校	15歳	157.2	5.37	51.2	7.92
		16歳	157.7	5.45	52.1	7.82
		17歳	158.0	5.42	52.5	7.93

（注）　1．年齢は、平成31年4月1日現在の満年齢である。以下の各表において同じ。

　　　　2．全国平均の5歳から17歳の標準誤差は、身長0.04〜0.07cm、体重0.02〜0.12kgである。

　　　　3．幼稚園には幼保連携型認定こども園、小学校には義務教育学校の第1〜6学年、中学校には中等教育学校の前期課程及び義務教育学校の第7〜9学年、高等学校には中等教育学校の後期課程を含む。（略）

出典：「学校保健統計調査－令和4年度」文部科学省（https://www.e-stat.go.jp/stat-search/files?page=1&toukei=00400002&tstat=000001011648）より作成

表3－9　主な疾病・異常等の推移総括表（％）

区分		裸眼視力1.0未満の者	眼の疾病・異常	耳疾患	鼻・副鼻腔疾患	むし歯（う歯）	せき柱・胸郭・四肢の状態	アトピー性皮膚炎	ぜん息	心電図異常	蛋白検出の者
幼稚園	平成24年度	27.52	1.83	2.6	3.5	42.86	-0.18	2.88	2.33	…	0.58
	平成30年度	26.68	1.55	2.31	2.91	35.1	0.23	2.04	1.56	…	1.03
	令和元年度	26.06	1.92	2.57	3.21	31.16	0.16	2.31	1.83	…	1.02
	令和2年度	27.9	1.36	1.97	2.38	30.34	0.35	1.9	1.64	…	1
	令和3年度	24.81	1.48	2	2.96	26.49	0.17	1.75	1.48	…	0.66
	令和4年度	24.95	1.27	2.36	3.03	24.93	0.24	1.62	1.11	…	0.87
小学校	平成24年度	30.68	5.44	5.39	12.19	55.76	-0.36	3.25	4.22	2.3	0.75
	平成30年度	34.1	5.7	6.47	13.04	45.3	1.14	3.4	3.51	2.4	0.8
	令和元年度	34.57	5.6	6.32	11.81	44.82	1.13	3.33	3.37	2.42	1.03
	令和2年度	37.52	4.78	6.14	11.02	40.21	0.94	3.18	3.31	2.52	0.93
	令和3年度	36.87	5.13	6.76	11.87	39.04	0.79	3.2	3.27	2.5	0.87
	令和4年度	37.88	5.28	6.6	11.44	37.02	0.84	3.14	2.85	2.55	0.98
中学校	平成24年度	54.38	4.67	3.62	11.39	45.67	-0.8	2.47	2.95	3.32	2.5
	平成30年度	56.04	4.87	4.72	10.99	35.41	2.4	2.85	2.71	3.27	2.91
	令和元年度	57.47	5.38	4.71	12.1	34	2.12	2.87	2.6	3.27	3.35
	令和2年度	58.29	4.66	5.01	10.21	32.16	1.65	2.86	2.59	3.33	3.25
	令和3年度	60.66	4.84	4.89	10.06	30.38	1.72	2.95	2.31	3.07	2.8
	令和4年度	61.23	4.95	4.76	10.7	28.24	1.54	2.96	2.23	3.15	2.9
高等学校	平成24年度	64.47	3.7	1.88	8.63	57.6	-0.62	2.07	1.91	3.02	2.67
	平成30年度	67.23	3.94	2.45	9.85	45.36	1.4	2.58	1.78	3.34	2.94
	令和元年度	67.64	3.69	2.87	9.92	43.68	1.69	2.44	1.79	3.27	3.4
	令和2年度	63.17	3.56	2.47	6.88	41.66	1.19	2.44	1.75	3.3	3.19
	令和3年度	70.81	3.35	2.51	8.81	39.77	1.22	2.58	1.7	3.16	2.8
	令和4年度	71.56	3.58	2.25	8.51	38.3	1.12	2.68	1.71	3.03	2.83

（注）　1．この表は、疾病・異常該当者（疾病・異常に該当する旨健康診断票に記載のあった者）の割合の推定値（小数第3位を四捨五入）を示したものである。

　　　　2．被患率等の標準誤差（令和元年度：編集部）は、受検者数と得られた被患率等により異なるが、むし歯（計）の被患率の標準誤差は、幼稚園で0.52、小学校で0.32、中学校で0.38、高等学校で0.42、裸眼視力では幼稚園で1.30、小学校で0.30、中学校で0.66、高等学校で0.94、ぜん息では幼稚園で0.15、小学校で0.09、中学校で0.08、高等学校で0.06、心臓の疾病・異常では幼稚園で0.06、小学校で0.02、中学校で0.03、高等学校で0.03である。

（※）平成21年度は「せき柱・胸郭」の値である（編集部）。

出典：「学校保健統計調査－令和4年度」文部科学省（https://www.e-stat.go.jp/stat-search/files?page=1&toukei=00400002&tstat=000001011648）より作成

②　主な疾病・異常等の被患率の状況

○むし歯（う歯）

　　令和 4 年度の「むし歯」の者の割合（処置完了者を含む。以下同じ。）は、幼稚園で24.93％、小学校37.02％、中学校28.24％、高等学校38.30％となっており、すべての学校階級で前年度より減少しており、中学校及び高等学校においては過去最低である。

○ぜん息

　　令和 4 年度の「ぜん息」の者の割合は、前年度と比較すると高等学校ではわずかに増加しているが、幼稚園、小学校、中学校では減少している。なお、昭和42年度以降、各学校段階において増加傾向にあったが、平成22 ～ 25年度にピークを迎えた後はおおむね減少傾向にある。

○裸眼視力

　　令和 4 年度の「裸眼視力1.0未満の者」の割合は、幼稚園24.95％、小学校37.88％、中学校61.23％、高等学校71.56％となっている。前年度と比較すると、全学年で増加しており、小学校、中学校、高等学校では過去最高となった。視力の非矯正者と矯正者を合わせた「裸眼視力0.3未満の者」の割合は、幼稚園0.97％、小学校18.95％、中学校28.28％、高等学校42.11％となっており、小学校では過去最高となった。

○耳疾患

　　令和 4 年度の「耳疾患」（中耳炎、内耳炎、外耳炎等）の者の割合は幼稚園2.36％、小学校6.60％、中学校4.76％、高等学校2.25％となっており、前年度と比べると、小学校及び中学校、高等学校では減少しているが、幼稚園では増加している。

○鼻・副鼻腔疾患

　　令和 4 年度の「鼻・副鼻腔疾患」（蓄膿症、アレルギー性鼻炎（花粉症等）等）の者の割合は、幼稚園3.03％、小学校11.44％、中学校10.70％、高等学校8.51％となっており、前年度と比べると小学校、高等学校では減少しているが、幼稚園及び中学校では増加している。

○せき柱・胸郭・四肢の状態

　　令和 4 年度の「せき柱・胸郭・四肢の状態」の疾患及び異常の者の割合は、幼稚園0.24％、小学校0.84％、中学校1.54％、高等学校1.12％となっており、前年度と比べると、中学校及び高等学校では減少しているが、幼稚園及び小学校では増加している。

○アトピー性皮膚炎

　　令和 4 年度の「アトピー性皮膚炎（眼瞼皮膚炎等）」の者の割合は、幼稚園1.62％、小学校3.14％、中学校2.96％、高等学校2.68％となっており、前年度と比べると、幼稚園及び小学校では減少しているが、中学校及び高等学校では増加している。中学校では過去最高となった。

○心電図異常（ 6 歳、12歳及び15歳時のみ）

　　令和 4 年度の「心電図異常」の割合は、小学校（ 6 歳）で2.55％、中学校（12歳）で3.15％、高等学校（15歳）で3.03％となっており、前年度と比べると中学校では減少しているが、小学校及び高等学校では増加している。

○蛋白検出の者

　　令和 4 年度の「蛋白検出の者」（尿中に蛋白が検出された者）の割合は、幼稚園0.87％、小学校0.98％、中学校2.90％、高等学校2.83％となっており、前年度と比べると幼稚園、小学校、中学校及び高等学校すべてで増加している。

2）厚生労働省の統計調査より

厚生労働省では国民の健康について各種の調査を行っている。

死亡率について一生を概観すると、小学生から高校生くらいの年代は一番死亡率の少ない時期である。

死因については、幼児から学齢期（小・中・高）にかけて不慮の事故が上位を占めている。健康教育とともに安全教育・安全管理が重要な時期であることがわかる（123頁、表3－11参照）。

健康を損ねて医療機関に通っている通院者率は、アレルギー性鼻炎、アトピー性皮膚炎、骨折以外のけが・やけどなどが他の年代より多い（122頁、表3－10参照）。

3）児童生徒の問題行動・不登校等生徒指導上の諸課題に関する調査（文部科学省、令和4年度）より

健康診断で心の健康度を測定することは困難なので実施されていない。しかし、子どもたちの心の健康状態を知る手がかりとなる調査はなされている。

（1）不登校（図3－1、図3－2参照）

○令和4年度間に30日以上欠席した国立・公立・私立の小学校・中学校における不登校児童生徒は、299,048人（前年度は244,940人）、小学校105,112人（前年度81,498人）、中学校193,936人（前年度163,442人）である。在籍児童生徒数に占める割合は3.2%（小学校1.7%、中学校6.0%）となっている。

○不登校児童生徒が在籍する学校数は25,074校（小学校15,543校、中学校9,531校）であり、全学校に占める割合は84.7%（小学校80.4%、中学校93.0%）となっている。

○不登校児童生徒を学年別に見ると学年が進むにつれて多くなっており、令和4年度は中学2年生で最も多く、不登校児童生徒の23.6%を占めている。

○不登校の要因を「本人に係る要因」で見ると、小学校では「無気力・不安」（50.9%）が多く、中学校でも「無気力・不安」（52.2%）が多い。

○不登校児童生徒のうち、学校内外の機関等で相談・指導を受けた児童生徒の割合は61.8%である。
高等学校における不登校

○国立・公立・私立高等学校における不登校生徒数は60,575人（前年度50,985人）で、在籍者に占める割合は1.6%である。このうち原級留置となった者は3,374人で不登校の生徒全体の5.6%である。また、中途退学に至った者は、10,492人で不登校の生徒全体の17.3%である。

○不登校となった、本人に係る主たる原因は「無気力・不安」が38.1%で最も多い。

図3－1　学年別不登校児童生徒のグラフ（小中学校）

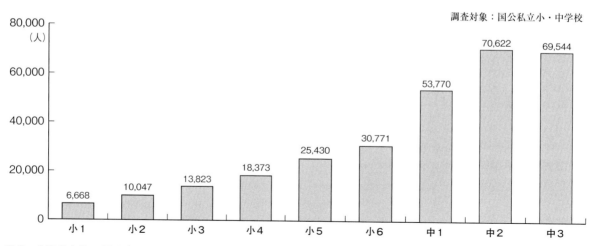

出典：「児童生徒の問題行動・不登校等生徒指導上の諸課題に関する調査結果について（令和4年度）」文部科学省
（https://www.mext.go.jp/content/20231004-mxt_jidou01-100002753_1.pdf）

図 3 － 2　不登校児童生徒数の推移

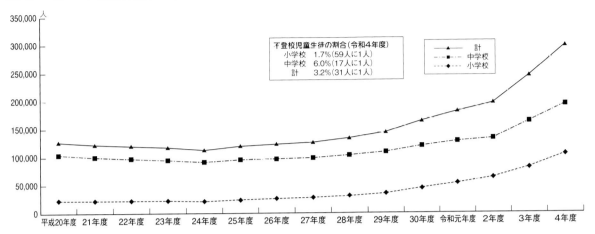

出典：「児童生徒の問題行動・不登校等生徒指導上の諸課題に関する調査結果について（令和 4 年度）」文部科学省
　　　（https://www.mext.go.jp/content/20231004-mxt_jidou01-100002753_1.pdf）

> 参考
> 　不登校とは、何らかの心理的、情緒的、身体的、あるいは社会的要因・背景により、児童生徒が登校しないあるいはしたくともできない状況にある者（ただし、「病気」や「経済的理由」による者を除く）をいう。

（2）いじめ

　令和 4 年度児童生徒の問題行動・不登校等生徒指導上の諸課題に関する調査における国公私立小学校・中学校・高等学校・特別支援学校のいじめの認知件数は、681,948件である。いじめを認知した学校は、29,842校で、全学校に占める割合は82.1％であった。19年度の調査から追加された項目「パソコンや携帯電話等で、ひぼう・中傷や嫌なことをされる」は、23,920件で、認知件数に対する割合は3.5％であった。平成18年度から、発生件数から認知件数に改められ、いじめの定義も見直された。

＜平成17年度までの定義＞

「自分より弱い者に対して一方的に、身体的・心理的な攻撃を継続的に加え、相手が深刻な苦痛を感じているもの。」

＜平成18年度調査からの定義＞

「当該児童生徒が、一定の人間関係のある者から、心理的、物理的な攻撃を受けたことにより、精神的な苦痛を感じているもの。」

　養護教諭は、職務の特質からいじめを発見しやすい立場にあり、早期発見・早期対応に果たしている役割は大きい。

図 3 － 3　学年別いじめ認知件数

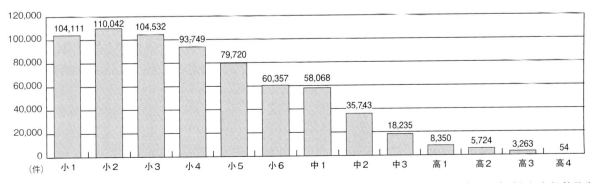

出典：「児童生徒の問題行動・不登校等生徒指導上の諸課題に関する調査結果について（令和 4 年度）」文部科学省
　　　（https://www.mext.go.jp/content/20231004-mxt_jidou01-100002753_1.pdf）

113

（3）自殺

令和４年度に小・中・高等学校において自殺した児童生徒（学校から報告があったもの）は411人（前年度368人）であった。

図３－４　令和４年度の学年別児童生徒の自殺の状況

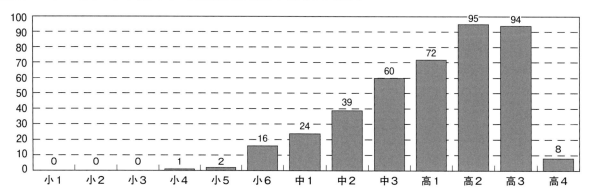

出典：「児童生徒の問題行動・不登校等生徒指導上の諸課題に関する調査結果について（令和４年度）」文部科学省
（https://www.mext.go.jp/content/20231004-mxt_jidou01-100002753_1.pdf）

４）ネット依存

近年、スマートフォン等の新たな情報機器の普及に伴い、インターネットの長時間利用による生活習慣の乱れ、人間関係のトラブル等が指摘されており、いわゆる「ネット依存」への対応が求められている。埼玉県学校保健会では、「子供のインターネット利用と健康に関する調査」を平成28年に実施し、29年に報告書をまとめている。結果の概要について次のように述べている。スマートフォンまたは携帯電話のいずれかを所有している児童生徒は、小学生段階ですでに半数を超え、中学生では7割、高校生ではほぼ全員であった。児童生徒は、インターネットの利用による生活の楽しさの向上を感じつつ、「生活習慣の悪化」、「人間関係の希薄化」、「ネットいじめや人間関係のトラブル」、「犯罪被害」、「健康障害」、「不適切な情報への接触」など、多様な問題性のある経験や危険な体験を通して、自己にマイナスの変化が生じていることを自覚していた。また、これらの問題は、インターネットの依存傾向が高くなるほどリスクが高まっていた。

調査結果から、インターネット利用に伴う多様な問題発生を予防するために、次の事項について提案している。

①児童生徒のインターネット利用の実態について理解を深める。

②インターネット依存傾向が高い者ほど悪影響を受けやすいことから、児童生徒の意識や実態を把握するとともに、依存傾向に着目し個別・集団の保健指導へつなげる。依存傾向の把握に当たっての評価ツール（本調査）の活用を図る。

③発達段階に応じた家庭でのインターネット利用のルールづくりおよび親子での話し合い（図参照）。

④家庭における子供のＩＣＴ機器利用の実態や与え方について理解を深める。

参考　家の人（親など）と、インターネットを利用するときのルールを
　　　決めていますか。（「決めている」と答えた人）（％）

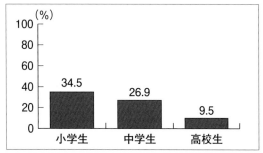

出典：「子供のインターネット利用と健康に関する調査報告書～児童生徒、保護者に対するアンケート調査より～」埼玉県学校保健会（2017年）

5）LGBT（性的少数者）

①LGBT とは

　　レズビアン（女性同性愛者）、ゲイ（男性同性愛者）、バイセクシュアル（両性愛者）、トランスジェンダー（性同一性障害を含む心身の性別不一致）の頭文字を取ったものであり、性的少数者を意味する言葉である。

②性同一性障害に係る文部科学省の取り組みの経緯

　　性同一性障害とは、生物学的な性と性別に関する自己意識あるいは自己認知が一致しない状態をいう。性同一性障害に関しては、社会生活上様々な問題を抱えている状況にあるため、その治療の効果を高め、社会的な不利益を解消するために、平成15年、「性同一性障害者の性別の取扱いの特例に関する法律」が議員立法により制定された。学校における性同一性障害に係る児童生徒への支援についての社会の関心も高まり、その対応が求められるようになってきた。こうした中、文部科学省では、次のような取り組みがなされた。

　　平成22年　「児童生徒が抱える問題に対しての教育相談の徹底について」（平成22年4月23日学校健康教育課事務連絡）発出

　　平成26年　学校における性同一性障害に係る対応に関する状況調査の実施

　　平成27年　「性同一性障害に係る児童生徒に対するきめ細かな対応の実施等について」（平成27年4月30日児童生徒課長通知）発出

　　文部科学省においては、性同一性障害に係る児童生徒についての特有の支援など具体的な事項を取りまとめ、教職員の理解に資する資料として、『性同一性障害や性的指向・性自認に係る、児童生徒に対するきめ細かな対応等の実施について』（平成28年）を公表している。

参考：　包括的性教育について

包括的性教育は、ユネスコが中心となり提示した「国際セクシュアリティ教育ガイダンス（2009年に発表、2018年に第2版）」という国際的な指針に基づいている。性を人権の視点で捉え、身体や生殖の仕組みだけでなく、人間関係や性の多様性、ジェンダー平等なども含めた内容を学び、子どもや若者に健康と幸福、尊厳を実現し、尊重された社会的、性的関係を育てることを目指している教育である。

115

6）「保健室の利用状況」『保健室利用状況に関する調査報告書（平成28年度調査結果）』
（公益財団法人 日本学校保健会、2018年）より

　　児童生徒の心身の健康問題が多様化する中、児童生徒、教職員等の保健室利用状況から児童生徒の心身の健康状況を把握し、課題解決を図るための一助とするため、公益財団法人日本学校保健会では、平成2年から5年おきに保健室利用状況に関する調査を実施している。

（1）児童生徒の心身の健康状況

　　①過去1年間に養護教諭が把握した疾患のある児童生徒は、各校種（小・中・高）ともに「ぜん息」、「アトピー性皮膚炎」、「アレルギー性鼻炎」などのアレルギー疾患が多かった。

　　②心の健康に関する問題では、各校種ともに「友達との人間関係」、「家族との人間関係」、「発達障害に関する問題」が多く、共通していた。

　　③1日平均の保健室利用者数は、小学校約22.0人、中学校約19.0人、高等学校約19.8人であった。平成23年度調査と比較すると小学校、中学校、高等学校ともに減少傾向であった。

　　④来室理由別に見ると、小学校は「けがの手当て」が多く、中学校と高等学校では「体調が悪い」が多かった。

　　⑤救急処置の必要性「有」の児童生徒の割合を平成23年度調査と比較検討すると、各校種ともに減少していた。また、救急処置の対応内容では、小学校は「外科的なもの」が多く、中学校、高等学校では「内科的なもの」が多かった。

⑥健康相談の必要性があった児童生徒の割合を平成23年度調査と比較検討すると、小学校、中学校、高等学校ともに減少していた。主な相談内容は「身体的症状」、「友人関係」、「漠然とした悩み」が多かった。

⑦個別の保健指導の必要性があった児童生徒の主な指導内容は、各校種ともに「基本的生活習慣」や「応急手当の仕方」、「けがの予防」が多かった。

⑧保健室登校の年間平均人数は、小学校1.9人、中学校2.9人、高等学校2.8人であった。

⑨「心身の健康問題」のために養護教諭が健康相談等で継続支援した事例「有」の学校の割合は、小学校60.1%、中学校79.2%、高等学校91.4%であった。

図3－5　保健室の利用状況

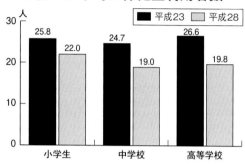

1校1日平均の保健室利用者数

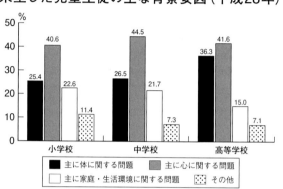

来室した児童生徒の主な背景要因（平成28年）

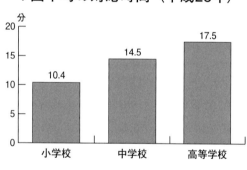

来室した児童生徒への1回平均の対応時間（平成28年）

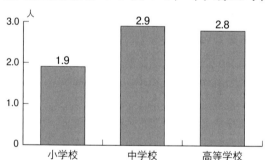

保健室登校をした1年間の実人数（保健室登校有の学校のみ）（平成28年）

出典：『保健室利用状況に関する調査報告書（平成23年度調査結果）』公益財団法人　日本学校保健会　2013年
出典：『保健室利用状況に関する調査報告書（平成28年度調査結果）』公益財団法人　日本学校保健会　2018年

7)「心の健康に関する主な事項」『保健室利用状況に関する調査報告書（平成28年度調査結果）』（公益財団法人　日本学校保健会、2018年）より

(1) 子どもの心の健康に関する実態

①養護教諭が過去1年間に把握した心身の健康に関する状況の「心の健康に関する状況」を校種別に見ると、「友達との人間関係に関する問題」は、千人当たり小学校12.9人、中学校22.3人、高等学校16.3人であった。

②「発達障害（疑いを含む）に関する問題」は、千人当たり小学校24.2人、中学校21.2人、高等学校8.9人であった。

③「家族との人間関係に関する問題」は、千人当たり小学校3.4人、中学校9.8人、高等学校8.8人であった。

④「いじめに関する問題」は、千人当たり小学校7.4人、中学校が7.7人、高等学校1.8人であった。

⑤「児童虐待に関する問題」は、千人当たり小学校2.6人、中学校2.7人、高等学校1.1人であった。

⑥どの校種も「友達との人間関係に関する問題」、「発達障害（疑いを含む）に関する問題」、「家族との人間関係に関する問題」が多かった。

図３－６　養護教諭が過去１年間に把握した心身の健康に関する状況の「心の健康に関する主な事項」（千人当たりの児童生徒数）単位：人

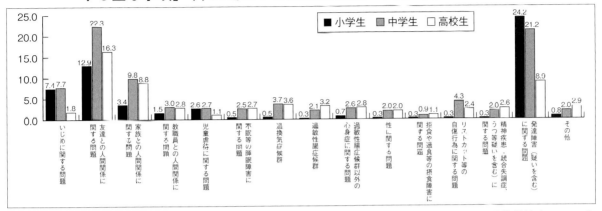

出典：『保健室利用状況に関する調査報告書（平成28年度調査結果)』公益財団法人 日本学校保健会　2018年

８）喫煙・飲酒・薬物乱用

　青少年、特に中・高校生の覚せい剤事犯検挙人員は依然として高い水準にあり、大学生や高校生が大麻所持で検挙されるなど薬物が入手しやすい社会環境は改善されておらず、厳しい状況にある。

　国では、関係行政機関が協力して総合的かつ積極的な施策を推進することを目的として「薬物乱用対策推進本部」を内閣に設置している。薬物乱用の根絶を図るため平成10年に策定した「薬物乱用防止五か年戦略」を皮切りに、令和５年８月には「第六次薬物乱用五か年戦略」を策定し、目標の一つに「青少年を中心とした広報・啓発を通じた国民全体の規範意識の向上による薬物乱用未然防止」をかかげ、①学校における薬物乱用防止教育及び啓発の充実、②有職・無職少年に対する啓発の強化、③国際的な人の往来の増加に向けた海外渡航者に対する広報・啓発活動の推進、④国民全体の規範意識の向上に向けた広報・啓発活動の推進を挙げている。

　近年では、30歳未満の大麻事犯検挙人員が増加しており、令和４年には大麻事犯検挙人員全体の69％を占めている。この背景に「大麻には有害性がない」といった誤情報がインターネットなどから流れていることが挙げられる。青少年による薬物乱用を防止するためには、学校での健康教育や地域社会の啓発を積極的に行い青少年の薬物乱用の拡大防止を図っていくことが必要である。

図３－７　中・高校生覚せい剤事犯検挙者数及び未成年者の比率

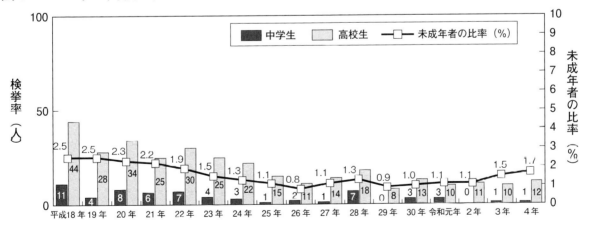

出典：「令和４年における組織犯罪の情勢（確定値版）」警察庁組織犯罪対策本部（https://www.npa.go.jp/sosikihanzai/R04sotaijousei/R4jousei.pdf）（令和５年）より作成

９）性に関する問題

　若年層における性感染症、HIV 感染、人工妊娠中絶は社会的問題となっている。

　性感染症では梅毒の感染が近年急増し、女性では20代前半がピークに、男性では幅広い年代で報告されている。HIV 感染はやや減少傾向にあるが、他の性感染症はわずかではあるが増加にある。また、

人工妊娠中絶の実施件数は、減少傾向にある。

10）梅毒

　梅毒（性感染症）は、世界中に広く分布している疾患である。陰部に潰瘍ができたり、リンパ節の腫れ、全身の発しん、さらに進行すると、脳や心臓にも症状が出たりすることがある。梅毒にかかっている人が妊娠すると、流早産・死産になったり、赤ちゃんにも感染して、様々な重い症状が出たりする（「健康な生活を送るために」文部科学省、2017年）。

　国立感染症研究所によると、1943年にマホニーらがペニシリンによる治療に成功して以来、本薬の汎用によって発生は激減したが、その後、各国で幾度かの再流行が見られているという。日本では1987年（報告数2,928例）をピークとする流行が見られたが、その後再び報告が減少し、1999～2012年は500例～900例で推移してきた。しかし、2010年以降は増加傾向に転じていて、2021年は7,874例に増加しており、注視されている。

11）児童虐待

　令和3年度の厚生労働省の調査によると、全国の児童相談所で対応した児童虐待相談対応件数は、207,660件であり、「児童虐待の防止等に関する法律」（以下、児童虐待防止法とする）施行前の平成11年度と比べると17.9倍に増加している。本来、自分を守り育ててくれる保護者からの虐待は、子どもの心に大きな衝撃を与え、自己の存在に価値を見いだせないなど、その後の成長に大きな影響を与えるとともに、心的外傷後ストレス障害（PTSD）や虐待の連鎖などをもたらし、次世代を担う子どもの成長・発達を妨げる重要な問題である。

　日常的に子どもにかかわる学校や教職員は、虐待を発見しやすい立場にあり、児童虐待防止法においても、学校・教職員が児童の福祉に業務上関係のある他の団体・職と同様、虐待防止等に関する一定の役割を担うこととしている。また、虐待を受けた子どもの年齢構成を見ると、「学齢期（小学校、中学校、高等学校等）」に発見されているものも多く、学齢期に至るまで発見されていないケースもあるという問題も含んでいる。

　このような状況の中、児童虐待の早期発見、早期対応において学校が果たす役割への期待もより大きくなっており、学校における児童虐待への対応の充実を図ることが重要となっている。

図3－8　児童虐待相談の対応件数

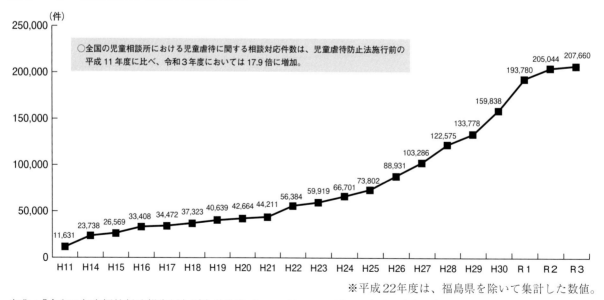

※平成22年度は、福島県を除いて集計した数値。

出典：「令和3年度福祉行政報告例」厚生労働省（https://www.mhlw.go.jp/toukei/saikin/hw/gyousei/21/dl/gaikyo.pdf）より作成

12）発達障害

（1）特別支援教育と発達障害

　　文部科学省では、子どもの障害の重複化に対応した適切な教育を行うため、学校教育法の改正を行い、従来の盲・聾・養護学校に区分されていた学校を統合して、特別支援学校と名称を改め平成19（2007）年度から特別支援教育がスタートした。改正の趣旨は、従来の対象の障害に加えて、発達障害のある子どもも含めて、障害のある子どもの自立や社会参加に向けて、一人一人の教育的ニーズを把握し、その持てる力を高め、生活や学習上の困難を改善または克服するため、適切な指導及び必要な支援を行うものとした。

　　すなわち、学習障害（LD）、注意欠陥多動性障害（ADHD）、高機能自閉症やアスペルガー症候群などの知的障害のない発達障害を加えたことと、障害の種類や程度に注目するだけでなく、一人一人の教育的ニーズに注目した点が、重要な点である。また、学校教育法に幼稚園、小学校、中学校、高等学校及び中等教育学校においては、事項各号（1．知的障害者　2．肢体不自由者　3．身体虚弱者　4．弱視者　5．難聴者　6．その他障害のある者で、特別支援学級において教育を行うことが適当なもの）のいずれかに該当する子ども、その他特別な支援を必要とする子どもに対し、文部科学大臣の定めるところにより、障害による学習上または生活上の困難を克服するための教育を行うものとすると規定し、特別支援学級に在籍するか否かを問わず学習上の困難や生活上の困難を有する場合は、それを克服するための教育をすることが普通学校においても義務付けられた。

（2）発達障害者支援法における発達障害の定義

　　発達障害者支援法には「自閉症、アスペルガー症候群その他の広汎性発達障害、学習障害、注意欠陥多動性障害その他これに類する脳機能の障害であってその症状が通常低年齢において発現するものとして政令で定めるもの」と定義されている。平成24年の文部科学省の調査では、発達障害のある子どもが6.5％在籍しているという結果が出ている。発達障害者支援法は、発達障害者の早期発見や支援等を目的として平成16年に制定され、発達障害のある子どもの支援は社会的な問題となっている。

※発達障害とは（文部科学省が定義している主な発達障害）

・自閉症——Autistic Disorder

　　3歳位までに現れ、①他人との社会的関係の形成の困難さ、②言葉の発達の遅れ、③興味や関心が狭く特定のものにこだわることを特徴とする行動の障害であり、中枢神経系に何らかの要因による機能不全があると推定される。

・高機能自閉症—— High-Functioning Autism

　　3歳位までに現れ、①他人との社会的関係の形成の困難さ、②言葉の発達の遅れ、③興味や関心が狭く特定のものにこだわることを特徴とする行動の障害である自閉症のうち、知的発達の遅れを伴わないものをいう。

　　また、中枢神経系に何らかの要因による機能不全があると推定される。

・学習障害（LD）—— Learning Disabilities

　　基本的には全般的な知的発達に遅れはないが、聞く、話す、読む、書く、計算するまたは推論する能力のうち特定のものの習得と使用に著しい困難を示す様々な状態を指すものである。

　　学習障害は、その原因として、中枢神経系に何らかの機能障害があると推定されるが、視覚障害、聴覚障害、知的障害、情緒障害などの障害や、環境的な要因が直接の原因となるものではない。

・注意欠陥／多動性障害（ADHD）—— Attention-Deficit/Hyperactivity Disorder

　　年齢あるいは発達に不釣り合いな注意力、および／または衝動性、多動性を特徴とする行動の障害で、社会的な活動や学業の機能に支障をきたすものである。

　　また、7歳以前に現れ、その状態が継続し、中枢神経系に何らかの要因による機能不全があると推定される。

※アスペルガー症候群とは、知的発達の遅れを伴わず、かつ、自閉症の特徴のうち言葉の発達の遅れを伴わないものである。なお、高機能自閉症やアスペルガー症候群は、広汎性発達障害に分類されるものである。

　　　　　出典：文部科学省 HP（https://www.mext.go.jp/a_menu/shotou/tokubetu/004/008/001.htm）より

(3) 障害を理由とする差別の解消の推進に関する法律

　「障害を理由とする差別の解消の推進に関する法律」（平成25年法律第65号）が平成25年6月26日に公布され、一部を除き、平成28年4月1日からの施行となっている。この法律は、障害者基本法の差別の禁止の基本原則を具体化するものであり、すべての国民が障害の有無によって分け隔てられることなく、相互に人格と個性を尊重し合いながら共生する社会の実現に向け、障害者差別の解消を推進することを目的として制定された。これに伴い文部科学省では、「文部科学省所管事業分野における障害を理由とする差別の解消の推進に関する対応指針について」（通知）が平成27年11月26日付けで発出され、平成28年4月1日から適用することとされた。その主な概要は以下のとおりである。

　　○法の対象となる障害者は、身体障害、知的障害、精神障害（発達障害を含む）その他の心身の機能の障害がある者。（障害者基本法第2条第1号に規定する障害者）

　　○本指針の位置づけは、法第11条第1項の規定に基づき、また、障害を理由とする差別の解消の推進に関する基本方針に即して、法第8条に規定する事項に関し、文部科学省が所管する分野における事業者が適切に対応するために必要な事項を定めたものである。

　　○合理的配慮の基本的な考え方

　　・法第8条第2項において合理的な配慮をするように努めなければならないとされている。

　　・障害者の権利に関する条約「第2条　定義」において「合理的配慮」とは、「障害者が他の者との平等を基礎として全ての人権及び基本的自由を享有し、又は行使することを確保するための必要かつ適当な変更及び調整であって、特定の場合において必要とされるものであり、かつ、均衡を失した又は過度の負担を課さないもの」と定義されている。

　　・障害者の権利に関する条約「第24条　教育」においては、教育についての障害者の権利を認め、この権利を差別なしに、かつ、機会の均等を基礎として実現するため、障害者を包容する教育制度等を確保することとし、その権利の実現に当たり確保するものの一つとして、「個人に必要とされる合理的配慮が提供されること」を位置付けている。

　　○「合理的配慮」の提供として考えられる事項

　　・障害のある児童生徒等に対する教育を小・中学校等で行う場合は「教員・支援員等の確保」、「施設・設備の整備」、「個別の支援計画や個別の指導計画に対応した柔軟な教育課程の編成や教材等の配慮」等の対応が考えられる。

インクルーシブ教育システムとは

　障害者の権利に関する条約第24条によれば、人間の多様性の尊重等の強化、障害者が精神的及び身体的な能力等を可能な最大限まで発達させ、自由な社会に効果的に参加することを可能とするとの目的の下、障害のある者と障害のない者が共に学ぶ仕組みであり、障害のある者が教育制度一般から排除されないこと、自己の生活する地域において初等中等教育の機会が与えられること、個人に必要な「合理的配慮」が提供されるなどが必要とされている。

参考：文部科学省　「共生社会の形成に向けたインクルーシブ教育システム構築のための特別支援教育の推進（報告）概要」

障害を理由とする差別の解消の推進に関する法律（平成25年6月公布）

（事業者における障害を理由とする差別の禁止）

第8条：事業者は、その事業を行うに当たり、障害を理由として障害者でない者と不当な差別的取扱いをすることにより、障害者の権利利益を侵害してはならない。

2　事業者は、その事業を行うに当たり、障害者から現に社会的障壁の除去を必要としている旨の意思の表明があった場合において、その実施に伴う負担が過重でないときは、障害者の権利利益を侵害することとならないよう、当該障害者の性別、年齢及び障害の状態に応じて、社会的障壁の除去の実施について必要かつ合理的な配慮をするように努めなければならない。

（事業者のための対応指針）

第11条：主務大臣は、基本方針に即して、第8条に規定する事項に関し、事業者が適切に対応するために必要な指針（以下「対応指針」という。）を定めるものとする。

表3－10　通院者率（人口千対）、性一年齢階級・傷病（複数回答）別　　令和4年（'22）

	総数	0～4歳	5～9	10～14	15～19	20～24	25～29	30～34	35～39	40～44	45～49
通院者率	417.3	111.4	146.6	152.1	124.3	133.1	173.9	197.5	222.8	256.1	299.6
糖尿病	55.7	0	0.2	0.9	0.9	2.3	3.2	4.8	9.9	14.8	24.3
肥満症	5.4	-	0.4	0.6	0.3	0.2	1.1	1.6	1.8	3.3	5
脂質異常症（高コレステロール血症等）	65.9	-	0.1	0.3	0.5	1.3	3.1	5.2	9.8	17.1	29.7
甲状腺の病気	14.9	0.9	0.8	1.1	1.9	2.9	4.5	7.4	9.9	11	12.6
うつ病やその他のこころの病気	21.5	0.3	2.5	8.5	12.2	23.9	31.6	32.2	33.7	32.8	33
認知症	6.7	-	-	-	0	0	0.1	0	-	-	0.1
パーキンソン病	2.4	-	-	-	-	-	-	0.1	0.1	0	0.2
その他の神経の病気（神経痛・麻痺等）	6.8	2.3	3.1	2.6	3.5	4.1	5.4	3.9	4.5	5.6	5.1
眼の病気	57.7	5	10.4	7.4	5	4.1	5	5.9	9.2	12.6	16.6
耳の病気	10.5	3.6	2.9	1.6	1.7	2.3	3	2.4	3.8	4.4	4.3
高血圧症	141	-	0.2	-	0.4	0.5	1.3	4	12.5	26	51.2
脳卒中（脳出血、脳梗塞等）	10.7	0.3	-	0.1	0	0.2	0.6	0.6	1	1.5	2.8
狭心症・心筋梗塞	17.9	-	0.2	0	0.1	0.5	0.2	0.2	0.8	2	2.9
その他の循環器系の病気	20.2	4.9	2.9	3.7	3.4	2.8	1.9	3.4	3	3.9	5.4
急性鼻咽頭炎（かぜ）	1.6	14.9	4	0.8	0.6	0.8	0.7	1.4	1.4	0.8	0.8
アレルギー性鼻炎	23.7	11.8	40.5	38.1	17.1	13.4	16.5	14.6	16.6	19.7	20.3
慢性閉塞性肺疾患（COPD）	1.7	-	0	0.1	0	-	0.1	0.1	0.2	0.2	0.3
喘息	13.7	13.7	17.2	10.4	4	3.9	6.6	8.6	11.7	11.2	13.8
その他の呼吸器系の病気	11.3	4.5	1.7	1.2	0.9	1.6	3	1.7	4.2	4.7	6
胃・十二指腸の病気	14.3	0.1	0.1	0.5	1.2	1.5	2.7	4.6	4.3	5.1	6.5
肝臓・胆のうの病気	8.2	0.5	0.6	0.2	0.3	1.3	0.9	1.6	2.2	3.2	5.7
その他の消化器系の病気	14.1	4.3	2.4	3	4.2	3.6	5.2	7.3	7.1	7.8	9.4
歯の病気	52.5	5	25.4	21.4	14.7	21.7	28.3	28.6	32.1	36.4	42.5
アトピー性皮膚炎	10.8	18.5	23.6	18.7	16.3	18	19.9	19.8	17.1	14.8	13
その他の皮膚の病気	20.1	18.3	13.4	14.9	14.7	15.1	15.4	14.3	15.4	15.3	15.7
痛風	10.7	0	-	0.1	0	0.1	0.9	3.4	5	6.5	10
関節リウマチ	8.1	0	0.2	0.1	0.2	0.2	0.8	1.4	1.9	3.1	3.8
関節症	20.9	0.1	0.5	1.4	1.2	1.1	0.9	2.8	3.5	6.2	9.4
肩こり症	22.9	0	0.2	0.8	1.4	3.7	9.8	13.8	16.6	18.3	22.7
腰痛症	48	-	0.1	1.4	4.5	6.7	11	17.9	21.4	25.2	28.5
骨粗しょう症	20.7	-	0.1	-	-	-	0.1	0.2	0.3	0.3	0.7
腎臓の病気	11.5	2.6	1.9	1.2	2	1.4	2.2	2.5	3.7	4.3	5.6
前立腺肥大症	29.8	-	-	-	-	-	0.4	0.5	0.4	0.5	0.4
閉経期又は閉経後障害（更年期障害等）	5	-	-	-	-	-	-	0.2	0.2	4.1	14.4
骨折	6.9	0.5	3.6	5.7	4	0.9	0.9	2.3	1.7	1.4	2.6
骨折以外のけが・やけど	5.8	0.9	2.8	11.7	10.2	4.6	3	3.7	4.8	5	4.6
貧血・血液の病気	6.7	0.5	0.5	1.1	2.1	1.9	2.2	2.6	5.2	9	10.2
悪性新生物（がん）	11.1	0.3	0.1	0.1	0.4	0.1	1.2	1.1	2.2	5.4	6.5
妊娠・産褥（切迫流産、前置胎盤等）	1.6	-	-	-	0	2.3	11.2	14.9	9.3	1	0
不妊症	0.9	-	-	0.1	-	0.1	3	6.3	5.1	3.2	0.5
その他	26.7	19.6	23.1	28.2	22.2	21.9	28.1	26.6	29.4	32.1	32.9
不明	1.4	1.1	0.5	1.3	1	0.5	1	1.1	1.5	1.8	1.8
不明	1.6	1.1	0.7	1.7	1.3	0.7	1	1.3	1.8	2.4	2.2

	50～54	55～59	60～64	65～69	70～74	75～79	80～84	85歳以上	（再掲）65歳以上	（再掲）70歳以上	（再掲）75歳以上
通院者率	378.9	462.9	546.4	629.9	691.2	731.8	740.9	713.5	696.4	715.6	729.2
糖尿病	42	60	78.9	106.2	126	136.3	122.9	99.3	119.2	123	121.3
肥満症	6.7	8.2	8.4	8.9	9.9	9.2	8.7	6.3	8.8	8.8	8.2
脂質異常症（高コレステロール血症等）	56.9	90.4	120.8	141.3	151.1	140.5	109.7	81	130.2	127	113.6
甲状腺の病気	16.9	20.5	21.2	23.3	26.4	25.9	23.2	17.5	23.8	24	22.6
うつ病やその他のこころの病気	32.1	29.1	23.7	18.1	13.7	14.9	14.3	11	14.6	13.6	13.5
認知症	0.2	0.4	0.6	2.1	5.1	14.7	32	70.1	20	25.1	36.3
パーキンソン病	0.5	0.9	1.4	3.2	5.6	8.1	9.2	8.1	6.5	7.4	8.4
その他の神経の病気（神経痛・麻痺等）	5.3	7.4	7.9	8.1	8.7	10.7	13.3	14.7	10.5	11.2	12.7
眼の病気	27.8	43.9	67	90.5	125.4	156.6	165.1	147.9	133.2	145.5	156.7
耳の病気	5.5	9.2	9.4	12.9	16.6	27.1	32.8	29.6	22.3	24.9	29.6
高血圧症	97.4	148.3	205.9	261.8	306.2	333.1	339.5	347.8	312.8	327.5	339.4
脳卒中（脳出血、脳梗塞等）	5.9	8.7	10.3	16.8	23.8	28.3	32.2	33	25.8	28.4	30.9
狭心症・心筋梗塞	6.8	13.3	17.6	25.4	36	49.5	61.2	69.8	45.1	50.8	59.1
その他の循環器系の病気	8	13.6	19.9	27.4	40.1	48.9	61	75.3	47.4	53.1	60.4
急性鼻咽頭炎（かぜ）	0.5	0.9	0.9	0.8	1.3	1.5	1.9	1.8	1.4	1.6	1.7
アレルギー性鼻炎	21.3	27.5	27.6	27.2	29.9	29.8	26.1	16.6	26.8	26.6	24.8
慢性閉塞性肺疾患（COPD）	0.3	1	1.8	3	3.2	5.8	5.1	5.3	4.3	4.7	5.5
喘息	13.8	15	17	16.1	16.3	18.2	18	18.9	17.3	17.6	18.4
その他の呼吸器系の病気	6.9	10.8	14.6	16.4	20.5	26.6	27.6	27	22.8	24.7	27
胃・十二指腸の病気	9.3	14.5	16.2	23.5	30.1	32.7	36.6	32	30.4	32.4	33.7
肝臓・胆のうの病気	6.8	10.3	13.4	15.2	15.9	16.8	16.4	13.4	15.6	15.8	15.7
その他の消化器系の病気	11.4	14.2	17.5	20.7	23.1	28.3	27.6	30.1	25.3	26.6	28.6
歯の病気	48.4	55.9	65.1	73.3	87	96.2	98.5	64.2	84.2	87.3	87.5
アトピー性皮膚炎	9.9	7.9	4.8	4	3.3	3.7	4.9	2.9	3.7	3.4	3.8
その他の皮膚の病気	18.6	19.9	21.6	23.4	24.9	29.8	28.7	31.1	27	28.1	29.8
痛風	12.9	17.9	19.7	21.4	19.9	16.5	13.2	8.2	16.8	15.5	13
関節リウマチ	5.9	9.6	10.9	14.3	16.9	17.8	20	16.2	16.9	17.6	18
関節症	14.5	24.1	28.8	33.9	37.4	44.5	54.3	62.6	44.3	47.3	52.8
肩こり症	24.5	27.2	28.6	28.2	34	40.7	50.3	41	37.6	40.3	43.8
腰痛症	33.8	41	54.2	62.6	81.9	112.7	135.4	126.1	98.4	108.7	123.6
骨粗しょう症	2.3	7.1	14.5	27.3	47.3	61.4	83.2	90.7	57.5	66.2	76.7
腎臓の病気	7.6	10	12	16.8	20.2	24.9	34.1	34.2	24.2	26.3	29.7
前立腺肥大症	2.7	8.3	22.2	43.5	70.1	108.5	132.2	136.3	88.6	102.9	123
閉経期又は閉経後障害（更年期障害等）	26.6	15.7	3.3	2	1.5	0.6	0.7	0.5	1.1	0.9	0.6
骨折	3.5	4.9	6.1	7.8	10.5	14.4	20.9	26.7	14.6	16.6	20
骨折以外のけが・やけど	5.7	6.4	6.4	5.1	5.6	7.3	6.5	8.1	6.3	6.7	7.3
貧血・血液の病気	7.1	5.3	5.1	5.8	6.7	10.5	13.9	20	10.3	11.6	14.4
悪性新生物（がん）	10.5	13.4	16.4	19	23.1	24.6	23.4	17.6	21.7	22.5	22.2
妊娠・産褥（切迫流産、前置胎盤等）	-	-	-	-	-	-	-	-	-	-	-
不妊症	-	-	-	-	-	-	-	-	-	-	-
その他	31.7	27.5	24	24.9	22.1	22.8	27.3	30.8	24.9	25	26.5
不明	1.6	1.3	1.5	1.3	1.4	1.3	1.6	2.7	1.6	1.7	1.8
不明	1.8	1.5	1.3	1.6	1.7	1.1	1.7	3	1.8	1.8	1.9

注：1）通院者には入院者は含まないが、通院者率を算出するための分母となる世帯人員には入院者を含む。

　　2）「前立腺肥大症」については、男性の世帯人員を分母として算出した。

　　3）「閉経期又は閉経後障害」「妊娠・産褥」については、女性の世帯人員を分母として算出した。

　　4）「総数」には、年齢不詳を含む。

出典：「2022（令和4）年国民生活基礎調査」厚生労働省　令和4年

表3－11　死因順位1) 第5位までの死亡数・率（人口10万対）、性・年齢階級別総数　令和4年（'22）

	第1位		第2位		第3位		第4位		第5位	
	死因	死亡数死亡率（割合）	死因	死亡数死亡率（割合）	死因	死亡数死亡率（割合）	死因	死亡数死亡率（割合）	死因	死亡数死亡率（割合）
総数	悪性新生物〈腫瘍〉	385,787 316.1	心疾患	232,879 190.8	老衰	179,524 147.1	脳血管疾患	107,473 88.1	肺炎	74,002 60.6
0歳2)	先天奇形，変形及び染色体異常	485 62.9	周産期に特異的な呼吸障害等	200 25.9	不慮の事故	57 7.4	妊娠期間等に関連する障害	42 5.4	乳幼児突然死症候群	39 5.1
1～4	先天奇形，変形及び染色体異常	113 3.3	不慮の事故	58 1.7	悪性新生物〈腫瘍〉	46 1.4	心疾患	24 0.7	肺炎	16 0.5
5～9	悪性新生物〈腫瘍〉	00 1.8	先天奇形，変形及び染色体異常	29 0.6	不慮の事故	28 0.6	その他の新生物〈腫瘍〉	14 0.3	心疾患	12 0.2
10～14	自殺	119 2.3	悪性新生物〈腫瘍〉	84 1.6	不慮の事故	34 0.6	先天奇形，変形及び染色体異常	24 0.5	心疾患	19 0.4
15～19	自殺	662 12.2	不慮の事故	196 3.6	悪性新生物〈腫瘍〉	124 2.3	心疾患	42 0.8	先天奇形、変形及び染色体異常	26 0.5
20～24	自殺	1,242 21.3	不慮の事故	261 4.5	悪性新生物〈腫瘍〉	144 2.5	心疾患	78 1.3	脳血管疾患	29 0.5
25～29	自殺	1,153 19.4	悪性新生物〈腫瘍〉	245 4.1	不慮の事故	210 3.5	心疾患	119 2	脳血管疾患	35 0.6
30～34	自殺	1,114 18.3	悪性新生物〈腫瘍〉	481 7.9	心疾患	211 3.5	不慮の事故	208 3.4	脳血管疾患	103 1.7
35～39	自殺	1,349 19.5	悪性新生物〈腫瘍〉	976 14.1	心疾患	383 5.5	不慮の事故	265 3.8	脳血管疾患	229 3.3
40～44	悪性新生物〈腫瘍〉	1,957 25.4	自殺	1,582 20.5	心疾患	744 9.6	脳血管疾患	593 7.7	肝疾患	394 5.1
45～49	悪性新生物〈腫瘍〉	4,372 47.1	自殺	1,988 21.4	心疾患	1,670 18	脳血管疾患	1,184 12.8	肝疾患	817 8.8
50～54	悪性新生物〈腫瘍〉	7,630 82.4	心疾患	2,826 30.5	自殺	2,155 23.3	脳血管疾患	1,831 19.8	肝疾患	1,225 13.2
55～59	悪性新生物〈腫瘍〉	11,184 140.9	心疾患	3,765 47.4	脳血管疾患	2,064 26	自殺	1,806 22.8	肝疾患	1,457 18.4
60～64	悪性新生物〈腫瘍〉	17,797 242.2	心疾患	5,494 74.8	脳血管疾患	2,834 38.6	肝疾患	1,642 22.3	自殺	1,482 20.2
65～69	悪性新生物〈腫瘍〉	30,175 404.3	心疾患	8,414 112.7	脳血管疾患	4,342 58.2	不慮の事故	1,957 26.2	肝疾患	1,956 26.2
70～74	悪性新生物〈腫瘍〉	58,964 635.1	心疾患	17,627 189.9	脳血管疾患	9,221 99.3	肺炎	4,153 44.7	不慮の事故	3,938 42.4
75～79	悪性新生物〈腫瘍〉	61,358 877.3	心疾患	21,883 312.9	脳血管疾患	11,961 171	肺炎	6,707 95.9	不慮の事故	4,997 71.4
80～84	悪性新生物〈腫瘍〉	69,692 1,218.6	心疾患	35,044 612.8	脳血管疾患	17,806 311.4	老衰	14,637 255.9	肺炎	12,565 219.7
85～89	悪性新生物〈腫瘍〉	65,809 1,669.4	心疾患	50,326 1,276.6	老衰	35,934 911.5	脳血管疾患	23,453 594.9	肺炎	18,601 471.8
90～94	老衰	58,161 2,931.5	心疾患	50,919 2,566.5	悪性新生物〈腫瘍〉	40,192 2,025.8	脳血管疾患	20,277 1,022 0	肺炎	18,140 914.3
95～99	老衰	46,330 8,273.2	心疾患	27,272 4870	悪性新生物〈腫瘍〉	12,739 2,274.8	脳血管疾患	9,467 1,690.5	肺炎	8,945 1597.3
100歳以上	老衰	18,209 20,929.9	心疾患	5,926 6,811.5	脳血管疾患	1,987 2,283.9	肺炎	1,852 2,128.7	悪性新生物〈腫瘍〉	1,703 1,957.5

資料　厚生労働省「人口動態統計月報年計（概数）」

注：1）[1] 死因順位に用いる分類項目（死因簡単分類表から主要な死因を選択したもの）による順位であり、0歳については、乳児死因順位に用いる分類項目（乳児死因簡単分類から主要な死因を選択したもの）による順位である。

　　　[2] 死因名は次のように略称で表記している。
　　　　心疾患←心疾患（高血圧性を除く）
　　　　先天奇形等←先天奇形，変形及び染色体異常
　　　　呼吸障害等←周産期に特異的な呼吸障害及び心血管障害
　　　　妊娠期間等に関連する障害←妊娠期間及び胎児発育に関連する障害
　　　[3] 死因順位は死亡数の多いものから定めた。死亡数が同数の場合は、同一順位に死因名を列記した。

　　2）総数には年齢不詳を含む。

　　3）0歳の死亡率は出生10万に対する率である。

出典：『国民衛生の動向　2023/2024』一般財団法人 厚生労働統計協会　令和5年

図3－9　特別支援教育の対象の概念図［義務教育段階］(平成29年5月1日現在)

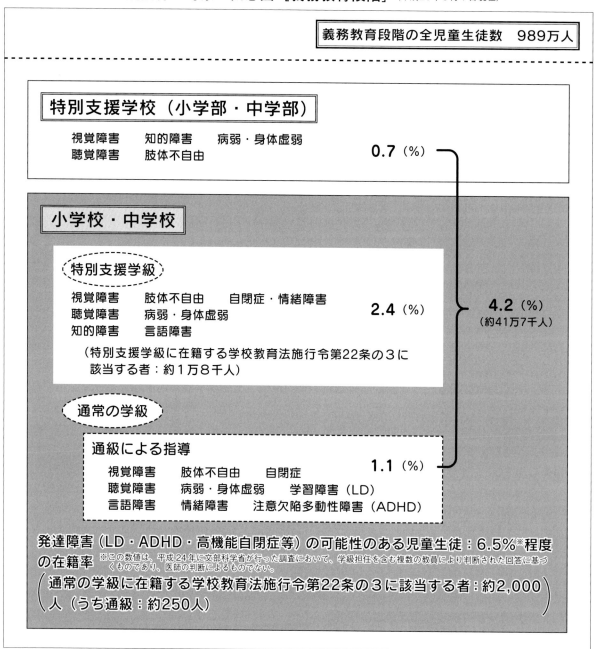

出典：「特別支援教育就学奨励費負担等説明資料」文部科学省初等中等教育局特別支援教育課 (https://www.mext.go.jp/component/a_menu/other/detail/__icsFiles/afieldfile/2018/06/22/1405876_3.pdf) (平成30年) より

【参考文献・引用】

「全国高校生の生活意識調査」(社) 全国高等学校PTA連合会会報　平成25年4月

「学校保健統計調査」文部科学省　令和元年度

「児童生徒の問題行動・不登校等生徒指導上の諸課題に関する調査」文部科学省　平成30年度

「薬物乱用防止教育の充実」文部科学省ホームページ

『養護教諭のための児童虐待対応の手引』文部科学省　平成19年10月

「文部科学省所管事業分野における障害を理由とする差別の解消の推進に関する対応指針について」(通知) 文部科学省　平成27年

『国民衛生の動向　2023／2024年』一般財団法人 厚生労働統計協会　令和5年

Ⅶ 保健室及び保健室経営

1 保健室の設置に関する法的根拠

　保健室の設置等に関しては、学校保健安全法、学校教育法施行規則、学校施設整備指針等に示されている。

```
┌─ 学校保健安全法（昭和33年４月公布、平成27年６月最終改正）─────────
（保健室）
　第７条：学校には、健康診断、健康相談、保健指導、救急処置その他の保健に関する措置を行う
ため、保健室を設けるものとする。
```

```
┌─ 学校教育法施行規則（昭和22年５月公布、令和５年３月最終改正）─────────
　第１条：学校には、その学校の目的を実現するために必要な校地、校舎、校具、運動場、図書館
又は図書室、保健室その他の設備を設けなければならない。
```

```
┌─ 幼稚園設置基準（昭和31年12月公布、平成26年７月最終改正）─────────
　第９条：幼稚園には、次の施設及び設備を備えなければならない。ただし、特別の事情があると
きは、保育室と遊戯室及び職員室と保健室とは、それぞれ兼用することができる。
　　一　職員室
　　二　保育室
　　三　遊戯室
　　四　保健室
　　五　便所
　　六　飲料水用設備、手洗用設備、足洗用設備
```

```
┌─ 小学校設置基準（平成14年３月公布、平成19年12月最終改正）─────────
　第９条：校舎には、少なくとも次に掲げる施設を備えるものとする。
　　一　教室（普通教室、特別教室等とする。）
　　二　図書室、保健室
　　三　職員室
```

```
┌─ 中学校設置基準（平成14年３月公布、平成19年12月最終改正）─────────
　第９条：校舎には、少なくとも次に掲げる施設を備えるものとする。
　　一　教室（普通教室、特別教室等とする。）
　　二　図書室、保健室
　　三　職員室
```

```
┌─ 高等学校設置基準（平成16年３月公布、令和３年３月最終改正）─────────
　第15条：校舎には、少なくとも次に掲げる施設を備えるものとする。
　　一　教室（普通教室、特別教室等とする。）
　　二　図書室、保健室
　　三　職員室
```

2 小学校・中学校・高等学校施設整備指針

　学校施設整備指針は、教育内容・教育方法等の多様化への対応など学校教育を進める上で必要な施設機能を確保するために、計画及び設計において必要となる留意事項を示したもので、保健室についても指針が示されている。

◎小学校（中学校）施設整備指針（令和 4 年 6 月）

（1）平面計画・保健室

① 静かで、日照、採光、通風、換気、気温、音の影響等に配慮した良好な環境を確保することのできる位置に計画することが重要である。

② 特に屋内外の運動施設との連絡がよく、児童（生徒）の出入りに便利な位置に計画することが重要である。

③ 救急車、レントゲン車などが容易に近接できる位置に計画することが重要である。

④ 職員室との連絡及び便所等との関連に十分留意して位置を計画することが望ましい。

⑤ 健康に関する情報を伝える掲示板を設定するなど、健康教育の中心となるとともに、児童（生徒）のカウンセリングの場として、児童（生徒）の日常の移動の中で目にふれやすく、立ち寄りやすい位置に計画することが望ましい。

（2）各室計画・保健室

① 児童（生徒）の休養や様々な健康課題への対応など各種業務に柔軟に対応し、ベッドを配置する空間を適切に区画することのできる面積、形状等とすることが重要である。

② 児童（生徒）等が屋外から直接出入りできる専用の出入口を設け、その近傍に手洗い、足洗い等の設備を設置する空間を確保することも有効である。

③ 児童（生徒）が養護教諭に相談しやすいよう、保健室に隣接した位置又は保健室内に間仕切りを設置する等して、プライバシーに配慮した落ち着いた空間を確保することも有効である。

④ 保健室が健康教育の中心となるよう、健康教育に関する掲示・展示のためのスペースや委員会活動のためのスペースを、室内又は隣接した位置に確保することが望ましい。

⑤ 保健室に近接した位置に便所やシャワー等の設備を計画することが望ましい。

⑥ 児童（生徒）の出欠状況や健康観察、健康診断、保健室来室管理等の保健系機能を実装した統合型校務支援システム等を利用できるよう、情報機器や情報ネットワークを活用できる環境を計画することが重要である。

◎高等学校施設整備指針（令和 4 年 6 月）

（1）平面計画・保健室

① 静かで、日照、採光、通風、換気、室温、音の影響等に配慮した良好な環境を確保できる位置に計画することが重要である。

② 特に屋内外の運動施設との連絡がよく、生徒の出入りに便利な位置に計画することが重要である。

③ 救急車、レントゲン車などが容易に近接できる位置に計画することが重要である。

④ 職員室等と連絡のよい位置に計画することが望ましい。

⑤ 健康に関する情報を伝える掲示板を設定するなど、健康教育の中心となるとともに、生徒のカウンセリングの場として、生徒の日常の移動の中で目にふれやすく、立ち寄りやすい位置に計画することが望ましい。

（2）各室計画・保健室

① 生徒の休養や様々な健康課題への対応など各種業務に柔軟に対応し、ベッドを配置する空間を適切に区画することのできる面積、形状等とすることが重要である。

② 生徒等が屋外から直接出入りできる専用の出入口を設け、その近傍に手洗い、足洗い等の設備を設置する空間を確保することも有効である。

③ 生徒が養護教諭に相談しやすいよう、保健室に隣接した位置又は保健室内に間仕切りを設置する

等して、プライバシーに配慮した落ち着いた空間を確保することも有効である。

④　保健室が健康教育の中心となるよう、健康教育に関する掲示・展示のためのスペースや委員会活動のためのスペースを、室内又は隣接した位置に確保することが望ましい。

⑤　保健室に近接した位置に便所やシャワー等の設備を計画することが望ましい。

⑥　生徒の出欠状況や健康観察、健康診断、保健室来室管理等の保健系機能を実装した統合型校務支援システム等を利用できるよう、情報機器や情報ネットワークを活用できる環境を計画することが重要である。

◎特別支援学校施設整備指針（令和４年６月）

(1) 平面計画・保健室

①　静かで、良好な日照、採光、通風、換気、室温、音の影響等に配慮した良好な環境を確保できる位置に計画することが重要である。

　　【肢体不自由又は病弱に対応した施設】：病院等に併置する場合は、病院等との日常的な連携を考慮し計画することが重要である。その際、病院等との往来のための出入口部分に計画することも有効である。

②　特に屋内外の運動施設との連絡がよく、幼児児童生徒の出入りに便利な位置に計画することが重要である。また、必要に応じ、開放時の利用も考慮して計画することが望ましい。

③　救急車両、レントゲン車両等が容易に近接できる位置に計画することが重要である。

④　職員室等と連絡のよい位置に計画することが重要である。

⑤　処置、検査、休養等に必要な空間や、保健室に付随した相談室及び医師等の控え室を適切に構成できる規模のものを、便所等の施設と一体的に配置することが望ましい。

⑥　健康に関する情報を伝える掲示板を設定するなど、健康教育の中心となるとともに、幼児児童生徒のカウンセリングの場として、幼児児童生徒の日常の移動の中で目にふれやすく、立ち寄りやすい位置に計画することが重要である。

(2) 各室計画・保健室

①　幼児児童生徒の休養や様々な健康課題への対応など各種業務に柔軟に対応し、各種機器・器具等を適切に配置・収納し、ベッドを配置する空間又は畳敷きの空間を適切に区画できる面積、形状等とすることが重要である。

　　また、医療的ケアを実施するために必要な機器・器具等の設置や洗浄、点滴等が実施できる面積、形状等とすることが重要である。

②　明るく落ち着いた心を和ませる雰囲気の空間とすることが重要である。

③　幼児児童生徒が屋外から直接出入りできる専用の出入口を設け、その近傍に手洗い、足洗い等の設備を設置する空間を計画することも有効である。

④　幼児児童生徒が養護教諭に相談しやすいよう、保健室に隣接した位置又は保健室内に間仕切りを設置する等して、プライバシーに配慮した落ち着いた空間を確保することも有効である。

⑤　保健室が健康教育の中心となるよう、健康教育に関する掲示・展示のためのスペースや委員会活動のためのスペースを保健室内又は隣接して計画することが望ましい。

⑥　保健室に近接した位置に便所やシャワー室の設備を計画することが望ましい。

⑦　アレルギー疾患などに対応できるよう、シャワー等の設備を設置できるように計画することも有効である。

⑧　幼児児童生徒の出欠状況や健康観察、健康診断、保健室来室管理等の保健系機能を実装した統合型校務支援システム等を利用できるよう、情報機器や情報ネットワークを活用できる環境を計画することが重要である。

3 保健室経営

(1) 保健室経営の重要性

127

　子どもが心身ともに健やかに育つことは、すべての人々の願いであり、教育の目的や目標そのものであるといえる。教育の基礎となる心身の健康・安全の確保と推進には、関係者が相互に連携を深めながら、子どもの心身の健康の保持増進を図ることが必要であり、学校保健活動のセンター的役割を果たしている保健室経営は重要である。

　児童生徒の心身の健康問題が多様化している中、中央教育審議会答申（平成20年1月）が出され、保健室経営の重要性についても、次のように述べており、学校経営における保健室経営の役割が大きくなっている。

> **中央教育審議会答申（平成20年1月17日）**
>
> Ⅱ-2　学校保健に関する学校内の体制の充実
>
> （1）養護教諭
>
> ①　養護教諭は、学校保健活動の推進に当たって中核的な役割を果たしており、現代的な健康課題の解決に向けて重要な責務を担っている。（後略）
>
> ⑧　子どもの健康づくりを効果的に推進するためには、学校保健活動のセンター的役割を果たしている保健室の経営の充実を図ることが求められる。そのためには、養護教諭は保健室経営計画＊を立て、教職員に周知を図り連携していくことが望まれる。（後略）

＊保健室経営計画とは、当該学校の教育目標及び学校保健の目標などを受け、その具現化を図るために、保健室の経営において達成されるべき目標を立て、計画的・組織的に運営するために作成される計画。

（2）保健室経営とは

　保健室経営とは、「当該学校の教育目標及び学校保健の目標などを受け、その具現化を図るために、保健室の経営において達成されるべき目標を立て、計画的・組織的に運営する」ことであるといえる。

（3）保健室の機能と保健室経営

　中央教育審議会答申（平成20年1月）において、「子どもの健康づくりを効果的に推進するためには、学校保健活動のセンター的役割を果たしている保健室の経営の充実を図ることが求められる。」と述べられているように、保健室の機能は、学校保健活動のセンター的機能を持つといえる。

　保健室の機能は、学校保健安全法に示されている「健康診断」、「健康相談」、「保健指導」、「救急処置」、のほかに、「発育測定」、「保健情報センター」、「保健組織活動のセンター」などの機能が考えられる。保健室経営にあたっては、養護教諭の職務（役割）や保健室の機能を十分考慮した上で、効果的な計画を立てることが大切である。

保健室の機能		養護教諭の職務 ＜中教審答申（平成20年1月）＞
学校保健活動のセンター的機能（場としての機能） ①健康診断 ②健康相談 ③保健指導 ④救急処置（休養を含む） ⑤発育測定 ⑥保健情報センター ⑦保健組織活動のセンター	＊保健室経営計画とは、当該学校の教育目標及び学校保健目標などを受け、その具現化を図るために、保健室の経営において達成されるべき目標を立て、計画的・組織的に運営するために作成される計画。	①保健管理 ②保健教育 ③健康相談 ④保健室経営 ⑤保健組織活動

（4）保健室経営計画（課題解決型）の必要性

①　学校教育目標や学校保健目標等に基づく保健室経営を計画的、組織的に進めることができる。

②　児童生徒の健康課題等を踏まえた保健室経営計画を立てることによって、健康課題を教職員等で共有できる。また、保健室経営計画を教職員や保護者等へ周知を図ることによって、理解や協力が得られやすくなる。

③　保健室経営計画の自己評価及び他者評価を行うことにより、課題が明確になり改善点を次年度の保健室経営に生かすことができる。

④　養護教諭が複数配置の場合には、お互いの活動内容の理解を深めることができ、効果的な連携ができる。
⑤　異動による引き継ぎが、円滑に行われる。等

(5) 保健室経営計画の内容（例）

　保健室経営計画の内容としては、下記の事項が考えられる。健康観察の方法、保健室の利用方法、救急体制、共済給付金の手続き方法、感染症発生時の対応及び出席停止措置などの基本的事項は、毎年大きく変化するものではなく、必要時に適宜、見直しが図られるものであることから、これらに関しては保健室経営計画とは別立てとしている。保健室利用方法等については、別にファイルを作成するなどして、教職員等に配付し、年度当初に説明や指導の機会を設けて周知を図り、共通理解を図っておくことが必要である。

＜保健室経営計画の内容（例）＞
①　学校教育目標
②　学校経営方針（健康・安全にかかわるもの）
③　学校保健目標及びその年度の重点目標
④　児童生徒の健康課題
⑤　保健室経営目標
⑥　年度の保健室経営目標達成のための具体的な方策
⑦　評価計画
⑧　その他

(6) 保健室経営計画作成手順（例）

　保健室経営計画は、養護教諭により立案され、保健部等で検討されたのち職員会議を経て校長により裁決される。養護教諭は、保健室経営計画を立て、教職員や保護者等へ周知を図り、理解と協力を得て、組織的に保健室経営を行っていくことが重要である。次に、保健室経営計画の作成手順（例）について示す。

①　学校教育目標及び学校経営方針を確認する。
②　児童生徒の健康課題等を的確に把握する。
　・児童生徒の健康状況に関する情報の収集と分析をする。
　・日常の健康観察、保健室利用状況、健康診断結果、各種の調査結果等から児童生徒の健康課題等を把握する。
③　学校保健目標及び重点目標を確認する。
④　保健室経営計画の原案を作成する（Plan）。
　・学校教育目標、学校保健計画等と、保健室経営計画との関連性をもたせる。
　・その年度の保健室経営目標を立て、重点化した課題等に対して養護教諭として行う対応策を考え、何を行うかわかる具体的な実施計画を立てる。
　・前年度の保健室経営計画の評価の結果及び教職員、保護者、学校医等の関係者の意見も踏まえて作成する。
　・保健室経営計画と併せて評価計画を作成する（評価方法、誰がいつ・どのような観点で行うか等）。
　・計画に必要な備品等の購入計画（案）を立てる。
⑤　原案を保健部（係）などの関係組織等及び管理職に提案し、意見を求める。
⑥　保健室経営計画（案）について職員会議に提案し、校長の決裁を得る。
　教職員に周知を図り、共通理解を図る。
⑦　実施（Do）
　計画に基づいて実施する。
⑧　評価（Check）
　・自己評価と他者評価と併せて行う。
　・経過評価及び結果・成果評価（133頁参照）の両方で評価を行う。
⑨　改善（Action）
　・次年度の計画に評価の結果を生かし、改善を図る。

(7) 保健室経営計画の様式例と作成方法（例）

　保健室経営計画の作成方針に沿った様式例と作成方法（記入事項の解説等）について示す。

令和○年度　　○○○学校　保健室経営計画

養護教諭　○○　○○

学校教育目標
※学校の教育目標を記載する。

学校経営方針（保健安全にかかわるもののみ）
※学校の経営方針の中から保健安全にかかわる部分を記載する。

【Point】
＊学校がどのような児童生徒の姿を目指しているのか、学校経営・運営ビジョン等を受ける。

学校保健目標
※学校保健目標を記載する。（長期的目標）

◇教育目標、学校経営方針を受け、児童生徒の健康課題解決に向けて達成しなければならない目標を立てる。

【Point】
＊教育目標の達成に向けて学校保健の分野ではどのような力を児童生徒に身に付けさせるのかを記載する。

重点目標
※学校保健目標における年度の重点目標を記載する。（短期的目標）

◇学校保健目標を達成するために、児童生徒の課題の解決に向けて、その年度において重点的に取り組む事項について目標を立てる。

児童生徒の主な健康課題
※児童生徒の健康課題について記載する。

◇学校保健計画の重点目標との整合性を図る。

〈課題をつかむための情報（例）〉
・学校生活における日常的な健康観察の結果
・定期健康診断の結果
・保健室の利用状況の分析(傷病の処置記録簿や保健日誌等)
・各種の調査結果等(保健調査・保健統計・体力テスト等)
・健康相談・保健指導の記録　　　　　等

【Point】
＊その年度に優先的に取り組むものを最重点課題と考え、重点目標を一つから二つくらいにしぼる。

【Point】
＊児童生徒の実態をとらえ、データ（数値等）を取り入れながら児童生徒の実態が具体的にわかるように記載する。
＊推測や指導観などは入れず、事実を記載する。

保健室経営目標	保健室経営目標達成のための具体的な方策（※…評価の観点）	自己評価		他者評価				
		達成度	向けて今後に／理由	いつ	だれから	方法	到達度	意見・助言等
＊重点目標と関連を図った保健室経営の達成目標を立てて記載する。 [作成に当たっての留意点] ◇主な健康課題の中で、より緊急度やニーズの高い課題を優先する。 ◇今年度重点的に取り組むものを記載する。	＊保健室経営の目標達成のためにその年度、重点的に取り組む具体的な手立てを記載する。 ＊実施後、自己評価・他者評価をする際の指標となるよう、評価の観点を記載する。 [作成に当たっての留意点] ◇保健室の機能を十分考慮する。 ◇各目標に対し、養護教諭としての取	＊保健室経営の目標や方策について振り返り、今後（次年度）の課題を明らかにするために、どのような観点・指標で、誰が、いつ、どのように評価するかを記載する。 [作成に当たっての留意点] ◇保健室経営の目標に対する達成の状況について「経過評価」及び「結果・成果評価」を行う。 ◇客観的なデータによる評価も取り入れる。						

（目標としてあげている事項
だけを実施するという意味
ではない。）

【Point】
‣「○○をして～の充実を
図る」の表記を用いると
わかりやすい。
＊どのような手立てで取り
組むのかを大枠でとらえ
目標に入れ込む。
＊個人の目標ではないので
「～に努める」の表現は使
わない。

【Point】
＊前年度の評価の結果や保
護者、学校医、スクール
カウンセラー等関係者か
らの意見や助言、アンケー
ト結果などを踏まえて、
計画に反映させる。

り組み事項を記載する。
◇「保健管理・保健教育・健康相談・
保健室経営・保健組織活動」の枠組
みに沿って整理するとわかりやす
い。（5項目全てを書き込むという
意味ではない。）
◇保健室経営計画は、短年度の計画で
ある。1年間に実施できる範囲で、
何を行うかがわかるように具体的に
記入する。
◇養護教諭の役割や、教職員及び関係
者との連携における評価の観点を明
確にしておく。

【Point】《評価の観点について》
＊「目標の裏返しが評価の観点」
であることを念頭に置き設定
する。
○具体的な方策を実施できた
か。
○実施の中でねらいを達成で
きたか。
＊評価の観点は一つから三つ
ぐらいまでとする。

◇自己評価だけでなく、他者評価（保健主事・
教職員・児童生徒等）も取り入れる。

【Point】
＊到達度
「よくできた」「ほぼできた」「あまりで
きなかった」「まったくできなかった」
の4件法で評価する。
＊いつ
評価の時期を具体的に明記する。
〈例〉「実施後」「学期末」「年度末」等
＊だれから
だれが評価をするのかを明記する。
〈例〉「児童生徒」「教職員」「学級担任」「保
護者」「学校保健委員会参加者」等
＊方法
どのような方法で評価をするのか明記
する。
〈例〉「ワークシート」「アンケート」「聞
き取り」「評価シート」等

保健室経営目標に対する総合評価	1　2　3　4

〈総評と次年度への課題〉

【Point】
＊養護教諭が行う自己評価と、関係者による他者
評価を総合し、1年間の実践の総評を文章表記
し次年度の計画立案に生かす。

【Point】
＊各方策の到達度を総合した評価を記入する欄を
設ける。（到達度と同様に4件法）

＊評価に関しては、計画段階では記載がないため簡略化しているが、実際は評価用に別立てで評価シートを作成するな
どして実施することが望ましい。

出典：『保健室経営計画作成の手引（平成26年度改訂）』公益財団法人 日本学校保健会 平成27年3月 一部修正

131

(8) 保健室経営計画及び評価例（小学校）

令和○年度　　　○○○小学校 保健室経営計画　　　養護教諭　○○ ○○

学校教育目標
学びを楽しみ　ふるさとを愛し　たくましく生きる 【重点目標】『できた！ わかった！ があふれる学校』

学校経営方針（保健安全に関するもの）
・児童一人一人の実態や発達段階に応じた体力つくりと明るく健康的な生活を営む態度を育成する。 ・自己の体力・体格・健康についての関心を高め、朝の時間や業間での自由行動・遊びを通し、心と体の健康の保持増進を図る。

学校保健目標
健康安全で明るい日常生活を営むための基本的な生活習慣を養い、心身の調和発達を図る。

重点目標	児童生徒の主な健康課題
(1) 食事、睡眠、運動に関する指導の充実を図る。 (2) 心的ストレス等に関する配慮が必要な児童の把握と支援に当たって連携を図る。	・原発事故の影響による生活環境の変化や屋外での活動が減り、体力が低下している。 ・肥満傾向児童（肥満度20％以上）が全体の14.3％いる。 ・バスでの通学時間が長く（片道約1時間）、疲労が蓄積しやすい。 ・環境の変化により生活習慣の乱れが見られるとともに、心理的ストレスが身体症状となって現れ来室する児童もいる。

到達度：1よくできた　2ほぼできた　3あまりできなかった　4全くできなかった

経営目標	保健室	保健室経営目標達成のための具体的な方策（＊評価の観点）	自己評価		他者評価				
			到達度	理由/今後に向けて	いつ	だれから	方法	到達度	意見・助言等
1 生活の調査や保健教育の充実を図る。	め の 指 導 の 充 実 を 図 る 。 担 任 等 と 連 携 し て 実 施 し 、 生 活 習 慣 改 善 の た	A）保健教育（保健学習・保健指導）において、担任等と事前打ち合わせを行い、児童や地域の実態に即したTT（ティーム・ティーチング）等による指導を実施する。 　3年体育科（毎日の生活と健康） 　3年学活（おやつのとり方を考えよう） 　4年学活（生活習慣について） 　6年体育科（病気の予防） ＊担任等と事前打ち合わせのもとに、TT等による指導を実施できたか。 ＊生活習慣の改善ができたか。	① 2 3 4	・事前に打ち合わせを行い、指導者の役割についても明確にしていただいたためスムーズに進めることができた。 ・TTによる授業を指導案作成の段階から関わり実践することができた。	実施後	教職員児童	ワークシート聞き取り	① 2 3 4	・専門性を発揮していただき、TTによる効果的な授業ができた。
		B）毎週1回、生活のチェックカードの使用（早寝・早起き・朝ごはん等）を行い、個別の課題を把握し、指導に生かす。 ＊年間を通して週1回実施できたか。 ＊調査結果を保健学習及び保健指導（集団・個別）に生かすことができたか。　　　＊資料1	1 ② 3 4	・課題を共有し、連携して個別指導を行うことができた。	毎週・年度末	学級担任	チェックカード聞き取り	1 2 ③ 4	・保健学習の授業に生活チェックの結果を生かすことができた。 ・個別指導は、時間が取れず十分できなかった。
		C）健康診断、日常の健康観察、生活のチェック等の結果を家庭に知らせ健康相談を実施するなどして、家庭と連携できるよう継続的に働きかける。 ＊健康診断、生活チェック等の結果を家庭に知らせ、課題解決につなげることができたか。 ＊家庭に継続的に働きかけ、連携して生活習慣の改善ができたか。	1 2 ③ 4	・継続して働きかけることはできたものの、生活の改善まではつなげることができなかった。	年度末	教職員	聞き取り	1 ② 3 4	・生活調査の結果を、家庭訪問や個別懇談会等で生かすことができた。
保健室経営目標1に対する総合評価			1 ② 3 4						

＜総評と次年度への課題＞
　教職員や関係者との連携は十分図れたが、課題解決への保護者の意識の高まりや生活の改善については不十分であったため、次年度は家庭と連携するための手だての工夫が必要である。

出典：『保健室経営計画作成の手引（平成26年度改訂）』公益財団法人 日本学校保健会 平成27年3月 一部修正

(9) 保健室経営計画の評価（例）

　上記の(7)(8)で示した保健室経営計画の評価方法について、次に解説する。

　保健室経営計画に基づいて適切に評価を行うことは、保健室経営の改善、発展の鍵となる。一般的に評価方法には、経過評価*1と結果・成果評価*2とがある。保健室経営計画の評価では、「保健室経営目標」を達成する方策・手立てについての評価（経過評価）と、その目標に対する達成の状況についての評価（結果・成果評価）をそれぞれ行うことが求められる。その際、どのような観点や指標で、だれが、いつ、どのように評価するかについて明確にしておく必要があるとともに、養護教諭自身による自己評価と教職員等による他者評価の両方でとらえることが重要である。

　自己評価は、養護教諭の取り組みを対象として行う。この際の評価基準は、具体的な方策について実施できたか及び保健室経営目標にどの程度到達できたかの2つとし、総合的に「よくできた」、「ほぼできた」、「あまりできなかった」、「まったくできなかった」の4件法で評価する。さらに「なぜそうなったのか／今後に向けて等」についても具体的に記載する。ここで、4件法を用いたのは、どちらでもないという中間的な評価をなくし、実質的な運用面の妥当性を重んじたものである。

　他者評価は、目標に対する達成の状況について、聞き取りやアンケート等で学級担任等の関係職員、保護者等の意見を聞いたり、児童生徒の振り返りカードから読み取ったりなどして、客観的なデータなどで評価することが求められる。聞き取り、アンケート、児童生徒の振り返りカードなどを作成するにあたっては、評価の観点や指標を明確にしておく必要がある。ただし、保健室経営計画は、短期的な目標としていることから計画の実施等による児童生徒の変容等を把握するには、困難な場合もあることを配慮してもらうことも必要である。

　なお、年度当初から保健室経営計画における評価計画を立て、目標がどの程度達成できたか、方策・手立てが有効であったか、何が問題だったかなどを明らかにし、これらを踏まえた改善案を策定して計画を修正し、次年度の計画に生かすことが大切である。

参考

＊1　経過評価とは

　目標達成のための方策・手立て（プログラム）の実施の段階での質的な実現状況を見取っていくことをいう。

　児童生徒や教職員、保護者などの意見や面接、アンケートなどをプログラムの各段階で計画的に実施し、問題があれば調整を行い、プログラムの修正に利用する。

＊2　結果・成果評価とは

　目標に対する達成の状況について評価することである。目標に挙げているそれぞれの取り組みの事後における結果や成果をアンケート調査、観察法、インタビュー、数値などの客観的なデータなどで評価する。

【参考文献・引用】

　『保健室利用状況に関する調査報告書』　財団法人日本学校保健会　平成20年2月

　『保健室経営計画作成の手引（平成26年度改訂）』　財団法人日本学校保健会　平成27年3月

　「中央教育審議会答申」　平成20年1月

　「小学校施設整備指針」文部科学省大臣官房文教施設企画・防災部　令和4年6月

　「中学校施設整備指針」文部科学省大臣官房文教施設企画・防災部　令和4年6月

　「高等学校施設整備指針」文部科学省大臣官房文教施設企画部　令和4年6月

　「特別支援学校施設整備指針」文部科学省大臣官房文教施設企画部　令和4年6月

組織活動

第4章

1 組織活動の必要性

　学校保健は、学校における保健教育及び保健管理をいい、その2つの領域を円滑に推進するために組織活動がある。学校保健活動は、多くの関係者と連携して進めていく必要があるため、組織活動は重要である。近年、子どもの心身の健康問題が複雑・多様化しており、学校、家庭、地域社会が連携して問題解決にあたる必要性が高まっていることから、組織活動の充実を図ることが求められている。

2 学校における保健組織

　学校における保健組織の代表的なものには、職員保健部（係）、児童生徒保健委員会、ＰＴＡ保健委員会、学校保健委員会（地域学校保健委員会）などがある。

1）職員保健部（係）
　学校内の職員の保健組織である。学校内においてすべての保健活動の推進役となるこの組織が機能していることが特に重要である。構成メンバーは、各学校の実状により異なるが、保健主事、養護教諭、各学年代表、体育主任、栄養教諭（栄養職員）等で構成されている。

2）児童生徒保健委員会
　学校におけるヘルスプロモーションを推進していくためには、子どもたち主体の健康教育を推進していくことが必要である。児童生徒保健委員会の積極的な活動が学校全体を動かす力ともなることから、養護教諭は、発達段階に応じた活動ができるように指導し、育成していくことが重要である。

3）ＰＴＡ保健委員会
　保護者の組織であるこの委員会は、学校と家庭との連携を図る上で重要な組織である。ＰＴＡの保健組織においても、養護教諭は、主体的な活動が行えるように支援していくことが大切である。
　具体的な活動としては、学校保健委員会への参画、広報活動、ＰＴＡ保健委員会主催の講演会などが行われている。学校の実情によりすべての学校に設置されているものではないが、家庭との連携を図る上で設置が望まれる。

3 学校保健委員会

1）学校保健委員会とは
　学校保健委員会とは、『学校保健委員会マニュアル』（財団法人 日本学校保健会、平成12年）では、「学校における健康の問題を研究協議し、健康つくりを推進する組織」としている。ただ単に、意見交換に

終わるだけでなく、実践化を目指す機関であることが強調されている。

２）学校保健委員会の役割

　学校における健康教育は、家庭や地域社会の協力なしに成果を上げることは困難である。開かれた学校づくりとともに、地域社会の教育力を生かすことが求められているなか、学校、家庭、地域社会を結ぶ中核的な組織として学校保健委員会の果たす役割は大きい。

３）学校保健委員会の沿革

○昭和24年11月「中等学校保健計画実施要領（試案）」、昭和26年「小学校保健計画実施要領（試案）」が文部省（現文部科学省）から出され、学校保健委員会の設置が奨励された。

　学校保健委員会を設置するにあたり、法的根拠について問われることが多いが、法的に定められているものではない。文部省の通達等により設置が奨励されているものである。中等学校実施要領（試案）では、次のように述べている。「校長の諮問機関として出発し、協議事項は学校保健計画の立案と実施に関することを中心に、児童生徒の健康の保持増進に関係のあるすべての分野の代表によって組織され、決定事項から実行されうる。」

○昭和33年6月学校保健法の施行に伴う「学校保健法および同法施行令等の施行にともなう実施基準について」（文部省体育局長通達）においては、「学校保健委員会の開催及びその活動についても、学校保健計画に盛り込むべきこと」とされ、計画的な実施が求められた。

○昭和47年12月の保健体育審議会答申においては、「（学校保健計画は、）この計画を適切に策定し、それを組織的かつ効果的に実施するためには、学校における健康の問題を研究協議し、それを推進するための学校保健委員会の設置を促進し、その運営の強化を図ることが必要である。」とされた。これは、学校保健委員会設置率の低迷等の実態をとらえての提言であり、従来のようにただ単に校長の諮問機関としてではなく、専門的事項の研究や実践上の諸問題を協議するなど、学校保健の推進的役割を持つ委員会として、その積極的な役割を担うものとして位置付けられた。

○平成9年9月保健体育審議会答申では、ヘルスプロモーションの理念に基づく健康の保持増進が提言されるとともに、現代的な健康課題の解決に向けて、学校保健委員会を活性化し、家庭や地域社会との連携を強化することが求められた。

○平成20年1月中央教育審議会スポーツ・青少年分科会学校健康・安全部会「子どもの心身の健康を守り、安全・安心を確保するために学校全体としての取組を進めるための方策について」答申では、学校保健委員会について次のように述べている。

①　学校保健委員会は、学校における健康に関する課題を研究協議し、健康づくりを推進するための組織である。学校保健委員会は、校長・養護教諭・栄養教諭・学校栄養職員などの教職員、学校医、学校歯科医、学校薬剤師、保護者代表、児童生徒、地域の保健関係機関の代表などを主な委員とし、保健主事が中心となって、運営することとされている。

②　学校保健委員会については、昭和33年の学校保健法等の施行に伴う文部省の通知において、学校保健計画に規定すべき事項として位置付けられている。また、昭和47年の保健体育審議会答申においても、「学校保健委員会の設置を促進し、その運営の強化を図ることが必要である」と提言されていたが、平成17年度の学校保健委員会の設置率は、小学校81.9％、中学校78.6％、高等学校76.7％にとどまっている。また、設置されていても開催されていない学校や、年1回のみの開催が多く、充実した議論が行われていないなど質的な課題がある。

③　学校保健委員会を通じて、学校内の保健活動の中心として機能するだけではなく、学校、家庭、地域の関係機関などの連携による効果的な学校保健活動を展開することが可能となることから、その活性化を図っていくことが必要である。

　このため、学校において、学校保健委員会の位置付けを明確化し、先進的な取り組みを進めている地域の実践事例を参考にするなどして、質の向上や地域間格差の是正を図ることが必要である。

　さらに、国、及び地方公共団体において、さまざまな資料を収集したデータベースを作成し、ホームページから一括してダウンロードできる環境整備を図るとともに、学校においては適切な管理の下に活用することや、普及のために啓発資料を活用した研修会を実施するなどして、学校保健委員会の設置の推進や質の向上を図っていく必要がある。

４）学校保健委員会の現状

　現代的健康課題へ対応するために学校保健委員会の必要性が高まっており、近年、設置率（小・中・高等学校全体で93.4％）が向上している。しかし、設置されていても開催していない学校（10.8％）、開催回数が年1回（63.3％）、地域の関係機関の代表者の出席がある（21.7％）などの現状があり、今後は学校保健委員会の質の向上を図っていく必要がある。

５）学校保健委員会の構成員

　学校保健委員会を機能する委員会とするためには、構成員の充実が重要である。議題に応じて、安全関係の議題のときは、警察（駐在所の警察官等）の参加を得るなど弾力的に効果的な運営を図ることが必要である。さらに、学校におけるヘルスプロモーションを推進していくためには、子ども、保護者、地域の関係者の参画を積極的に推進していくことが重要である。

＜学校保健委員会の構成員例＞

校長、副校長、教頭、事務長、主幹教諭、教務主任、保健主事、養護教諭、生徒指導主事、進路指導主事、体育主任、学年主任、給食主任、栄養教諭（学校栄養職員）、児童生徒（保健委員、生徒会役員等）、保健部職員、学校医、学校歯科医、学校薬剤師、保護者（ＰＴＡ本部役員、保健委員等）、地域の関係機関　等

　地域社会との連携を図っていくためには、地域の資源をよく把握しておく必要がある。地域の資源としては、次のような関係機関等がある。

保健福祉関係機関（保健所、保健センター、児童相談所、精神保健福祉センター等）、公民館、児童館、青少年健全育成会、病院等の専門医、警察、消防署、相談機関、各職域の専門家（大学等）、他の小学校・中学校・高等学校　等

---

4 学校保健委員会の実施にあたっての手順とポイント

１）年間計画に位置付ける

　○ Plan-Do-Check-Action（計画―準備―実施―評価―事後活動）
　○学級（ホームルーム）活動における保健指導、教科保健、総合的な学習の時間等との関連を図る。
　○日時及び議題まで決定しておく。

２）組織の構成

＜議題に応じたメンバーの構成＞
　○校長・副校長・教頭・主幹教諭・教職員代表・児童生徒代表・保護者代表・関係機関の代表・地域の人々・指導助言者　等

３）議題

　○自校の児童生徒の健康課題や喫緊の課題等、できるだけ具体的な課題にする。

　　○議題の決定においては、児童生徒、教職員、保護者、学校医等の意見が反映できるようにする。

4）準備
＜運営案の活用＞
　　○日時・議題・ねらい・他の活動との関連・事前活動・議事の展開・事後の活動
＜児童生徒の事前活動例＞
　　○アンケートの作成、集計、分析
　　○資料の収集（インターネット、図書、インタビュー、施設訪問　等）
　　○プレゼンテーション資料の作成
　　○児童生徒保健委員会での事前協議
　　○学級（ホームルーム）活動での事前協議
　　○発表者のプレゼンテーションの練習　等
＜資料の準備＞
　　○たくさんの資料はいらない、協議に時間をかけるようにする。

5）当日の運営
　　○司会・記録・開始時間・会議時間・終了後
　　○開始時間及び終了時間は厳守する。会議の時間は1時間程度が適当である。
　　○活性化の工夫を図る。

6）学校保健委員会の事後活動例と評価
　　○職員会議における報告及び提案
　　○学校保健委員会だよりの発行（作成者：児童生徒、保護者　等）
　　○全校の児童生徒への学校保健委員会報告会（児童生徒保健委員会主催　等）
　　○学級（ホームルーム）活動における報告及び協議
　　○評価　等

【参考文献・引用】
　　『学校保健委員会マニュアル』財団法人 日本学校保健会　平成12年
　　『保健主事の手引〈三訂版〉』財団法人 日本学校保健会　平成16年
　　『保健主事のための実務ハンドブック―令和2年度改訂―』公益財団法人 日本学校保健会　令和3年

137

学校安全

第5章

　平成20年1月、中央教育審議会スポーツ・青少年分科会学校健康・安全部会は、答申において「学校は、（中略）子どもの健康や安全の確保が保障されることが不可欠の前提となる」ことや「子どもの健康と安全を確保する方策は、家庭や地域との連携の下に、効果的に実施されることが必要」であると述べ、具体的な方策の提言をした。

　この答申を受けて、平成20年6月、従来の学校保健法は学校保健安全法と改正され、学校安全について、学校設置者の責務や学校安全計画の策定、学校環境の安全の確保、危険等発生時対処要領の作成、地域の関係機関等との連携について規定し、適切な対処と必要な措置を講ずるよう努めることを求めている。

　学校生活の場においては、児童生徒は急速な心身の発育・発達上から不安定であり、バランスがとりにくく、事故に結び付きやすい。また、未知のもの、新しいものへの創造・探求・挑戦という教育目標の具現化においても、常に事故の起因性を有しており、活発な年少の多数の児童生徒が集まっているため偶発的に起こる事故は避け難いものである。しかし、死亡事故や障害が残った事故等を見ると、同じパターンの状況で、同じような原因の事故が繰り返されている。学校における安全の目的は、児童生徒や教職員等の生命や心身の安全を図り、児童生徒等が速やかに教育活動に参加できることが大切である。学校においては、発生を未然に防ぐ第一次予防の教育（リスク・マネジメント）が最も重要である。また、事件・事故等が発生した場合は、被害を最小限に止めて再発や二次災害を防ぎ（クライシス・マネジメント）、速やかに教育活動の正常化を図ることが大切である。

> 学校保健安全法（第3章学校安全）（昭和33年4月公布、平成27年6月最終改正）
> 第26条：（学校安全に関する学校の設置者の責務）
> 第27条：（児童生徒等の安全の確保を図るための、施設設備の安全点検や安全に関する指導（通学路を含む）、職員の研修その他安全に関する学校安全計画の策定と実施）
> 第28条：（学校環境（施設、設備等）の安全の確保）
> 第29条：（危険等発生時対処要領の作成等）
> 第30条：（地域の関係機関等との連携）

1 学校安全計画の策定等：学校保健安全法第27条

　学校においては、児童生徒等の安全の確保を図るため、安全に関する事項について計画を策定し、これを実施しなければならないと規定されている。また、学校安全計画の内容については、原則として保護者等の関係者に周知をするものとされた。概要は次のとおりである。（「5 事故を未然に防ぐために」参照）

○学校の施設、設備の安全点検
○通学を含めた学校生活その他の日常生活に関する安全指導
○職員の研修その他学校における安全に関する事項
○危険等発生時対処要領の作成（法29条）が義務づけられており、学校防災マニュアルもその一部として作成が求められている（2012年）。

2 学校における救急対応

　事故発生に際しては、その場にいる人が救急処置を担うことになるが、その次の処置をいかに迅速に進めることができるかが生死を分けることもある。初期の救急対応、教職員の連携、救急車の手配、医療機関への搬送、保護者への連絡、必要に応じた関係機関への連絡等、校内体制をフルに活用して短時間に的確に対応しなければならない。このためには、平常から事故発生の場合や地震等緊急を要する場合の対応について、教職員、児童生徒、保護者、地域住民も含めて周知徹底しておくことが必要である。

　一方、学校は、地震や風水害他の不時の事故発生に際しては、児童生徒の安全確保とともに、地域住民の安全を担っている場合も多く（阪神淡路大地震の例、いっとき避難場所の指定等）、総合的な防災体制を確立する必要がある。体制確立にあたっては、地域住民との共通理解や関係機関との連携が大切なことは言うまでもない。

1）通常の取り組み

(1) 学校としての体制の組織化を図り、教職員が各自の役割を確認する。

(2) 児童生徒に対して、予防（安全）教育を実施する。
　　○運動や遊びにおける安全の必要性と指導。
　　○防災教育（防災の必要、訓練〜避難、下校、その他）。

(3) 教職員研修会実施等により、安全管理の周知・徹底を図る。
　　○安全・防災に関する研修。
　　○施設設備の安全管理の必要性と実際の点検。

(4) 救急時の対応等について、児童生徒への指導とともに保護者や学校周辺地域の住民と連携を図る。
　　○災害時（台風、地震等）の対応・備えの必要性と実際（模擬訓練等）。

2）事故発生時の取り組み

　けが、食中毒、熱中症、光化学オキシダント、ガス中毒、火災等。

(1) 事故発生時の救急体制

(2) 救急時の対応について：報告、連絡、記録、相談、事後措置が大切。
　　○被害者や家族の気持ちに配慮し、誠意をもって対応すること。
　　○生命を優先した対処、人権尊重の対応が大切。
　　○的確な状況判断と正確な記録、事実の確認を早急に行うこと。
　　○2次災害の防止に努めること。
　　○具体的な対応：救急車の頼み方。

(3) 事後の対応
　①事故報告は速やかに行うこと。
　　○事故発生から経過、終了まで客観的事実（含事故原因）に基づき行うこと。
　　○窓口（情報）の一元化。
　②医療費、障害見舞い金等の給付手続きは誠意を持って迅速に対応する。
　③回復のための支援。
　　○被害者・家族に対して、心身の両面から支援を充実する。
　　○児童生徒等が加害者の場合には、（加害者に対する）心のケアも必要である。
　④事故の再発を防ぐために、安全管理、安全教育を推進する。
　　○自校の事例の分析検討により今後に生かす。
　　○他の事故事例から学ぶ。
　　○授業や学校行事、施設設備の点検等日常の安全管理に留意する。
　　○安全教育の充実を図る。

3）地震、風水害等への危機管理

　地震、風水害等の発生により学校・地域への被害があった場合、児童生徒や教職員の避難等に加え、学校が地域住民の避難場所として機能することが多い。平常から防災体制の一環として、児童生徒の安全管理とともに、地域住民への対応を組み入れた学校防災マニュアル（危機管理対処要領のひとつ）を作成しておくことが大切である。

（1）児童生徒への対応：安全確保

　保護者への連絡（複数の連絡先）、下校方法（交通機関、徒歩、集団下校他）、学校残留の可否・希望等を平常時に確認しておく。

（2）地域の住民への対応

　　　○開かれた学校としての役割：いっとき避難場所として（使用教室、飲料水・食品の確保等）
　　　○自治体と協議して確認した事項を地域住民にも周知徹底しておく。

（3）教職員の役割分担等：緊急時の出勤の可否

　校内体制の確立と役割分担の確認、状況に応じた柔軟な対応を共通理解しておく。

参考：クラッシュ症候群（圧挫症候群）

　地震、水害、交通事故、ガス中毒等による広範な筋組織の圧潰または挫滅等により起こるさまざまな病的状態をいう。症候としては、(1) 長時間倒壊建物や土砂、岩等により圧挫状態にあった人が救出された際に罹る急性循環障害　(2) 下半身等（特に脚）の筋肉の広範囲な損傷による腎機能不全（急激な乏尿や無尿等）　(3) 筋挫傷等による高カリウム血症によりおこる意識障害、不整脈、心停止がある。事故救出前の輸液や投薬、発症時の輸液、乏尿・無尿期の透析療法が用いられる。阪神大震災での発症時、救命につながらなかったことから、災害時の現場医療チームづくりの取り組みが全国で進んでおり、DMAT* と呼ばれている。JR福知山線の脱線事故や羽越線の脱線事故の救命で周知されるようになった。

　　　　　　　　　　　　　　　　　　　　　　　　* DMAT : Disaster Medical Assistance Team

参考：朝日新聞（2005年5月26日）
「南山堂医学大辞典」南山堂（2006年）

---

3 学校の管理下の事故・災害

1）学校の管理下における災害に関する共済給付

　災害共済給付は、学校の管理下における災害に起因する負傷・疾病にかかわる医療費、障害が残った場合の障害見舞金、また死亡した場合の死亡見舞金を給付するもので、独立行政法人 日本スポーツ振興センターへの加入の同意と保護者の掛金負担が必要となる。（（　　）内は、沖縄県における共済掛金）

*共済掛金額　　　義務教育諸学校：920円（460円）
（一般児童生徒等）　　　　　　　　　保護者負担4割〜6割
　　　　　　　　高等学校全日制：2,150円（1,075円）
　　　　　　　　　　　　　　　　　保護者負担6割〜9割
*免責特約　　　上記の額に1人当たり15円加える　　　　　　　　　　　　（令和5年度現在）

2）「独立行政法人日本スポーツ振興センター法」（平成14年公布、令和2年12月最終改正）

（センターの目的）

第3条　独立行政法人日本スポーツ振興センター（以下「センター」という。）は、スポーツの振興及び児童、生徒、学生又は幼児（以下「児童生徒等」という。）の健康の保持増進を図るため、その設置するスポーツ施設の適切かつ効率的な運営、スポーツの振興のために必要な援助、小学校、中学校、義務教育学校、高等学校、中等教育学校、高等専門学校、特別支援学校、幼稚園、幼保連携型認定こども園又は専修学校（高等課程に係るものに限る。）（第15条第1項第八号を除き、以下「学校」と総称する。）

の管理下における児童生徒等の災害に関する必要な給付その他スポーツ及び児童生徒等の健康の保持増進に関する調査研究並びに資料の収集及び提供等を行い、もって国民の心身の健全な発達に寄与することを目的とする。

3）支給の範囲

　学校の管理下で発生した事故による負傷と、給食による中毒その他の疾病（ガス中毒、溺水、熱中症、うるし等による皮膚炎等）の医療費と、これらの負傷疾病のため障害が残った時の見舞金および死亡見舞金が給付される。学校の管理下とは次の場合である。

(1) 学校が編成した教育課程に基づく授業を受けている場合（保育所等における保育中を含みます）。
(2) 学校の教育計画に基づく課外指導を受けている場合。
(3) 休憩時間に学校にある場合、その他校長の指示または承認に基づいて学校にある場合。
(4) 通常の経路及び方法により通学する場合（保育所等への登園・降園を含みます）。
(5) 学校外で授業等が行われるとき、その場所、集合・解散場所と住居・寄宿舎との間の合理的な経路、方法による往復中。
(6) 学校の寄宿舎にあるとき。

4）給付金額

(1) 医　療　費：その原因である事由が学校の管理下で生じたもので、療養に要する費用が5,000円以上の場合、医療保険並の療養に要する費用の額の4／10が支給される。
(2) 障害見舞金：学校の管理下の負傷及び疾病が治った後に残った障害で、その程度により第1級から第14級に区分される（4,000万円〜88万円）（通学（園）中の災害の場合2,000万円〜44万円）。
(3) 死亡見舞金：学校の管理下において発生した事件に起因する死亡及び疾病に直接起因する死亡、突然死の場合支給される（3,000万円〜1,500万円）。

5）学校の管理下における負傷・疾病、障害及び死亡の共済給付について

(1) 学校種別の給付状況（令和4年度）

学校種別		医療費(負傷・疾病) 給付件数（件）	障害見舞金 給付件数（件）	死亡見舞金 給付件数（件）	計 給付件数（件）
小学校		445,423	34	8	445,465
中学校		481,800	51	10	481,861
高等学校	全日制	538,187	150	19	538,356
	定時制	4,207	5	1	4,213
	通信制	2,600	10	1	2,611
高等専門学校		4,196	1	1	4,198
幼稚園		21,436	1	0	21,437
幼保連携型認定子ども園		23,813	1	0	23,814
保育所等		55,480	6	1	55,487
計		1,577,142	259	41	1,577,442

（注）障害の件数は、傷病が治ゆ・症状固定したときに在籍していた学校種別で集計している。

　　出典：「令和4年度災害共済給付状況」独立行政法人日本スポーツ振興センター
　　　　　（https://www.jpnsport.go.jp/anzen/Portals/0/anzen/kyufu_1/pdf/R4_kyufu.pdf）より作成

参考　独立行政法人日本スポーツ振興センターに対する医療費等の請求について

　医療費等の給付を受けるためには、いろいろな証明を添付した「災害報告書」の提出が必要であり、申請の手続きは各学校で行うことになる。

　医療費の給付内容は、障害の程度による見舞金、治療用装具の費用など多岐にわたる場合もあるので、本人、保護者が手続きについて理解できたかの確認も必要である。誠意を持って対応し、迅速な手続きを行うことが大切である。

　次頁の「保護者へのお知らせ」は、医療費等の申請に関する説明例である。

参考資料１：災害報告書

出典：独立行政法人日本スポーツ振興センター（学校安全Web）
　　　（https://www.jpnsport.go.jp/anzen/Portals/0/anzen/kyosai/pdf/14_R3_saigaihoukokusyo_yousiki1-1.pdf）

参考資料２：保護者へのお知らせ（例）

令和○年○月○日

_____さんの保護者の方へ

○○学校

独立行政法人日本スポーツ振興センターの災害給付について

　独立行政法人日本スポーツ振興センターの災害給付は、学校の管理下で発生した事故による負傷等（法令で定めのある疾病）の医療費，これらの負傷または疾病が治った後に障害が残ったときの障害見舞金等が保護者の皆様に支払われる制度です。この制度は市町村等の医療費減免より優先して適用されますので窓口での自己負担をお願いいたします。

　その申請は学校が行いますが、申請に必要な証明書類（センター所定の用紙に、医師等の証明をいただくもの）等については、保護者の方に用意していただくことになります。本校の担当は、養護教諭○○になりますので、不明な点等がある場合はお尋ねください。

請求に必要な書類

（　　）「医療等の状況」　……治療を受けた医療機関等で証明してもらう。
（　　）「調剤報酬明細書」　……医師の処方箋に基づき、薬を処方された薬局で証明してもらう。
（　　）「高額療養状況の届け」…１か月の医療費が7,000点（70,000円）以上の請求の場合
　　　　　　　　　　　　　　　必要になります。
（　　）「その他の書類」　……「　　　　　　　　　　　　　　　　　　　」
※病院等へ用紙を持参しても、その場で書いていただけない場合が多いので、受け取りにつきましては、医師にご相談ください。

請求にあたっての諸注意

1　災害給付金は申請をしないと出ません。書類をそろえ確実に手続きしてください。
2　災害給付を受ける権利は、その給付事由が生じた日から２年間行わないときは時効によって消滅します。
3　損害賠償を受けたときや他の法令の規定による給付等を受けたときは、その受けた価格の限度において、給付を行わない場合があります。
4　同一の災害の傷病についての医療費の支給は、初診から最長10年間行われます。
5　治療が継続中に、進学や転校等がある場合は、学校間で引き継ぎの手続きが必要になりますので、早めにお知らせください。

給付を受ける手続き

　必要書類を揃え、翌月の10日までに担当者（○○）にご提出ください。10日以降に提出されたものについては翌々月の処理になります。

　この給付金は、本人の請求がないと支払われませんので、ご注意ください。なお，6か月たっても給付がない場合、何らかのトラブルが予想されますので、ご連絡ください。

※ご不明な点その他ありましたらお気軽に担当者（○○）までお問い合わせください。

143

（2）災害発生の場合別状況

　令和4年度の災害共済給付の対象になった災害発生件数は、前年度に比べ、やや減少している。令和4年度の報告事例で件数の多い場合を学校種別に見てみると次のとおりである。

●小学校
　〔障害〕休憩時間（50.00％）、各教科・道徳（29.41％）、通学（8.82％）
　〔死亡〕休憩時間（50.00％）、各教科・道徳（25.00％）、学校行事（12.5％）、課外指導（12.5％）

●中学校
　〔障害〕課外指導（33.33％）、各教科・道徳（27.45％）、休憩時間（17.65％）
　〔死亡〕休憩時間（70.00％）、学校行事（10.00％）、通学（10.00％）、行事外の特別活動（10.00％）

●高等学校
　〔障害〕課外指導（49.09％）、各教科・道徳（23.64％）、休憩時間（9.70％）
　〔死亡〕課外指導（38.10％）、各教科・道徳（14.29％）、休憩時間（14.29％）

　出典：「令和4年度災害共済給付状況」独立行政法人日本スポーツ振興センター
（https://www.jpnsport.go.jp/anzen/Portals/0/anzen/kyufu_1/pdf/R4_kyufu.pdf）より作成

　以上から、小学校の場合は、休憩時間の過ごし方や事故防止のための安全教育を各学年に応じて徹底することが大切である。中学校や高等学校の場合、課外指導（体育的部活動）の実施時や休憩時間に事故が多く発生していることから、事故防止のための安全指導・安全管理が必要である。

　また、いずれの校種についても、休憩時間または課外指導中における突然死が報告されており、平常から児童生徒に対する健康管理・指導を行うとともに、当日の健康状態に十分な注意をはらうことが大切である。

4 施設設備の安全管理

　学校保健安全法において、学校環境の安全の確保（第28条）の必要性が規定されているように、学校においては、児童生徒等の安全の確保を図るために、日常の点検と安全管理、年間で実施する大規模な点検修理等が必要である。

（1）安全管理責任者の確認
（2）安全管理の必要性の周知徹底
（3）安全点検表の作成・点検・故障箇所の修理の手配（担当者への連絡等）
　　運動具、遊具、樹木、飲料水（高架水槽、地下水槽）、プール、給食設備、薬品管理、実習や実験を伴う特別教室の実験器具や設備等
（4）安全管理関係の教職員等
　　ビル管理者、産業医、衛生管理者、労働安全衛生委員（会）

5 事故を未然に防ぐために

　児童生徒の安全に配慮し、学習環境を守るためには、事故発生時の対策も必要であるが、それ以上に平常時はいうまでもなく、特殊な環境下に置かれた場合でも、事故を未然に防ぐ方策を検討しておくことが大切である。そのためには、特定の教職員に任せるのではなく、全教職員による（事故防止の）取り組みが望まれる。学校の教育活動の質の高さは、日常の学校安全・危機管理体制の充実に支えられている。学校の安全対策はどのように緻密に構築しつづけても万全ということはない。

　学校においては、学校保健安全法第27条による学校安全計画を策定し、下記の事項を各学年に応じて指導できるよう図ることが大切である。

1）児童生徒の安全確保のための方策（特に人の出入りに関して）（資料参照、155頁）
2）施設設備の点検、手入れ、故障箇所の修理の手配
　壊れかけている施設や危険な箇所がないか巡回・点検を実施する。

3）救急車や消防車の進入路の確認

校舎昇降口や保健室、体育館、校庭等への救急車等の進入路が確保されていない場合は、早急に対策を講じて（行政への要請等）環境整備に努めることが必要である。

4）使用エリアの確認（安全か、無理はないか等）

複数の運動部が同時にグラウンドを使用する場合や、他の運動・遊具等との間隔の安全は保たれているか等を確認し、特定の遊具への集中等について安全指導する。

5）休み時間等の運動・遊具等の使用状況

(1) 運動具・遊具等の正しい使用方法や注意事項について指導する。

(2) 教職員の目の届かない場所（校舎裏等）での遊びなどに対して指導する。

6）安全教育の実施

(1) 予防や救急処置、安全の確保のための講習会等

児童生徒、運動部員、教職員、ＰＴＡ、地域の関係機関等。

(2) 運動部活動のメニューの点検・指導

繰り返すけが、同一クラブの同一内容の多数のけが人発生などの場合、部員や顧問とともに活動メニューを点検・修正し、状況改善を図る。また、近年の気候変動等により暑熱環境が悪化し、運動部活動における熱中症事故の防止等、安全確保に向けた対策を周知することが大切である。

(3) 経年的・計画的な安全教育の実施

命の大切さ、スポーツを楽しむ、生活全般の安全を図ること（環境も含めて）、通学時の安全確保等の必要性等を包括した経年的・計画的な安全教育を実施する。

(4) 地域の関係機関等との連携（打ち合わせの会合等）

6 事件・事故及び災害時の心のケア

1）事件・事故及び災害時の心のケア

かつてない規模の東日本大震災が、平成23年3月11日（14時46分）に三陸沖の海底を震源として発生した。阪神淡路大震災をはるかに上回るマグニチュード9.0を記録し、地震と大津波によって壊滅的な被害を受けた。死者・行方不明合わせて約2万人、さらに、津波による福島第一原子力発電所事故が発生し、広域にわたる放射能汚染という最悪の事態となった。多くの命が奪われ、これまで築き上げてきた生活の基盤を喪失させた大震災は、人々の心に大きな傷跡を残し、心のケアが重要な課題となっている。

トラウマの概念が広く日本で一般的に認知されるようになったのは、阪神淡路大震災の体験などからであり、その体験がその後の自然災害や事件・事故発生時（以下、災害等という）においても教訓となって生かされているが、危険等発生時対処要領（危機管理マニュアル）に心のケアが位置付いていない学校も少なからずあるのが現状である。だれもが予想していなかったこの大震災の教訓を生かし、心のケアに関する基本的理解を深め、各学校での組織体制づくりを確立していくことが大切である。

2）災害等における子どもの心のケアの意義

災害等に遭遇し、家族や友人、家を失うなど、生命にかかわる強い恐怖や衝撃を受けた場合、不安や不眠などのストレス症状が現れることが多い。こうした反応はだれでも起こり得ることであり、時間の経過とともに薄らいでいくものであるが、場合によっては長引き、生活に支障をきたすなどして、その後の成長や発達に大きな障害となることもある。そのため、日ごろから子どもの健康観察を徹底し、情報の共有を図るなどして早期発見に努め、適切な対応と支援を行うことが必要である。

3）災害等の発生時における心のケアの基本的理解

災害等の発生時に心のケアを適切に行うためには、子どもに現れるストレス症状の特徴や基本的な対応方法を理解しておくことが必要である。

① 災害等の発生時における子どものストレス症状の特徴

　　災害等に遭遇すると、恐怖や喪失体験などの心理的ストレスによって、心の症状だけでなく身体の症状も現れやすいことが子どもの特徴である。また、症状は心理的ストレスの種類・内容、ストレスを受けてからの時期によって変化する。そのようなストレス症状には、情緒不安定、体調不良、睡眠障害など年齢を問わず見られる症状と、発達段階によって異なる症状が含まれる。

ア　幼稚園から小学校低学年

　　腹痛、嘔吐、食欲不振、頭痛などの身体症状が現れやすく、それら以外にも興奮、混乱などの情緒不安定や、行動上の異変（落ち着きがなくなる、理由なくほかの子どもの持ち物を隠す等）などの症状が出現しやすい。

イ　小学校の高学年以降（中学校、高等学校を含む）

　　身体症状（頭痛、腹痛、食欲不振等）とともに、元気がなくなってひきこもりがちになる（うつ状態）、ささいなことで驚く、夜間に何度も目覚める、集中できない、イライラするなどの症状が目立つようになり、大人と同じような症状が現れやすくなる。

　　災害等における子どものストレス反応はだれにでも起こり得ることであり、ストレスが強くない場合には、心身に現れる症状は悪化せず数日以内で消失することが多いが、激しいストレスにさらされた場合は、心的外傷後ストレス障害などの疾患を発症することがある。

② 心的外傷後ストレス障害（Posttraumatic Stress Disorder　通称 PTSD：以下、PTSD という）

　　災害等に遭遇すると、恐怖や喪失体験などにより心に傷を受け、そのときのできごとを繰り返し思い出す、遊びの中で再現しようとするなどの症状に加え、情緒不安定や睡眠障害などが現れ、生活に大きな支障をきたすことがある。ほとんどは、時間の経過とともに薄れて行くが、この状態が1か月（4週間）以上長引く場合を PTSD という。

ＰＴＳＤの三大症状

　　災害等に遭遇した後に現れることが多い反応や症状には、不安感、絶望感、ひきこもり、頭痛、腹痛、食欲不振などがある。そのほとんどは、数週間以内で軽快すると言われているが、ＰＴＳＤは、原因となるできごとが起こってから1か月経過しても、次の症状が見られるのが特徴である。

---

① 持続的な再体験
・体験したできごとを繰り返し思い出し、悪夢を見たりする。
・体験したできごとが目の前で起きているかのような生々しい感覚がよみがえる（フラッシュバック）。等
② 体験を連想させるものからの回避や感情が麻痺したような症状
・体験したことと関係するような話題などを避けようとする。
・体験したできごとを思い出せない。
・人や物事への関心が薄らぎ、周囲と疎遠になる。等
③ 感情・緊張が高まる
・よく眠れない、イライラする、怒りっぽくなる、落ち着かない。
・物事に集中できない、極端な警戒心を持つ、ささいなことで驚く。等

※小学校低学年頃までの子どもは、自分が体験したストレスを言葉などでうまく表現できず、自分の好きな人形やグッズを離そうとしない、ままごとで自分の体験したことを表現するなどの行動となって現れることがある。

※いじめ、性的被害などの体験は、多くの場合、自分から語ろうとしない。

　　そのほかにも、さまざまな症状が現れるので、適切な対応を行い心配な症状や様子が見られたら、

早期に医療機関等との連携を図り、ＰＴＳＤの予防と早期発見を図ることが大切である。

③　健康観察のポイント

　　子どもは、自分の気持ちを自覚していないことや、言葉でうまく表現できないことが多く、心の問題が行動や態度の変化、頭痛・腹痛などの身体症状となって現れることが多いため、きめ細かな観察が必要である。危機発生時の心身の健康観察のポイントとして、次のようなことが考えられる。

＜子どもに現れやすいストレス症状の健康観察のポイント＞

体の健康状態	心の健康状態
・食欲の異常（拒食・過食）はないか ・睡眠はとれているか ・吐き気、嘔吐が続いていないか ・下痢、便秘が続いていないか ・頭痛が持続していないか ・尿の回数が異常に増えていないか ・体がだるくないか	・心理的退行現象（幼児返り）が現れていないか ・落ち着きのなさ（多弁・多動）はないか ・イライラ、ビクビクしていないか ・攻撃的、乱暴になっていないか ・元気がなく、ぼんやりしていないか ・孤立や閉じこもりはないか ・無表情になっていないか

　　自然災害などによるPTSDは、最初は症状が目立たないケースや被災直後の症状が一度軽減した後の６か月後に発症するケースもある。このため、被災後の健康観察はなるべく長期にわたって実施することが必要である。健康観察などで、子どもが出しているサインを見逃さないように努めることが大切である。

４）災害時における子どもの心のケアの進め方

　　災害が多発しており、子どもの安全確保と心のケアが重要な課題となっている中、学校保健法の一部改正が行われた。名称も学校保健安全法（平成21年４月施行）と改称され学校保健・安全の充実が図られた。安全については、新たに安全の章が設けられ、危険等発生時対処要領の作成や子どものみならず教職員・保護者等に対する心のケアに関する規定も盛り込まれたところである。

　　学校全体で心のケアを進めるには、日ごろから心のケアを各学校の危機管理マニュアルに位置付け、具体的にその内容が記載されていることが求められる。

　　災害時の子どもの心のケアに関する主な取り組み事項としては、次のようなことが挙げられる。

(1) 子どもの被災状況の把握（安否確認等）
(2) 子どもの心身の健康状態に関する教職員間の情報の共有
(3) 必要に応じて家庭訪問や避難所訪問
(4) 心のケアに向けた校内体制づくり・役割分担の確認
(5) 心のケアへの対応方針の決定と推進計画の作成（中・長期的計画）
(6) 地域の関係機関等（学校、教育委員会、医療機関等）との協力体制の確立
(7) 緊急支援チーム・ボランティア等の受け入れの検討
(8) 報道関係機関への対応
(9) 障害（自閉症等）や慢性疾患のある子どもへの個別対応
(10) 教職員や保護者等に対する心のケアに関する啓発資料の提供
(11) 健康観察の強化（学校・家庭）
(12) 臨時の健康診断の実施
(13) 臨時の学校環境衛生検査の実施
(14) 心のケアに関する校内・外における研修会の実施
(15) 健康相談希望調査
(16) 心身の健康にかかわる調査

（17）健康相談の実施

（18）個別及び学級活動等における保健指導（ストレスマネジメント等）の実施

（19）学校医・学校歯科医・学校薬剤師との連携

（20）医療機関・相談機関等の紹介

（21）スクールカウンセラー・心の相談員等との連携

（22）保護者や地域住民等との連携

（23）転校・転入生の子どもの心のケアへの配慮

（24）感染症の予防対策　　等

5）心のケアに関する危機管理上の留意点

　災害等の発生時に求められる心のケアは、その種類や内容により異なるが、心のケアにかかわる基本的な留意点としては、次の事項が挙げられる。

①　災害発生時などの場合は、迅速に安否確認や心身の健康状態の把握を行う。

・学校管理下（授業中、休憩時間、放課後、学校行事等）、休日、夜間などに発生した災害などでも、子ども、保護者、教職員の安否や所在等を確認できるよう事前に連絡方法を確認しておく（連絡網の整備）。

・子どもの心のケアにあたり、その家族・友人・関係者の安否や被災状況についてもできる限り把握しておくことが重要である。

②　特に、災害の場合には、まず子どもに安心感や安全感を取り戻させることが大切であることから、ライフラインの復旧を優先し、できるだけ早期に平常時の生活に戻すことが大切である。

③　子どもの命にかかわるできごとへの対応は、迅速に適切な救命処置を行う。

・対応にあたっては、子どもたちに動揺や風評が広まることのないようにする。子どもや保護者への情報の伝え方（いつ・だれが・だれに・何を）については、教職員間で共通理解を図った上で行う。

・被害を受けた子どもの保護者へは、正確な情報提供（発生状況、健康被害状況、病院への搬送等）が、速やかに行えるように日頃から体制を整えておく。

④　二次被害の防止を図る。

・災害時には、地域に多くの人が出入りするので登下校時の安全確保が重要となる。子どもが犯罪（性被害等）に巻き込まれやすい環境が生じることから保護者や地域住民、警察等と連携して登下校時の安全確保を図ることが大切である。

・風評被害などで、再び心を傷つけられないようにする。

⑤　災害等の内容によっては、心のケアの前提として体（命）を守るための対応が不可欠となる。例えば女子生徒が性被害を受けた場合、感染症及び産科的リスクの回避や外傷の有無確認が必要な場合もあるので、状況に応じて医療機関を受診させる。また、他の子どもの安全を確保するための措置と被害者のプライバシー保護の両方に配慮した対応が求められる。

⑥　災害等の内容によっては法的事項を踏まえた対応が求められる。例えば、性的被害のケースでは、心のケアと併せて事件にどう対処するか判断する上で法的事項の確認が必要となる。

⑦　障害や慢性疾患のある子どもの場合、災害等の発生時には、平常時の状況に比べさまざまな困難がある状況になっている。例えば、日常生活上の介助や支援が不足したり、必要な情報が伝わらないなどの不安をかかえていることも多い。そのため、これらの不安への配慮や障害特性及び症状の悪化に対する十分な配慮が必要となる。

⑧　質問紙調査の実施の有無の判断にあたっては、学校内の状況を見極めた上で校長を中心に教職員間で十分検討を行う。事件・事故、災害のいずれの場合においても、子どもへの影響を考慮し、専門家を交えて検討することが大切である（子どもがチェックリストを実施するまでは意識していなかったことを想起する可能性もあることを意識しておく）。

　東日本大震災では、子どもが学校にいる時間帯に発生したことが、近年発生した地震災害との相違点の一つといえる。被災地の学校では、停電により放送が使えず、職員が肉声で子どもを避難させたことや、テレビのニュースが見られないなど正確な情報が得にくい中、情報を集め適切な判断を下す難しさ、学校自体が津波にのみこまれる危機が迫っている中での「緊急時の名簿等」の持ち出しの難しさとその重要性など、学校管理下で起きたこの体験から学んだことも多く聞かれた。さらに、防災教育や防災訓練が生かされた学校も多く、日ごろからの取り組みがいかに重要であるかがわかる。これらの教訓を今後の災害対策に生かすことが大切である。

6）ストレス症状のある子どもへの対応

　災害等の発生時におけるストレス症状のある子どもへの対応は、基本的には平常時と同じである。すなわち、健康観察等により速やかに子どもの異変に気付き、問題の性質（「早急な対応が必要かどうか」、「医療を要するかどうか」等）を見極め、必要に応じて保護者や主治医等と連携を密に取り、学級担任や養護教諭をはじめ、校内組織（教育相談部等）と連携して組織的に支援にあたることである。

　健康観察では、災害等の発生時における子どものストレス症状の特徴を踏まえた上で、全職員で健康観察を行い、子どもが示す心身のサインを見過ごさないようにすることが重要である。そのため、養護教諭は、教職員や保護者等に健康観察のポイントについて資料提供などをして啓発しておくことが大切である。

① 　ストレス症状を示す子どもに対しては、普段と変わらない接し方を基本とし、優しく穏やかな声かけをするなど本人に安心感を与えるようにする。

② 　普段と変わらない環境で安心して学校生活を送れるようにすることで、落ち着きと安全感を取り戻させるようにする。

③ 　子どもが自ら心配して訴えるときには、時間をとって子どもの話を十分聞けるようにする（子どもの話をよく聞く）。

④ 　ストレスを受けたときに症状が現れるのは普通であることや、症状は必ず和らいで行くことを本人に伝え、一人で悩んだり孤独感を持たずに済むように、信頼できる人に相談したり、コミュニケーションをとることを勧める。

⑤ 　甘えや赤ちゃん返りをするようになっても、受け入れて安心できるようにする。怖がるときは、抱きしめる、一緒に寝るなどして身体的接触を通して不安感を少しでも取り除く。

⑥ 　勉強に集中できなくとも、しばらくは静観する。

⑦ 　子どもが努力したことをしっかりほめて、自信をもたせる。

⑧ 　子どもがいやがることはしない。

⑨ 　子どもに何か気になる行動や情緒反応が認められても、子ども自身が心配していなければその問題を積極的に取りあげない。

⑩ 　ひきこもりや反抗的な行動に対しては、学校と家庭が協力して長期的に支援する。

⑪ 　保護者に対しては、ストレス症状や対応方法についての知識をほけんだよりや保護者会等で啓発するとともに、学校と家庭での様子が大きく異なることがあるため、家庭での様子調査などを行い緊密に連絡を取り合う。

⑫ 　症状から急性ストレス障害（ASD）＊やPTSDが疑われる場合には、児童精神科医などの専門医へ受診させる。

　・学校医等の関係者と相談の上、受診の勧めを行い、専門医を紹介するなど適切な支援を行う。ASDやPTSDと診断された場合は、専門医との連携が不可欠となる。

　・ASDやPTSDを発症した子どもは、自分は特殊で異常であると一人で悩んだり、自分の努力不足であると誤って自分を責めたりすることが多い。このため、保護者や子どもに、ショックの後にだれでも起こり得る症状であることを説明し、安心感を与えるようにする。

⑬ 　遊びや運動の機会を増やし、学校、家庭、地域社会での人間関係を良好にする。

＊強いストレスを受けた後、1か月（4週間）以内でPTSDの症状が続いた場合をASDと呼ぶ。

7）教職員、保護者の心のケアへの対応

　自然災害では、子どもや保護者のみならず同時に多くの教職員が被災している。教職員も両親や家族、友人を亡くしたり、家を喪失したりして、大きなストレスを受けている中で、子どもの心のケアにあたっていることが多い。子どもの心の回復には、子どもが安心できる環境が不可欠であり、それには、周りの大人の心の安定が大切である。第一線で子どもの心のケアにあたる教職員のメンタルヘルスにも十分な配慮を払うことが重要である。具体的には、管理職は、教職員の被災状況を十分把握し、「医療機関等の紹介」、「学年等の校内における協力体制づくり」、「外部からの支援体制づくり」など支え合える仲間づくりをする。さらに、教職員が情報を共有できる時間を設定（例：放課後の一定の時間に毎日実施等）し、お互いに語り合い共感できる時間をつくるなどして、教職員の心のケアにあたることが大切である。

　保護者も同様であり、被災状況を考慮した対応や日ごろからの信頼関係づくりなどが重要である。

8）障害のある子どもの心のケア

(1) 障害のある子どもの理解

　災害等における心のケアはすべての子どもに必要であるが、特に障害のある子どもに対しては、それぞれの障害に応じた配慮が必要となる。思いがけない災害等への遭遇や、日常生活の急激な変化によって、①体調不良を起こす、②障害による困難さが強く現れる、③病気が重症化する、④行動面の不適応が増加するなどが見られる。日ごろから、①障害特性をよく理解して支援する、②心身や行動面に現れるストレス症状を理解しておく、③防災訓練や防災教育を地域の関係機関等と協力して実施するなどして、適切な支援が行えるように備えておくことが大切である。

(2) 心身や行動面に現れるストレス症状

①　身体面への現れ：発熱、嘔吐、けいれん等を起こしやすい。

②　心理・行動面への現れ：パニックを起こす、落ち着きがない、興奮しやすい、奇声、独り言が増える、確認癖、こだわりが増える、活動性の低下、無気力、ボーッとしている、できていたことができなくなる（赤ちゃん返り）、自傷行為、他傷行為、基本的生活習慣や生活リズムが崩れる（拒食、過食、不眠、夜間の徘徊、排泄の失敗等）。　等

(3) 一般的な対応方法

①　身体症状が出ている場合は、早めに医療機関の受診を勧める。

②　心理や行動面の不調は、一時的なもので治まることも多いが、症状が強かったり、長引いたり、徐々にひどくなったりするようであれば、保護者に状態を話して、日ごろ利用している医療機関や相談機関への相談を勧める。

③　薬が処方されている場合は継続しての服薬が必要。薬が切れて慌てることのないように、早めの受診を勧める。てんかんなどの持病がある場合、平常時より悪化しやすい場合があるので、いつもと異なる様子が見られたら早期に対応することが大切である。

④　自閉症の子どもは、こだわりが強いため、スケジュールの変更や場所が変わると落ち着きがなくなり不安になる。また、さまざまな場面を想像することが苦手であるため、危険を予測することが難しく、災害の怖さや避難所の必要性がわからない。そのため、心のケアを考える際には、これらの不安等への配慮や、障害特性及び症状の悪化に対する十分な配慮をする。具体的な留意点は次の通りである。

　ア　コミュニケーションの困難さにより、困っていることが伝えられない、声をかけられても反応しないことなどがあるので安否確認のときは留意が必要。

　　イ　感覚に鈍麻や過敏がある場合、痛みに鈍感であるためにけがをしていても気がつかなかったり、大きな声などにおびえやすかったりするので、注意が必要である。

　　ウ　対人関係の困難さがあるため、集団生活になじめないので避難所生活にも支援が必要である。地域によっては、障害者のための福祉避難所を設けているところもあるので、確認しておく。

　　エ　日ごろの備えとして、身分証を常に持たせておく、「助けて」といえるようにしておく、並んで待つことができるようにしておく、などについて訓練をしておく。等

参考資料３：

〈資料－１：新潟中越沖地震の被災地域の学校を対象とした調査結果〉

(1) 新潟中越沖地震：平成19年７月16日発生、最大震度６強及び５弱以上、直下型地震、死者15人、負傷者2,345人

(2) 調査月日：平成20年８月

(3) 調査対象：小・中・中等・高校・特別支援学校合わせて323校 、校長、担任、養護教諭

(4) 調査結果：（一部抜粋）

【組織的な取り組みの中での養護教諭の活動】

①児童生徒への心のケアに関して実施したこと（すべて）（％）

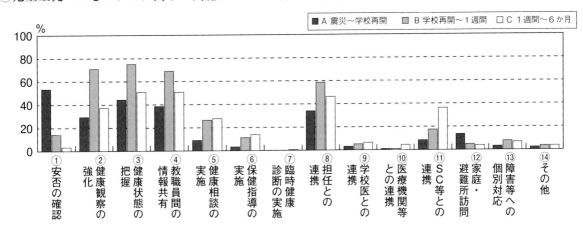

②児童生徒への心のケアに関して実施したことの中で特に役立ったこと（５項目以内）（％）

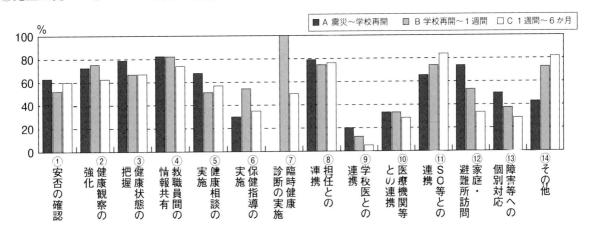

＊各項目の母数に差異があることから、比較検討するにあたっては同項目の実施率と比較のこと。

出典：「子どもの心のケアのために」文部科学省（https://www.mext.go.jp/a_menu/kenko/hoken/1297484.htm）（平成22年）より

○養護教諭の調査結果

　　Aの期間（震災から学校再開まで）に実施率が高かったのは、「安否確認」、「健康状態の把握」、「教

職員間の情報共有」、「担任との連携」、「健康観察の強化」などで、「安否確認」を中心に、教職員と連携して「心身の健康状態の把握」に当たっていた。震災後休校した学校では、家庭訪問を実施している養護教諭が多く、特に役立ったと回答している割合も高かった。養護教諭による家庭・避難所訪問は安否確認とともに専門的な立場から生活環境も含めた健康観察や、子どもと保護者への指導も行えることから、心のケアに有効である。

　Ａ／Ｂ／Ｃの期間共通して実施率が高い事項は、「健康状態の把握」、「教職員間の情報共有」、「健康観察の強化」、「担任との連携」などで、いずれもＢの期間がもっとも実施率が高かった。Ｃの期間になると「ＳＣ（スクールカウンセラー）等との連携」、「健康相談」の実施率が増え、連携を図りながら取り組んでいた。実施率の高かった学校は、ＡＢＣの期間共通しており、特に役立ったとの回答の割合も高かったことから、心のケアを行うにあたって基本的な取り組み事項といえる。

　また、Ｃの期間には、「医療・相談機関の紹介」が増えてきており、医療等との連携の必要性の有無を見極めるなど専門家との連携を視野に入れた支援を行っており、コーディネーターとしての役割を果たしていた。

　これらの結果から、養護教諭の支援を中心にして、組織的に子どもの心のケアに当たっていることが明らかになっている。また、自由記述に見る反省点、今後の課題、対応策（回答養護教諭）では、次のように述べている。

　「安否確認に時間を要し手間取った」、「災害時の連絡網の整備が必要である」、「心のケアマニュアルを日頃から点検、訓練が必要」、「保護者に災害の対応をあらかじめ周知する」、「知的障害のある子どもの支援が十分できなかった」、「行政機関、関係学校、医療機関など地域との連携が十分できなかった」、「日頃から校内研修を実施するなど教職員の理解を深めておく」、「日頃からの健康観察、子どもとのコミュニケーションが大事」、「学級担任の情報を学年全員で共有することが有効」などであった。

〈資料－２：平成24年度非常災害時の子どもの心のケアに関する調査報告書（文部科学省）〉

1　調査の目的

　東日本大震災に伴う子どもの心身の健康状態を的確に把握し、子どもの心身の健康状態に応じた行政、学校等の適切な対策を講じる際の基礎資料を得ることを目的とする。

2　調査対象

　平成23年（2011年）東北地方太平洋沖地震に係る災害救助法が適応された地域（帰宅困難者対応を除く）に該当する国公私立幼稚園、小学校、中学校、高等学校（全日制のみ）、中等教育学校、特別支援学校の5,075校。

【参考】平成23年東北地方太平洋沖地震に係る災害救助法適応地域（帰宅困難者対応を除く）：

　　　　193市区町村（青森県：2　　岩手県全域：33　　宮城県全域：39　　福島県全域：59

　　　　茨城県：37　　栃木県：15　　千葉県：8）

(1) 保護者調査「震災前と異なる現在の子どもの様子」

① PTSD が疑われる症状

単位：％

	幼稚園	小学校	中学校	高等学校	特別支援学校
災害のことを思い出して突然おびえたり、興奮や混乱することがある	7.1	4.3	1.4	0.9	9.1
災害を思い出すような話題やニュースになると、話題を変えたり、その場から立ち去ろうとする	7.7	8.0	4.8	3.7	8.2
無表情でぼんやりすることが多くなった	0.8	1.3	1.8	1.7	2.3
物音に敏感になったり、イライラするようになった	13.1	11.2	7.8	5.7	12.6

② PTSD に関連する症状等　　　　　　　　　　　　　　　　　　　　　　　　　　単位：%

	幼稚園	小学校	中学校	高等学校	特別支援学校
よく甘えるようになった	25.2	16.9	4.6	2.4	12.0
以前は一人でできていたことができなくなった	10.8	7.2	1.7	0.6	4.6

③一般的な心身不良の症状　　　　　　　　　　　　　　　　　　　　　　　　　　単位：%

	幼稚園	小学校	中学校	高等学校	特別支援学校
元気がなくなり意欲が低下した	1.2	1.8	2.4	2.4	3.3
あまり話さなくなった	0.5	0.8	1.7	1.9	2.5
睡眠が十分とれなくなった	1.9	2.7	3.4	3.3	5.6
食欲や体重に大きな変化があった	1.4	2.3	1.9	2.2	4.3
頭痛、腹痛、心臓の動悸、過呼吸、めまい等がおこるようになった	1.4	2.9	3.3	3.2	2.8

3　子どもの現状に関する考察（非常災害時の子どもの心のケア調査協力者会議まとめ）

＜PTSD が疑われる症状について＞

「本調査の結果、保護者の回答に基づくと14.1%（男子12.4%、女子16.0%）の子どもに「PTSD が疑われる症状」のうち少なくとも１つが見られた。症状別には、PTSD の３大症状のうち再体験症状が3.0%、回避・麻痺症状がそれぞれ6.2%・1.5%、過覚醒症状が9.1%という割合であった（症状の重複あり）。校種別に見ると、高等学校8.8%、中学校11.5%、小学校17.6%、幼稚園20.2%と年齢が低くなるほど増加する傾向を示し、特別支援学校20.5%は幼稚園と同程度の高い割合を示した。PTSD が疑われる子どもの割合は災害（地震・津波）による被害が大きい地域ほど高く、転校した子ども（38.6%）は転校しなかった子ども（13.5%）と比べて明らかに高い値を示した。本調査が被災後１年余り経た時点で行われたことを考慮すると、今回観察された症状は一過性のストレス反応とは考え難く、PTSD を強く示唆する症状であると推測される。この推測は、今回の結果が、年齢が低く、障害のある子どもほどPTSD を発症しやすいという精神医学の知見と合致していること、及び被害の程度が大きい地域ほど割合が高いことからも支持される。」

出典：「平成24年度 非常災害時の子どもの心のケアに関する調査報告書」文部科学省
　　　　（https://anzenkyouiku.mext.go.jp/mextshiryou/data/seikatsu06.pdf）（2013年）より抜粋

7 教職員の指導監督責任

　本章の冒頭で述べたように、学校生活の場においては事故に結びつきやすい状況にあり、常に事故の起因性を有しており、偶発的な事故は避けがたい場合がある。事故が発生した場合の教職員の指導監督責任については、国家賠償法第１条が適用される。その概要は、子ども等が学校管理下にある間、担当教員は子ども等の安全に対して配慮し、事故を防止する注意義務がある（法的義務）。また、教職員が故意または過失によって子ども等に損害を与えたときは、国または公共団体（この場合は学校側）が損害を賠償する。学校側が負うこの法的な義務は民法第415条に基づく「安全配慮義務」といわれている。

〈**参考資料4：「学校安全緊急アピールー子どもの安全を守るためにー」　平成16年1月20日　文部科学省**〉

　　　学校安全に関する具体的な留意事項等
　○学校による具体的取組についての留意点
　　・実効ある学校マニュアルの策定　　　　　・学校安全に関する校内体制の整備
　　・教職員の危機管理意識の向上　　　　　　・校門等の適切な管理
　　・防犯関連設備の実効性ある運用　　　　　・子どもの防犯教育の充実
　　・日常的な取組体制の明確化
　○設置者による具体的取組についての留意点
　　・設置する学校の安全点検の日常化　　　　・教職員に対する研修の実施
　○地域社会に協力願いたいこと
　　・学校安全の取組に御協力いただける方の組織化を
　　・不審者情報等を地域で共有できるネットワークの構築を
　　・「子ども110番の家」の取組への一層の御協力を
　　・安全・安心な「子どもの居場所づくり」を
　○地域の関係機関・団体に協力願いたいこと
　　・学校との一層の連携を

【参考文献・引用】

『子どもの心のケアのために－災害や事件・事故発生時を中心に－』　文部科学省　平成22年7月

『教職員のための子どもの健康観察の方法と問題への対応』　文部科学省　平成21年3月

『非常災害時における子どもの心のケアのために（改訂版）』　文部科学省　平成14年8月

「子どもの心のケアのために－PTSDの理解とその予防（保護者用）－」リーフレット　文部科学省　平成17年3月

『教育小六法』市川須美子他編　学陽書房　平成20年3月

『養護教諭のための看護学（三訂版）』藤井寿美子他編　大修館書店　平成23年10月

「災害共済給付状況」独立行政法人 日本スポーツ振興センター　令和4年度版

「子どもの心身の健康を守り、安全・安心を確保するために学校全体としての取組を進めるための方策について（答申）」文部科学省中央教育審議会　平成20年

『救急ガイドブック』学校保健研究会　平成15年2月

『学校防災マニュアル（地震・津波災害）作成の手引き』文部科学省　平成24年

『学校の危機管理マニュアル作成の手引』文部科学省　平成30年

「平成24年度 非常災害時の子どもの心のケアに関する調査報告書」文部科学省　平成25年

〈**参考資料５：学校における不審者への緊急対応の例**〉

各学校においては、以下のフローチャートを参考に、各学校の実情にあった対応ができるよう体制整備や訓練を行う必要があります。

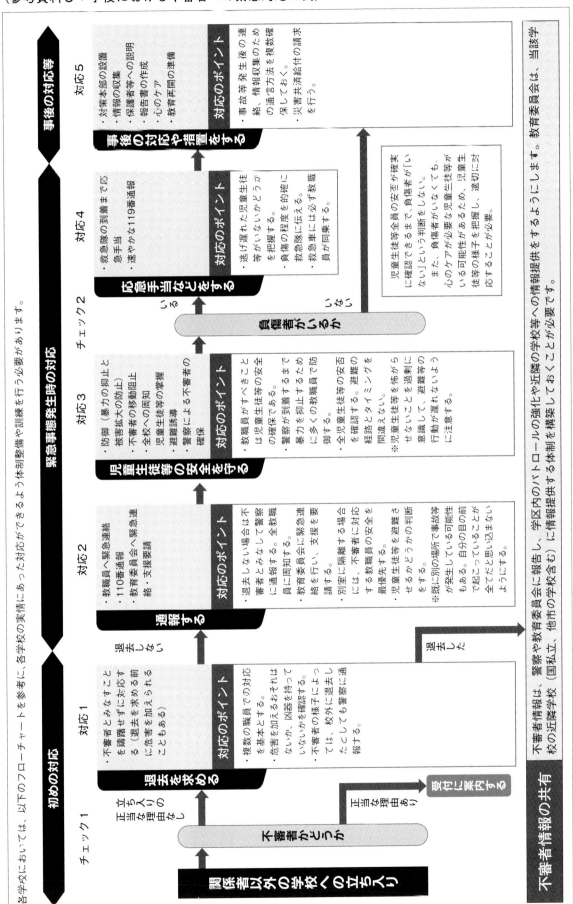

出典：「学校の危機管理マニュアル作成の手引」文部科学省（https://www.mext.go.jp/a_menu/kenko/anzen/__icsFiles/afieldfile/2019/05/07/1401870_01.pdf）（平成30年）より

〈参考資料6：登下校時における緊急事態発生時の対応例〉

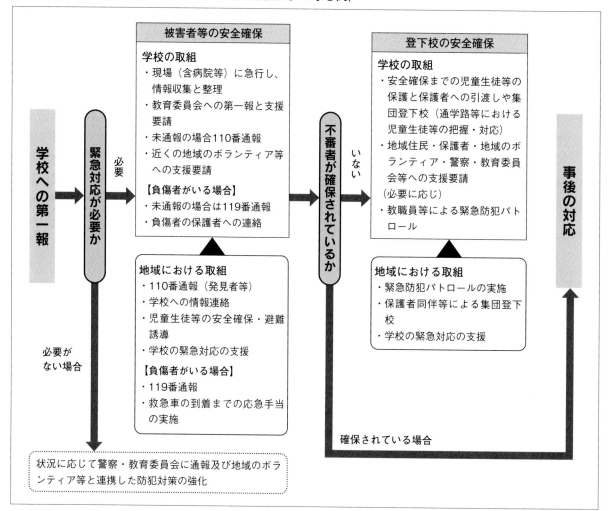

出典：「学校の危機管理マニュアル作成の手引」文部科学省（https://www.mext.go.jp/a_menu/kenko/anzen/__icsFiles/afieldfile/2019/05/07/1401870_01.pdf）（平成30年）より

156

〈参考資料7：校内での事件・事故災害発生時の対処、救急及び緊急連絡体制の一例〉

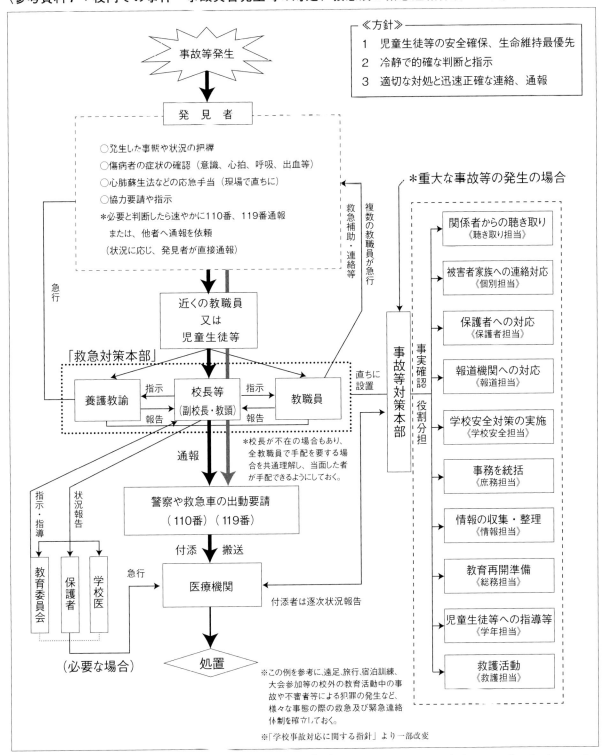

157

出典：「学校の危機管理マニュアル作成の手引」文部科学省（https://www.mext.go.jp/a_menu/kenko/anzen/__
icsFiles/afieldfile/2019/05/07/1401870_01.pdf）（平成30年）より

学校給食

第6章

　わが国の学校給食の始まりは、明治22年山形県鶴岡町と言われている。昭和29年に学校給食法が公布、施行されている。

1 学校給食の目標

　学校給食法の一部改正（平成20年6月）により、「学校における食育の推進」が明確に位置づけられ、学校給食の目標が改定された。
- ○適切な栄養の摂取による健康の保持増進を図ること。
- ○日常生活における食事について正しい理解を深め、健全な食生活を営むことができる判断力を培い、及び望ましい食習慣を養うこと。
- ○学校生活を豊かにし、明るい社交性及び協同の精神を養うこと。
- ○食生活が自然の恩恵の上に成り立つものであることについての理解を深め、生命及び自然を尊重する精神並びに環境の保全に寄与する態度を養うこと。
- ○食生活が食にかかわる人々のさまざまな活動に支えられていることについての理解を深め、勤労を重んずる態度を養うこと。
- ○我が国や各地域の優れた伝統的な食文化についての理解を深めること。
- ○食料の生産、流通及び消費について、正しい理解に導くこと。

2 学校給食に起因する事故発生の予防

　子どもの健康の保持増進の観点から、安全で安心な学校給食を提供することは重要なことである。
　平成8年に発生した腸管出血性大腸菌（O157）による食中毒の発生をはじめ学校給食に起因した食中毒が多発したことを受け、徹底した衛生管理等がなされている。学校給食法の一部改正（平成20年6月）により学校給食の水準及び衛生管理を確保するための全国基準が法制化された。
　また、平成24年に発生した、食物アレルギーのある児童がアナフィラキシーショックを起こして亡くなった事故を受け、文部科学省より平成26年3月に「今後の学校給食における食物アレルギー対応について（通知）」が出され、平成27年3月に『学校給食における食物アレルギー対応指針』が作成され、学校給食における食物アレルギー対応の徹底が図られている（97頁「5　学校におけるアレルギー対応」参照）。

3 健康教育としての連携

　平成9年9月保健体育審議会答申「生涯にわたる心身の健康の保持増進のための今後の健康に関する教育及びスポーツの振興の在り方について」において、健康教育とは、学校保健、学校安全、学校給食の3領域を包括するものであり、相互に連携することが大切であると述べている。従って、学校保健を

158

担当する養護教諭や保健主事、学校安全担当者は栄養教諭や学校栄養士と連携し、健康教育の推進を図ることが必要である。

4 食育基本法

　食育は、生きる上での基本であり、食に関する知識と食を選択する力を習得し、すべての国民が心身の健康を確保し、生涯にわたって生き生きと暮らすことができるように食に関する教育を推進するために制定された法律である。子どもたちには、偏った栄養摂取や朝食欠食などの食生活の乱れや肥満・痩身傾向などの健康課題が深刻化している。こうした現状から、平成17年に食育基本法が制定され、子どもたちが食に関する正しい知識と望ましい食習慣を身に付けることができるよう、学校においても積極的に取り組むことが大切であるとされた。子どもたちに対する食育は、生涯にわたって健全な心と体を培い豊かな人間性をはぐくんでいく基礎にもつながるものである。

　この法律には、国、地方公共団体、教育関係者、農林漁業者および団体、食品関連事業者やその組織する団体、国民に食育の推進に関する責務が規定されている。

〈memo〉

159

●参　　考

日本の教育・学校保健 (年表)

明治：M　大正：T　昭和：S　平成：H　令和：R

西暦（元号）	社　会　・　教　育	学校保健・養護教諭
1872（M.5）	学制発布　小学校入学：6歳 ＊「学問のすすめ」：福沢諭吉	
1888（M.21）		○文部省、学生生徒の体格検査の様式を定め活力検査の実施と結果の報告を指示
1889（M.22）	憲法発布（大日本帝国憲法：旧憲法） ＊明治23年：教育勅語	
1894（M.27）	日清戦争	○東京市麹町区、最初の学校医をおく ○小学校における体育及び学校衛生に関する訓令公布
1895（M.28）	日清戦争終結　帰還兵よりトラホーム蔓延 →	○1899年頃には全国の学童に伝染・蔓延
1897（M.30）	伝染病予防法制定	○学生生徒身体検査規程公布（直轄学校年2回）
1898（M.31）		○学校伝染病予防及び消毒方法省令公布
1899（M.32）	＊赤痢、ペスト流行（赤痢死者24,000人）	
1900（M.33）	未成年者喫煙禁止法公布	○小学校令改正　学校衛生関係整備
1901（M.34）	＊足尾鉱毒事件：田中正造直訴	○教員の健康診断（肺結核患者多いため）
1904（M.37）	日露戦争 結核予防令公布	
1905（M.38）	医師法、歯科医師法公布	○トラホーム治療のため校費で学校看護婦をおく：岐阜県竹ケ鼻小、笠松小
1907（M.40）	小学校令改正：義務教育6年制	○各府県付属小学校において盲・聾・心身発育不全児童のための特別学級設置を奨励
1908（M.41）		○岐阜市高等小学校に初めて公費で学校看護婦を配置
1909（M.42）	種痘法公布 学校生徒の飲酒取締に関し訓令	○横浜市：教育奨励費で学校看護婦配置 ＊全国各地、小学校でトラホーム治療他のため学校看護婦配置～昭和15年まで
1914（T.3）	第1次世界大戦～1918年	○文部省、第1回学校衛生（学校医）講習会を開催
1917（T.6）	文部省、臨時教育会議設置 同会議第2回答申「身体の健全な発達を図るため一層適切な方法を講ずること」	
1919（T.8）	トラホーム予防法制定 結核予防法制定	○学童の近視予防の訓令公布 ○学校看護婦採用の奨励を提案
1920（T.9）	第1回国勢調査：総人口7698万8379人	○児童生徒の身体検査規程公布
1921（T.10）	未成年者飲酒禁止法公布	○学校用机・腰掛の標準について通達
1922（T.11）	女教員の産前産後の休養に関する訓令	○日本赤十字社、学校衛生に協力するため学校看護婦派遣を決定
1923（T.12）	関東大震災 盲学校及び聾唖学校令公布	○学校衛生主事会議で「学校看護婦ノ適当ナル普及方法及職務規程」答申
1925（T.14）	衆議院議員普通選挙法公布 治安維持法制定　　ラジオ放送開始	○聖路加病院より派遣された3名が文部省学校看護婦として小学校に勤務
1927（S.2）		○学生生徒児童身体検査規程一部改正 　尺貫法をメートル法に改める
1928（S.3）	ラジオ体操放送開始	○文部省、学校衛生課を体育課と改称 ○帝国学校衛生会、月刊「養護」を創刊
1929（S.4）		○文部省訓令「学校看護婦ニ関スル件」公布
1930（S.5）		○日本一健康優良児表彰（朝日新聞社主催文部省後援）
1931（S.6）	満州事変　　寄生虫予防法公布	

1932（S.7）	農漁村の欠食児童20万人を越える ……→ （文部省調査結果）	○学校給食臨時施設方法公布 　欠食児への給食開始
1935（S.10）		○学校看護婦の職制制定要望 　（学校養護婦、学校衛生婦） ○帝国学校衛生会に財団法人の認可
1937（S.12）	保健所法公布	○学校身体検査規程公布（明治33年制定の学生生徒を廃す）
1938（S.13）	厚生省新設 国民健康保険法施行 国家総動員法公布 教育審議会、国民学校制度の答申 …… ↗	○第73帝国議会衆議院にて「学校看護婦職制制定ニ関スル 　建議案」提出、可決 ○貴族院では「学校衛生婦…請願」採択 ○学校衛生職員制度の整備を勧告
1939（S.14）		○学校職員身体検査規程制定
1940（S.15）		○学校給食奨励規程公布
1941（S.16）	第2次世界大戦 国民学校令制定 保健婦規則制定	○文部省に体育局新設 　教育職・養護訓導の職制成る ○学校衛生調査会、衛生室設備規則答申
1942（S.17）	学徒動員令公布 国民学校修了後就職予定者のうちツ反応陰性者 　にBCG接種	
1943（S.18）	学徒戦時動員体制確立要項制定 師範学校規程制定	○養護訓導の試験検定に関する標準改正 ○養護訓導必置となる（「当分ノ内置カザルコトヲ得」）
1944（S.19）	大都市の学童集団疎開決定	○学校身体検査規程：全員にツ反応実施
1945（S.20）	日本各地で空襲　広島、長崎に原爆投下 終戦	○文部省、新日本建設の教育方針を発表
1946（S.21）	日本国憲法公布：11月3日 （施行は1947年5月3日） 農地改革　婦人参政権	○「学校衛生刷新ニ関スル件」通達　養護訓導1校1名 の配置を勧告
1947（S.22）	教育基本法制定：3月31日「教育の機会均等義務 　教育6・3年制　男女共学…」 学校教育法公布：3月31日 ……→ 地方自治法：4月17日 労働基準法　労働組合法 保健婦助産婦看護法公布 国家公務員法	○養護訓導は養護教諭と改称され、小・中・盲・聾・養護 　学校に設置される ○養護教諭養成の講習会が各県で開催 ○第1回全国養護教諭協議会開催（東京都） ＊しらみの駆除〜頭部にDDTを散布
1948（S.23）	学校教育法施行規則一部改正（10月） 　　　　　　　　　　　　　　　……→ 教育委員会法公布：7月	○養護助教諭の資格規定 ○学校清潔方法制定
1949（S.24）	教育公務員特例法制定 文部省体育局廃止、初等中等教育局保健課とな 　る 教育職員免許法制定 ……………→ 中学校の「体育科」を「保健体育科」 高等学校の「体育科」を「保健体育科」に改め、 　「保健」2単位を必修とする 湯川秀樹博士ノーベル賞受賞	○文部省、「養護教諭の執務概論」発刊 ○保健体育審議会令公布 ○養護教諭及び養護助教諭の免許基準 ○中等学校保健計画実施要領で養護教諭の職務内容提示（い 　わゆる16項目） ＊寄生虫の駆虫剤服用、検便 ＊トラホーム治療のための洗眼・点眼
1950（S.25）	「盲・ろう学校の就学義務に関する政令」公布	
1951（S.26）	サンフランシスコ対日講和条約（翌年発効） 児童憲章制定・宣言：5月5日 結核予防法制定〜医療費の公費負担	○第1回全国学校保健大会（福岡市） ○小学校保健計画実施要領試案
1952（S.27）	教育職員免許法改正（新養成制度） 中央教育審議会（中教審）設置	○全国の小学校で学校給食実施
1953（S.28）	テレビ放送開始 中教審：「義務教育に関する答申」	○学校教育法施行規則一部改正（保健室、学校医、学校歯 　科医の設置規定）
1954（S.29）	学校給食法公布	○学校教育法施行規則一部改正（学校薬剤師設置）
1955（S.30）	「女子教職員の産前産後の休暇中における学校 　教育の正常な実施の確保に関する法律」公布 　（産休補助教員） ＊森永ヒ素ミルク中毒事件	
1956（S.31）	幼稚園設置基準制定	
1958（S.33）	学校保健法、学校保健法施行規則公布 小学校学習指導要領、中学校学習指導要領改訂	○文部省体育局設置　体育・運動競技・ 　学校保健・学校給食の4課を置く

1959（S.34）	メートル法実施 「児童の権利宣言」	○千葉千代世（東京都養護教諭）参議院議員当選 ○日本学校安全会法公布
1960（S.35）	日米安全保障条約改定　＊60年安保闘争 高等学校学習指導要領改訂	○保健体育審議会「健康手帳の内容・実施について」答申
1961（S.36）	ポリオ（生ワクチン）導入 サリドマイド児多発	○養護教諭職制20周年記念式典 ○学校保健法施行規則一部改正（医療費援助）
1962（S.37）		○茨城大学他4大学に養護教員養成課程 　（1年制）
1964（S.39）	東京オリンピック開催 東海道新幹線開通 ＊風疹の流行（沖縄）	○保健体育審議会「学校環境衛生の基準について」答申
1965（S.40）	中教審：「期待される人間像」答申	○国立養護教諭養成所設置法公布 　（北海道学芸大　岡山大：3年制）
1966（S.41）	祝日法改正：敬老の日、体育の日など	
1967（S.42）	公害対策基本法公布	
1968（S.43）	大気汚染防止法　騒音規制法公布 小学校学習指導要領改訂 イタイイタイ病・水俣病を公害病認定	
1969（S.44）	中学校学習指導要領告示改訂	
1970（S.45）	万国博覧会（大阪） 水質汚濁防止法公布 ＊70年安保闘争	○森永ヒ素ミルク中毒児の追跡調査と養護教諭の職務について発表（大塚睦子） ○光化学スモッグ被害発生（東京）
1971（S.46）	環境庁設置：公害防止対策に取り組む 中教審：「第3の教育改革」（70答申）	
1972（S.47）	沖縄復帰 労働安全衛生法 四日市喘息公害認定	○保健体育審議会「児童生徒の健康の保持増進に関する施策について」答申
1973（S.48）	＊オイルショック：石油危機	○学校保健法施行規則一部改正（心臓・腎臓検診開始） ○第1回養護教諭中央研修会
1974（S.49）	結核予防法改正 教頭法制化	○「大腿四頭筋拘縮症の検診について」 　文部省体育局学校保健課長依頼
1975（S.50）	育児休業法案可決 学校教育法施行規則の改正：主任制の制度化	○文部省体育局学校保健課に出井美智子 　専門員として就任（初） ○茨城大学、愛知教育大学に養護教諭養成課程（4年制）設置
1976（S.51）	＊風しん流行（112万人罹患）予防接種法改定	
1977（S.52）	主任手当法案成立	○風しん予防接種、中2女子に実施
1978（S.53）		○学校保健法一部改正（安全及び環境衛生関係の項挿入）
1979（S.54）	ＷＨＯ、天然痘根絶宣言 養護学校義務制実施	
1980（S.55）	小学校学習指導要領改訂 40人学級、12ケ年計画開始 種痘、定期接種廃止	○第1回養護教諭研究大会（東京都）
1981（S.56）	中学校学習指導要領改訂 地方公務員の定年制導入 ＊校内暴力多発	
1982（S.57）	高等学校学習指導要領改訂	○日本学校健康会発足（日本学校安全会、日本学校給食会の統合）
1983（S.58）	教育職員養成審議会「教員の養成及び免許制度の改善について」答申 文部省、出席停止の運用指針を通知 （問題児童生徒に関する）	
1984（S.59）	文部省、「児童生徒の登校拒否についての指導資料」発行 臨時教育審議会設置	
1985（S.60）	男女雇用機会均等法成立	○日本体育・学校健康センター発足 ○文部省主催「養護教諭ヘルスカウンセリング指導者養成講座」開始

1986（S.61）	厚生省、インフルエンザ予防接種見直し ＊WHO：オタワ「ヘルスプロモーションに関するオタワ憲章」提唱	
1987（S.62）	エイズ患者発生	
1988（S.63）	行政改革 教育職員免許法改正（専修・一種・二種） 教育公務員特例法改正：初任者研修制度化 単位制高等学校定時制・通信制課程において導入	○文部省体育局学校保健課と学校給食課が統合、「学校健康教育課」となる
1989 （S.64・H元）	「教育職員免許法等一部を改正する法律の公布について」事務次官通達	○文部省主催「第1回健康教育研究協議会開催
1990（H.2）		○日本学校保健会「保健室利用状況に関する調査」実施
1991（H.3）	＊雲仙普賢岳で大規模火砕流発生	○「養護教諭制度50周年記念誌」発刊 ○養護教諭制度50周年記念・全国養護教諭研究大会開催（東京都）：第12回 ○全国養護教諭連絡協議会発足 ○「学校における飲料水の衛生基準等の徹底について」文部省体育局長通達
1992（H.4）	国際平和協力法（PKO法）成立	○大学入試等の際使用する全国統一様式による調査書の「色覚」記入欄廃止 ○学校環境衛生の基準全面改訂、文部省体育局長通達
1993（H.5）	第6次公立義務教育諸学校教職員定数改善計画（高等学校は第5次）……→ 単位制高等学校全日制課程においても導入	○高等学校設置基準の一部改正 ○養護教諭の全校配置、30学級以上に複数配置決まる
1994（H.6）	「児童の権利に関する条約」批准 ＊国連で1989年採択：子どもの権利の包括的保障を実現するため	○学校保健法施行規則の一部改正 ○健康診断及び予防接種の取り扱いについて：文部省体育局長通知
1995（H.7）	阪神・淡路大震災 ………………→ 学校教育法施行規則の一部改正 …→ 地下鉄サリン事件	○震災後の心のケアの必要性（PTSD） ○保健主事は、教諭又は養護教諭をもって、これに充てる。
1996（H.8）	いじめの問題に関する文部大臣「緊急アピール」 中教審第1次答申：「21世紀を展望した我が国の教育の在り方について」 病原性大腸菌O157による食中毒多発 →	○文部省、（財）日本学校保健会共催 「保健室相談活動中央研修会」開催 ○（財）日本学校保健会「保健室利用状況に関する調査」実施 ○食中毒に関する保健指導
1997（H.9）	中教審第2次答申：個性・能力に応じた方法、内容への転換〜中高一貫教育、大学飛び入学制等の提言 教育職員養成審議会：新たな時代に向けた教員養成の改善策について答申 文部省「教育改革プログラム」報告 　完全学校週5日制実施他 焼却炉の使用を原則禁止 神戸連続児童殺傷事件（酒鬼薔薇事件）	○「学校給食における衛生管理の改善充実及び食中毒発生の防止について」 ○保健体育審議会「生涯にわたる心身の健康の保持増進のための今後の健康に関する教育及びスポーツ振興の在り方について」答申 ○「養護教諭の養成カリキュラムの在り方について」教育職員養成審議会報告
1998（H.10）	教育職員免許法の一部を改正する法律の公布に→ 　関する文部事務次官通達 中教審：「新しい時代を拓く心を育てるために」→ 　「地方教育行政に関する小委員会」答申〜 　心の教育、文部省の業務の精選、校長の権限の拡大等 教育課程審議会答申：授業時間数の削減、総→ 　合的学習の時間の導入他 小・中学校学習指導要領改訂 「感染症の予防及び感染症の患者に対する医療→ 　に関する法律」制定 学校教育法の一部を改正する法律（平成11年4月1日施行）（中高一貫教育制度の設置）	○附則18：養護教諭が「保健」の教科…事項の教授を担任する教諭…できる ○心の居場所：保健室 ○総合的学習の時間：健康、福祉など ○「学校保健法施行規則の一部を改正する省令の施行について」：文部省通知「学校において予防すべき伝染病」の種類及び出席停止の期間の基準改正 　　　　　　　　↓
1999（H.11）	高等学校学習指導要領改訂 中教審答申：「初等中等教育と高等教育との接続の改善について」 教育職員養成審議会答申：「養成と採用・研修との連携の円滑化について」 国旗・国歌法成立	○学校保健法施行規則の一部改正 ○「就学時の健康診断の実施について」 文部省体育局長通知 ○（財）日本学校保健会「保健室来室者等への対応に関する調査」実施 ○大学院の入学資格の改善（養護教諭一種又は専修免許状所有の者）・学校教育法施行規則第70条3告示5号の改善

2000（H.12）	教育公務員特例法の一部改正：専修免許取得のための大学院入学資格の弾力化 「大学院修学休業」等 学校教育法施行規則の一部改正（平成12年4月1日施行） ・校長、教頭等管理職の資格要件緩和 ・学校評議員を置くことができる（地域住民の学校運営への参画） ・職員会議の位置付けの明確化	○第7次公立義務教育諸学校教職員定数改善計画による複数配置基準により 　小学校：851人以上　中学校：801人以上 　特殊教育諸学校：61人以上　高校：801人以上に複数の養護教諭を置く ○健康課題のある学校等への「加配」措置を養護教諭にも適用
2001（H.13）	省庁機構改革にともない文部省は文部科学省となる 「大学院修学休業制度」開始 中央教育審議会に諮問 「教育振興基本計画の策定」と「教育基本法の在り方」について 「えひめ丸」衝突・沈没海難事故（平成13年2月） 附属池田小・児童殺傷事件：児童8人死亡（平成13年6月） 文部科学省：学校の危機管理の見直し	○体育局→スポーツ青少年局 　学校健康教育課の名称はかわらず ○養護教諭制度60周年記念・全国養護教諭研究大会開催（群馬県前橋市）
2002（H.14）	学校教育法の一部を改正する法律（専門職大学院の創設、高度専門職業人の養成）	○学校保健法施行規則の一部改正（就学時健康診断での知能検査は「適切な方法」で行うこと、色覚検査の必須項目からの削除など）
2003（H.15）	ＳＡＲＳ（重症急性呼吸器症候群）の中国での流行 長崎市幼児突き落とし殺人事件（平成15年7月）	○学校保健法施行規則の一部改正（平成15年4月結核検診の見直し、小1・中学1学年で一律に行われてきたツベルクリン反応検査廃止、全学年で問診を行うこととされる。） ○「非常災害時における子どもの心のケアのために」改訂版　文部科学省
2004（H.16）	地方教育行政の組織及び運営に関する法律の一部を改正する法律（教育委員会の責務の明確化、市町村教育委員会は指導主事を置くように務めなければならない、地域住民や保護者等が学校運営に参画等の体制の充実等） 長崎県佐世保市女子児童殺害事件（平成16年6月） 福井豪雨（平成16年7月） 新潟県中越地震（平成16年10月）	○学校教育法の一部改正（栄養教諭の創設等） ○高等学校設置基準の全部を改正する省令（平成16年4月1日）（第9条養護教諭等置くように努めなければならない。） ○学校保健法施行規則の一部改正（平成17年4月結核検診の見直し、大学全学年に実施されていたエックス線間接撮影による検査が第1学年のみとなる。）
2005（H.17）	アスベスト問題深刻化	○栄養教諭設置 ○食育基本法施行 ○医師法第17条、歯科医師法第17条及び保健師助産師看護師法第31条の解釈について（通知）（厚生労働省医政局長平成17年7月26日）（医療機関以外の高齢者介護・障害者介護の現場等において判断に疑義が生じることの多い行為であって原則として医行為でないと考えるものを列挙）
2006（H.18）	国の補助金の整備及び合理化等に伴う義務教育費国庫負担法等の一部を改正する法律（義務教育費国庫負担金の国庫負担率を変更（1/2→1/3）する等）。 教育基本法の一部改正（教育の目標を明示、学校、家庭、地域との連携協力、教育振興基本計画の策定等）	○「子どもの心のケアのために（PTSDの理解とその予防）」保護者向けリーフレットの作成（文部科学省　平成18年3月） ○学校教育法等の改正（教育の目標、盲・聾・養護学校から特別支援学校へ一本化、発達障害を含む障害のある児童生徒等への教育支援等） ○教育基本法の改正（平成18年12月22日公布）
2007（H.19）	教育職員免許法の一部改正（教員免許更新制の導入、平成21年4月から実施） 学校教育法の改正（平成19年6月）（学校評価を行いその結果に基づき学校運営の改善を図り、教育水準の向上に努める、学校の情報提供の規定） 新潟県中越沖地震　（平成19年7月）	○「子どものメンタルヘルスの理解とその対応」指導資料作成（財団法人日本学校保健会　平成19年2月） ・心の健康に関する調査の実施により、児童生徒の実態を明らかにした ○学校教育法の改正（各学校種の教育の目標の見直し、学校の組織運営体制の確立のため副校長、主幹教諭（主幹養護教諭・主幹栄養教諭）、指導教諭の設置、学校評価、保護者等への情報提供等）。 ○「養護教諭のための児童虐待対応の手引」文部科学省（平成19年10月）

| 2008 (H.20) | 学習指導要領の改訂（小・中学校：平成20年3月告示）
岩手・宮城内陸地震（平成20年6月）
学校評価ガイドラインの改訂
「学校教育法施行規則の一部を改正する省令」及び「教育関係者共同利用拠点の認定等に関する規程」について（平成20年8月10日　高等教育大学振興課） | ○「保健室利用状況に関する調査報告書」の作成（財団法人日本学校保健会　平成20年2月）
○「学校のアレルギー疾患に対する取組ガイドライン」の作成（財団法人日本学校保健会　平成20年3月）
・学校生活管理指導表にアレルギーが追加されるとともに、エピペンの取り扱い等について記載
○中央教育審議会答申「子どもの心身の健康を守り、安全・安心を確保するために学校全体としての取組を進めるための方策について」（養護教諭をはじめとする学校保健関係者等の役割の明確化、校内外の組織体制の充実、学校環境衛生基準を法に位置付ける等）
○小・中学校学習指導要領の改訂（保健の内容の充実等）（平成20年3月公示）
○学校保健法の一部改正（学校保健安全法に改称・平成21年4月1日施行、養護教諭の役割の明確化、医療機関との連携、学校安全の充実等）
○学校給食法の一部改正（学校給食実施基準、学校給食衛生管理基準、栄養教諭の役割を法に位置付ける）
○学校保健法施行規則の一部改正（平成20年5月、学校における伝染病の予防、新型インフルエンザを1種に追加） |
| 2009 (H.21) | 学習指導要領の改訂（高等学校・特別支援学校：平成21年3月告示）
新型インフルエンザの世界的な流行 | ○高等学校学習指導要領（平成21年3月公示）
○「教職員のための健康観察の方法と問題への対応」指導資料の作成（文部科学省　平成21年3月）
・健康観察が学校保健安全法に規定されたことから教職員向けに手引書を作成。
○「救急救命処置の範囲等について」の一部改正について（厚生労働省　平成21年3月2日）
○学校環境衛生基準文部科学省告示（平成21年3月31日、21年4月1日施行）
○学校保健法等の一部を改正する法律の施行に伴う文部科学省関係省令の整備等に関する省令（学校保健安全法施行令、学校保健安全法施行規則等、平成21年3月31日、21年4月1日施行）
○学校保健法等の一部を改正する法律の施行に伴う文部科学省関係省令の整備等に関する省令施行通知（平成21年4月7日）
○学校環境衛生基準の施行について（通知）（21文科ス第6013号、平成21年4月1日）
○学校保健法の一部を改正する法律の施行に伴う関係政令の整備に関する政令等の施行について（通知）
○学校給食実施基準、夜間学校給食実施基準、特別支援学校の幼稚部及び高等部における学校給食実施基準文部科学省告示（平成21年3月31日、21年4月1日施行）
○高等学校学習指導要領解説 保健体育編・体育編（平成21年7月）
○各都道府県、指定都市宛新型インフルエンザの対応について通知の発出
○「養護教諭研修プログラム作成委員会報告書」の作成（財団法人日本学校保健会平成21年4月）
・新採用研修・10年経験者研修の国の方針を示すとともに研修プログラムを開発
○「保健室経営計画作成の手引」の作成（財団法人日本学校保健会　平成21年4月）
・課題解決型の保健室経営計画の作成方法を示す
○「救急救命処置の範囲等について」の一部改正について（依頼）（21ス学健第3号 平成21年7月30日）（アナフィラキシーショックで生命が危険な状態にある児童生徒に対し、救命の現場に居合わせた教職員が、アドレナリン自己注射薬を自ら注射できない本人に代わって注射することは、反復継続する意図がないものと認められるため、医師法第17条によって禁止されている医師の免許を有しない者による医業に当たらず、医師法違反にならないとの解釈が厚生労働省に認められる。） |

165

年	できごと	学校保健関連
2010（H.22）		○「子どもの自殺が起きたときの緊急対応の手引き」の作成（文部科学省　平成22年3月） ○「児童生徒が抱える問題に対しての教育相談の徹底について」（通知）（文部科学省初中局　平成22年5月） ○「子どもの心のケアのために―災害や事件・事故発生時を中心に―」指導資料作成（文部科学省　平成22年7月） ○養護教諭の職務に関する全国調査の実施（財団法人日本学校保健会　平成22年12月）
2011（H.23）	東日本大震災（平成23年3月11日） 　地震と津波による死者行方不明2万人 津波による福島第一原発事故発生 　放射能漏れ、子どもへの健康被害が懸念される 「放射線等に関する副読本」の作成（文部科学省　平成23年11月） 「東日本大震災への対応のための教職員の加配定数について」通知（文部科学省平成23年6月追加内示）	○『教職員のための健康相談及び保健指導の手引』の作成（文部科学省　平成23年8月） ・学校保健安全法に養護教諭等が行う健康相談、保健指導が規定されたことから周知を図るために作成された。 ○保健室利用状況調査の実施（財団法人日本学校保健会　平成23年10月） ○養護教諭の加配措置も行われ、各都道府県から現役の養護教諭が多数派遣された。
2012（H.24）	東京都調布市の市立小学校で、食物アレルギーによる死亡事故が発生	○「学校保健の課題とその対応―養護教諭の職務に関する調査結果から―」教員用指導資料の作成（公益財団法人日本学校保健会　平成24年3月） ○学校保健安全法施行規則の一部を改正する省令（平成24年文部科学省令11号）」が4月1日から施行された。主な改正内容は、①結核の有無の検査方法の技術的基準について、児童生徒の定期健康診断における結核の有無の検査方法に関して、教育委員会に設置された結核対策委員会からの意見を聞かずに、精密検査を行うことができることとした。②感染症の予防方法について、髄膜炎菌性髄膜炎を、学校において予防すべき感染症のうち第2種感染症に追加、インフルエンザ、百日咳、流行性耳下腺炎について出席停止の期間を訂正した。
2013（H.25）	風しんの大流行	○いじめ防止対策推進法の制定（文部科学省　平成25年6月公布） ・いじめの定義 「いじめを児童生徒に対して、当該児童生徒が在籍する学校に在籍している等該児童生徒と一定の人間関係にある他の児童生徒が行う心理的又は物理的な影響を与える行為（インターネットを通じて行われるものも含む）であって、当該行為の対象となった児童生徒が心身の苦痛を感じているもの」と定められた。 ・国、地方公共団体、学校の各主体による「いじめ防止等のための対策に関する基本的な方針」の策定等が求められた。 ○「平成24年度非常災害時の子どもの心のケアに関する調査報告書」（文部科学省　平成25年7月） ○『学校において予防すべき感染症の解説』（文部科学省平成25年8月） ○「子宮頸がん予防ワクチンの接種に関連したと思われる症状により教育活動の制限が生じた生徒への適切な対応について」（事務連絡）（文部科学省　平成25年9月）

2014 (H.26)	約70年ぶりに、デング熱の国内感染が発生（平成26年8月）	○『子供たちを児童虐待から守るために―養護教諭のための児童虐待対応マニュアル―』（公益財団法人日本学校保健会　平成26年3月） ○『学校における子供の心のケア』（文部科学省　平成26年3月） ○学校保健安全法施行規則の一部改正（平成26年4月） ＜児童生徒の健康診断＞ ①検査項目並びに方法及び技術的基準（第6条及び第7条関係） ・座高の検査及び寄生虫卵の有無の検査について、必須項目から削除 ・四肢の状態を必須項目に追加、四肢の状態を検査する際は、四肢の形態及び発育並びに運動機能の状態に注意すること。 ②保健調査（第11条関係） ○健康診断を行うための保健調査の実施時期を、小学校入学時及び必要と認めるときから、小学校、中学校、高等学校及び高等専門学校においては全学年、幼稚園及び大学においては必要と認めるときとした。 ＜職員の健康診断＞ ①方法及び技術的基準（第14条関係） ・血圧の検査の方法について、水銀血圧計以外の血圧計が利用できるように改めた。 ・胃の検査の方法について、胃部X線検査に加えて、医師が適当と認める方法を新たに認めるよう改めた。 ○児童生徒の自殺予防に関する調査研究協力者会議の審議のまとめ「子供に伝えたい自殺予防」及び「子供の自殺等の実態分析」について（周知）（文部科学省　平成26年7月）
2015 (H.27)		○「子供の心のケアのために（保護者用）」リーフレット（改訂）（文部科学省　平成27年2月） ○『保健室経営計画作成の手引』（平成26年度改訂）（公益財団法人 日本学校保健会　平成27年2月） ○『学校のアレルギー疾患に対する取り組みガイドライン要約版』（文部科学省　平成27年2月） ○「学校のアレルギー疾患対応資料」（DVD）（文部科学省　平成27年2月） ○『学校給食における食物アレルギー対応指針』の作成（文部科学省　平成27年3月） ○「学校におけるがん教育の在り方について（報告）」（文部科学省　平成27年3月） ○「性同一性障害に係る児童生徒に対するきめ細かな対応の実施等について」通達発出（文部科学省　平成27年4月） ・性同一性障害に係る児童生徒についての特有の支援 ・性同一性障害に係る児童生徒や「性的マイノリティ」とされる児童生徒に対する相談体制等の充実 ○『児童生徒等の健康診断マニュアル』（平成27年度改訂）の作成（公益財団法人 日本学校保健会　平成27年8月） ○「児童、生徒、学生、幼児及び職員の健康診断の方法及び技術的基準の補足的事項及び健康診断票の様式例の取扱いについて」事務連絡（文部科学省スポーツ・青少年局　平成27年9月） ・児童生徒健康診断票（一般、歯・口腔） ・児童、生徒、学生、幼児及び職員の健康診断の方法及び技術的基準の補足的事項について ○「JRC心肺蘇生ガイドライン2015」（一般社団法人 日本蘇生協議会（JRC）　平成27年10月） ○「これからの学校教育を担う教員の資質能力の向上について」（答申）（文部科学省　平成27年12月） ○「アレルギー疾患対策基本法の施行について」（厚生労働省　平成27年12月） ○「チームとしての学校の在り方と今後の改善方策について」（答申）（文部科学省　平成27年12月）

年		内容
2016（H.28）		○「学校における水泳プールの衛生管理」(日本学校保健会　平成 28 年 2 月) ○「学校保健委員会に関する調査報告書」(日本学校保健会　平成 28 年 3 月) ○「学習指導要領の一部改正に伴う小学校、中学校及び特別支援学校小学部・中学部における児童生徒の学習評価及び指導要録の改善等について（通知)」(文部科学省初等中等教育局長　平成 28 年 7 月) ○「幼稚園、小学校、中学校、高等学校及び特別支援学校の学習指導要領等の改善及び必要な方策について」(答申)（文部科学省　平成 28 年 12 月)
2017（H.29）	幼稚園教育要領の改訂（平成 29 年 3 月告示)、学習指導要領の改訂（小・中学校：3 月告示、特別支援学校等：4 月告示)	○「第 2 次学校安全の推進に関する計画の策定について」(答申)（文部科学省　平成 29 年 2 月) ○「がん教育推進のための教材」(文部科学省　平成 29 年 3 月) ○「健康な生活を送るために」高校生用平成 28 年度版（文部科学省　平成 29 年 3 月) ○「現代的健康課題を抱える子供たちへの支援～養護教諭の役割を中心として～」(文部科学省　平成 29 年 3 月) ○「学校におけるスポーツ外傷による脳脊髄液減少症への適切な対応について」(事務連絡)（文部科学省　平成 29 年 3 月) ○「ヒアリに関する周知について」(依頼　事務連絡)（文部科学省　平成 29 年 7 月)
2017（H.29）		○「小学校及び中学校の学習指導要領等に関する移行措置並びに移行期間中における学習指導等について（通知)」文部科学事務次官（文部科学省　平成 29 年 7 月) ○「てんかんへの座薬挿入について」(事務連絡)（文部科学省　平成 29 年 8 月)
2018（H.30）	高等学校学習指導要領の改訂（平成 30 年 3 月告示)	○『保健室利用状況に関する調査報告書 平成 28 年度調査結果』(公益財団法人日本学校保健会　平成 30 年 2 月) ○『学校における麻しん対策ガイドライン　第二版』(国立感染症研究所感染症疫学センター　平成 30 年 2 月) ○『就学時の健康診断マニュアル（平成 29 年度改訂)』(公益財団法人日本学校保健会　平成 30 年 3 月) ○『教職員のための指導の手引～UPDATE！エイズ・性感染症～』(公益財団法人日本学校保健会　平成 30 年 3 月) ○『学校において予防すべき感染症の解説』(公益財団法人日本学校保健会　平成 30 年 3 月) ○資料「わたしの健康」(小学生用)（文部科学省　平成 30 年 3 月)
2018（H.30）		○「学校環境衛生基準の一部改正について」(通知)（文部科学省　平成 30 年 4 月) ○「学校環境衛生管理マニュアル「学校環境衛生基準」の理論と実践」(平成 30 年度改訂版)(文部科学省平成 30 年 5 月) ○「学校における医療的ケアの実施に関する検討会議の中間まとめについて」(通知)（文部科学省　平成 30 年 6 月) ○第五次薬物乱用防止五か年戦略（薬物乱用対策推進会議決定　平成 30 年 8 月) ○『学校における心肺蘇生と AED に関する調査報告書』(公益財団法人日本学校保健会・学校における心肺蘇生（AED)支援委員会　平成 30 年 11 月) ○「薬物乱用防止教育の充実について」(通知)（文部科学省　平成 30 年 12 月)

2019 (H.31／R.1)		○中央教育審議会答申「新しい時代の教育に向けた持続可能な学校指導・運営体制の構築のための学校における働き方改革に関する総合的な方策について」（文部科学省　平成31年1月25日） ○「興味をもって取り組める医薬品の教育」（公益財団法人日本学校保健会　平成31年3月） ○「実践‼思春期の歯・口の健康づくり」（公益財団法人日本学校保健会　平成31年3月） ○学習指導要領小・中学校先行実施（令和元年度） ○教職課程の改定（文部科学省　2019年度） ・教職課程に新たに加えられた内容は、小学校の外国語（英語）教育、ICTを用いた指導法、特別支援教育の充実、学校安全への対応、道徳教育の充実、チーム学校運営への対応などである。 ○「学校・教育委員会等向け虐待対応の手引き」（文部科学省　令和元年5月） ○「大学等における修学の支援に関する法律」（令和元年法律第8号）（令和元年5月17日公布、令和2年4月1日施行） ○「学校教育の情報化の推進に関する法律」（令和元年法律第47号）（令和元年6月28日公布・施行） ○2019年度（令和元年度）の「全国体力・運動能力、運動習慣等調査（全国体力テスト）」の結果を発表（スポーツ庁　令和元年12月） ・体力合計点は、小・中学校の男女ともに前年度から低下し、小学生男子は調査開始以来、過去最低を記録した。
2020 (R.2)		○新型コロナウイルス感染症が日本で指定感染症となる（令和2年2月） ○世界保健機関(WHO)は新型コロナウイルス感染症をCOVID-19と命名（令和2年2月） ○『「生きる力」を育む学校での歯・口の健康づくり』（令和元年度改訂）（公益財団法人日本学校保健会　令和2年2月） ○『学校のアレルギー疾患に対する取り組みガイドライン』（令和元年度改訂）（公益財団法人日本学校保健会　令和2年3月） ○『喫煙・飲酒・薬物乱用防止に関する指導参考資料　小学校編』（令和元年度改訂）（公益財団法人日本学校保健会　令和2年3月） ○WHOがCOVID-19のパンデミックを宣言(令和2年3月) ○「児童福祉法の一部改正」（令和2年4月）・体罰の禁止　・児童相談所の業務の明確化 ○「学校における新型コロナウイルス感染症に関する衛生管理マニュアル～「新しい学校の生活様式」～」文部科学省　（令和2年5月Ver.1発行） ○「児童虐待の防止等に関する法律の一部改正」（令和2年6月）・児童虐待の早期発見（第5条） ○『学校・教育委員会等向け虐待対応の手引』（改訂）（文部科学省　令和2年6月）・児童福祉法の一部を改正する法律により親権者等による体罰が禁止されたこと等を踏まえて改訂 ○「JRC蘇生ガイドライン　2020」（一般社団法人　日本蘇生協議会（JRC）令和2年10月） ○「学校保健安全法施行規則の一部改正」（文部科学省　令和2年11月） ・予防接種法施行令の一部を改正する政令において、定期予防接種の対象が追加されたこと ・押印原則等に関する慣行の見直しの観点から押印を省略可能とし、就学時健康診断票、職員健康診断票、児童生徒等の健康診断票には担当医師等の氏名を記入することとした ○「学校環境衛生基準の一部改正」（文部科学省　令和2年12月）・換気及び保湿等(8)キシレンの基準値の改訂

参　　考

2021 （R.3）		○学校教育法施行規則の一部改正（文部科学省　令和3年8月） 医療的ケア看護職員、スクールカウンセラー（SC）、スクールソーシャルワーカー（ＳＳＷ）、教員業務支援員、学校保健支援員、こころの教育支援員などの学校教員の支援スタッフの名称と職務内容、SCとＳＳＷの学校への規定を幼稚園に準用すること等を規定
2022 （R.4）		○養護教諭及び栄養教諭の資質能力の向上に関する調査研究協力者会議設置（文部科学省　令和4年3月） ○アレルギー疾患対策の推進に関する基本的な指針の一部を改正（厚生労働省　令和4年3月） ○診療報酬の算定方法の一部改正（厚生労働省　令和4年3月） ・保険医療機関が交付するアレルギー疾患に係る学校生活管理指導表の保険適用 ○学校における感染症対策事例・実践集（公益財団法人日本学校保健会　令和4年3月） ○喫煙、飲酒、薬物乱用防止に関する指導参考資料－高等学校編－（公益財団法人日本学校保健会　令和4年3月） ○保健教育推進委員会報告書（公益財団法人日本学校保健会　令和4年3月） ○教職員のための子供の健康相談及び保健指導の手引─令和3年度改訂─（公益財団法人日本学校保健会　令和4年3月） ○「学校環境衛生基準の一部改正について（通知）」（文部科学省　令和4年5月　令和4年4月1日施行） ・「建築物における衛生的環境の確保に関する法律施行令の一部を改正する政令」において温度及び一酸化炭素の基準が見直されたことを踏まえ、学校環境衛生基準における温度及び一酸化炭素の基準の改正がなされた ○「教育公務員特例法及び教育職員免許法の一部を改正する法律等について（通知）」（文部科学省　令和4年6月） ・「新たな教師の学びの姿」を実現するため、公立の小学校等の校長及び教員の任命権者等による研修会等に関する記録の作成並びに資質向上に関する指導及び助言等に関する規定を整備し、普通免許状及び特別免許状の更新制を発展的に解消する等の措置を講ずるものである。 ○医薬品、医療機器等の品質、有効性及び安全性の確保等に関する法律第二条第十五項に規定する指定薬物及び同法第七十六条の四に規定する医療等の用途を定める省令の一部改正（厚生労働省　令和4年6月） ○麻薬、麻薬原料植物、向精神薬及び麻薬向精神薬原料を指定する政令及び麻薬及び向精神薬取締法施行令の一部を改正（厚生労働省　令和4年7月） ○学校等におけるてんかん発作時の口腔用液（ブコラム®）の投与について（文部科学省　令和4年7月） ○保健室利用状況に関する調査（公益財団法人日本学校保健会　令和4年10月） ○アレルギー疾患に関する調査（公益財団法人日本学校保健会　令和4年11月）

170

2023 （R.5）		○養護教諭及び栄養教諭の資質能力の向上に関する調査研究協力者会議の議論の取りまとめを公表（文部科学省　令和5年1月）
		○「教育職員免許法施行規則等の一部を改正する省令等の施行について（通知）」（文部科学省　令和5年2月28日公布、令和5年4月1日施行）
		・令和2年度から令和5年度までの間に教育実習の科目の授業を実施できないことにより、科目の単位を修得できないときは、課程認定を受けた教育実習以外の科目の単位をもってあてることができることとした
		○「学校保健安全法施行規則の一部改正」（文部科学省　令和5年4月28日公布、令和5年5月8日施行）
		・新型コロナウイルス感染症の第二種感染症への追加
		・新型コロナウイルス感染症にかかる出席停止期間の規準の設定
		・感染症の予防及び感染症の患者に対する医療に関する法律施行規則の一部を改正する省令（厚生労働省）による変更を踏まえたものである
		○「学校における新型コロナウイルス感染症に関する衛生管理マニュアル」文部科学省　（令和5年5月）
		○「養護教諭及び栄養教諭の標準的な職務の明確化に係る学校管理規則の参考例等の送付について（通知）」（文部科学省　令和5年7月）
		・養護教諭及び栄養教諭の資質能力の向上に関する調査研究協力者会議の議論の取りまとめを踏まえたもので、標準的な職務の内容を定めるに当たっては、地域の実情等を考慮した上で定めることが求められている。

【参考文献・引用】

『養護教諭制度50周年記念誌』　養護教諭制度50周年記念誌編集委員会　ぎょうせい　平成3年8月

『イミダス2001』　集英社　平成13年1月

『教育小六法』　市川須美子他編　学陽書房　平成19年1月

『21世紀の健康戦略』　島内憲夫訳　東京顕微鏡院　平成2年10月

171

参考：「子どもの心身の健康を守り、安全・安心を確保するために学校全体としての取組を進めるための方策について」

（中央教育審議会答申　平成20年1月17日）より抜粋

---

② また、これらの学校保健に関する取組については、学校、教育委員会、地方公共団体などの実施主体ごとに事前に計画を立て、その進捗状況を定期的に評価することとともに、その結果を相互に連絡し合い、今後の対策に生かしていくことが求められている。

2. 学校保健に関する学校内の体制の充実

○ 多様化・深刻化している子どもの現代的な健康課題を解決するためには、学校内の組織体制が充実することが基本となることから、すべての教職員が共通の認識（基本的な知識と理解）を持ち、校長のリーダーシップの下、学校保健計画に基づき、教職員の保健部（保）などの学校内の関係組織が十分に機能し、すべての教職員で学校保健を推進することができるように組織体制の整備を図り、保健教育と保健管理に取り組むことが必要である。

○学校保健法
　第2条　学校においては、幼児、児童、生徒又は学生及び職員の健康診断、環境衛生検査、安全点検その他の保健又は安全に関する事項について計画を立て、これを実施しなければならない。

（1）養護教諭

① 養護教諭は、学校保健活動の推進に当たって中核的な役割を果たしており、現代的な健康課題の解決に向けて重要な責務を担っている。平成18年度の調査によると、子どもの保健室の利用者は、1日当たり小学校41人、中学校38人、高等学校36人であり、養護教諭の行う健康相談活動がますます重要となっている。また、メンタルヘルスやアレルギー疾患などの現代的な健康課題の多様化により、医療機関などとの連携や特別な配慮を必要とする子どもが多くなっているとともに、特別支援教育において期待される役割も増してきている。そのため、養護教諭がその役割を十分果たせるようにするための環境整備が必要である。

② 養護教諭の職務は、学校教育法及び平成9年の保健体育審議会答申で「児童生徒の養護をつかさどる」と定められており、昭和47年及び平成9年の保健体育審議会答申が示されており、それらを踏まえて、現在、救急処置、健康診断、疾病予防などの保健管理、保健教育、

7

Ⅱ 学校保健の充実を図るための方策について

1. 子どもの健康を取り巻く状況とその対応

（子どもの健康を取り巻く状況）

① 我が国における学校保健は、明治初期に学校衛生として始まり、現在の制度は、昭和33年に制定された学校保健法により形作られた。昭和33年当時は、寄生虫・トラコーマ・結核などの伝染病や う歯などが子どもの重要な健康課題と認識されていたが、これらの課題について学校保健の特徴としている、健康診断や健康相談などの保健管理と、体育科・保健体育科をはじめとする教科を通じ、子どもが自分自身や他者の健康課題を理解し、自ら進んで自己管理を行うことができるようにすることを目指す学校保健教育の両者が行われ、また、保健教育の成果を活用して保健管理が行われてきた点があげられる。

② 近年、都市化、少子高齢化、情報化、国際化などによる社会環境や生活環境の急激な変化は、子どもの心身の健康にも大きな影響を与えており、学校生活においても生活習慣の乱れ、いじめ、不登校、児童虐待や薬物乱用、感染症など、新たな課題が顕在化している。同時に、小児医療の進歩と小児の疾病構造の変化に伴い、長期にわたり継続的な医療を受けながら学校生活を送る子どもの数も増えている。また、過度な運動・スポーツによる運動器＊疾患・障害を抱える子どもも見られる状況にある。

（子どもの健康をめぐる現代的な課題への対応）

① 子どもの健康課題は、昭和33年当時と比較して、多様化し、より専門的な視点での取組が求められるようになっている。このような現代的な健康課題を解決するためには、健康に関する課題を単に個人的な問題とするのではなく、学校、家庭、地域社会が連携して、社会全体で子どもの健康づくりに取り組んでいくことが必要である。

そのため、学校においては、地域の実情に即しつつ、子どもの教育に第一義的な責任を持つ家庭と、疾病の治療・予防にあたる医療機関をはじめとする地域の関係機関の保持増進などと適切な役割分担の下に、相互に連携を深めながら子どもの心身の健康を支えたり動かしたりする

＊「運動器」とは、骨・関節、筋肉、靱帯、腱、神経など身体などを支えたり動かしたりする器官の名称（「運動器の10年」日本委員会）

6

（全国学校保健・養護教諭担当指導主事会調べ）

④ 養護教諭については一人配置が多いことから、初任者に対する研修を含め学校内外における研修に困難が生じたり、保健室来室者の増加や特別な配慮を必要とする子どもも多く、対応に苦慮している状況が見られる。現職養護教諭の育成や支援体制の充実を図るため、経験豊かな退職養護教諭などの知見を活用することについて検討を行うことが必要である。

⑤ 深刻化する子どもの現代的な健康課題の解決に向けて、学級担任や教科担任等と連携し、養護教諭の有する知識や技能などの専門性を保健教育に活用することがより求められていることから、学級活動などにおける保健指導はもとより専門性を生かし、ティーム・ティーチングや兼職発令を含め、養護教諭が保健の領域にかかわる授業を行うなど保健学習への参画が増えており、保健教育の充実や子どもの現代的な健康課題に対応した看護学の履修等の検討を行うなど、教員養成段階における教育を充実する教育を充実する必要がある。

○平成９年の保健体育審議会答申において、養護教諭の役割の拡大に伴う資質を担保するため、養護教諭の資質向上方策が検討され、養成課程及び現職研修を含めた一貫した資質を担保していく必要があるとの提言が行われた。この答申を踏まえて、教育職員免許法の改正（平成10年）が行われ、養護教諭の役割の拡大に伴う資質を担保するために、科目「養護概説」、「健康相談活動の理論及び方法」が新設された。

⑥ 保健室へ来室する子どもの心身の健康課題が多様化しており、また、来室者が多い上に、一人当たりの対応時間も増加している。また、特別な配慮を必要とする子どもが多い状況にあり、学校、家庭、地域の関係機関との連携の推進が必要であることから、養護教諭の未配置校において、養護教諭の複数配置の促進などを図ることが必要であるため、適切に学校保健活動を実施することが可能な体制を構築することが適当である。

○１日平均子どもの保健室利用者数　○子ども１人当たりの対応時間
（小・中・大規模校※を合わせた平均）

9

健康相談活動、保健室経営、保健組織活動などを行っている。

また、子どもの現代的な健康課題の対応に当たり、学級担任等、学校医、学校歯科医、学校薬剤師、スクールカウンセラーなど学校内における連携、また医療関係者や福祉関係者など地域の関係機関との連携を推進することが必要となっている中、養護教諭はコーディネーターの役割を担う必要がある。

このような養護教諭に求められる役割を十分に果たせるよう、学校教育法における養護教諭に関する規定を踏まえつつ、養護教諭を中核として、担任教諭等との連携、関係機関などの関係者と連携・協力しつつ、学校保健も重視した学校経営が行えることを担保するような法制度の整備について検討する必要がある。

③ 養護教諭が子どもの現代的な健康課題に適切に対応していくためには、常に新たな知識や技能などを習得していく必要がある。

現在、国レベルの研修会としては、全国養護教諭研究大会や各地域で実施する研修などにおいて、指導者を養成する研修などを実施している。各都道府県において、地方交付税措置により養護教諭新規採用研修会や養護教諭10年経験者研修が行われているが、子どもの心身の健康課題の多様化や養護教諭の役割の拡大に対応した、より体系的な研修を進めるに当たり、研修日数が少なく不十分な状況にあるといえる。

そのため、国が研修内容のプログラム開発を行い、実践的な研修内容のモデルを示すなど、地方公共団体における研修体制の充実を推進する方策について検討する必要がある。また、教育公務員特例法上の研修に当たる初任者研修を対象とすることなどについては、学校内において直ちに指導に当たる人材を確保することが困難であるなど課題があるが、⑤で記述している退職養護教諭などの活用状況を踏まえつつ、一部の地方公共団体で導入されている指導的な養護教諭による指導など、新たに採用された養護教諭に対する研修の充実について、引き続き検討していくことが求められる。

○平成18年度養護教諭現職研修について（61県・政令指定都市等調査）
養護教諭の新規採用研修は、概ね26日～28日が多く、10年経験者研修は15日前後が多い。

実施期間	新規採用研修	10年経験者研修
～9日	1	4
10日～19日	1	54
20日～29日	41	1
30日～39日	12	1
40日～	6	1
計	61県市	61県市

8

を円滑に遂行できるように指導・助言することが期待できる教員の配置を行うことやその職務に必要な資質の向上が求められている。

② 保健主事の職務に必要な能力や資質向上のためには、国が実践的な研修プログラムを開発し、保健に関し具体的な事例の紹介や演習などによる実践的な保健主事研修会で実施できるようにするなど研修の充実を図ることが求められる。また、とりわけ新任の保健主事研修会においては、「保健主事のための手引」や事例集などの教材を活用することなど、資質向上に向けた取組の充実を図る必要がある。

（3）学級担任や教科担任等

① 学級担任等は、子どもと常に身近に接していることから、メンタルヘルスやアレルギー疾患などの現代的な健康課題に対応すべく、子どもたちと向き合う時間の確保や、日々の健康指導、保健指導、学校環境衛生の日常的な点検などを適切に行うことが求められている。保健学習については、とりわけ、学級担任、保健体育教諭、養護教諭などが連携して実施していくことが求められる。また、学校保健の組織的な活動を活性化する上で、養護教諭や保健主事などとともに、学級担任などとの一般教諭が一丸となって積極的に取組に取り組んでいくことが必要である。

しかしながら、一般教諭の学校保健活動に対する理解や学校保健活動に主体的に取り組むことの意識の不足が見られ、その担うべき段階が必ずしも十分果たされていないこともあるため、各大学や教育委員会の段階において、教員養成の段階や初任者研修をはじめとする各種現職研修において、学校保健についての知識や指導方法について得る機会を確保・充実することが望まれる。

② 健康観察は、学級担任、養護教諭などが子どもの体調不良や欠席・遅刻などの日常的な心身の健康状態を把握することにより、感染症や心の健康課題などの早期発見・早期対応に関心をもたせ、自己管理能力の育成を図るものである。また、子どもにとって健康観察は、日常における健康観察は、子どもの保健管理などにおいて重要である。現状は、小学校96.4％、中学校92.3％、高等学校54.3％で実施されている。

③ 学級担任等により毎朝行われる健康観察は特に重要であるため、全校の子どもの健康状態の把握方法について、初任者研修をはじめとする各種現職研修において演習などの実践的な研修を行うこととモデル的な健康観察表の作成、実践例の掲載を含めた指導資料の作成が必要である。

11

＊＜学校規模＞
小学校・中学校：小規模校 150〜299人 中規模校 300〜499人 大規模校 500人以上
高等学校：小規模校 401〜600人 中規模校 601〜800人 大規模校 801人以上
（保健室利用状況調査 （財）日本学校保健会 平成18年）

⑦ 近年、社会的な問題となっているいじめや児童虐待などへの対応に当たっては、すべての教職員がそれぞれの立場から連携して組織的に対応するための校内組織体制の充実を図るとともに、家庭や、地域の関係機関等との連携を推進していくことが求められている。養護教諭はその職務の特質からいじめや児童虐待などの早期発見・早期対応を図ることが期待されており、固においても、これらの課題を抱える子どもに対する対応や留意点などについて、養護教諭に最新の知見を提供することなど、学校の取組を支援することが求められる。

⑧ 子どもの健康づくりをより効果的に推進するためには、学校保健活動のセンター的な役割を担っている保健室の経営の充実を図ることが求められる。そのためには、養護教諭が充実した保健室経営計画を立て、教職員に周知など連携を図っていくことが望まれる。また、養護教諭が充実した健康相談活動や救急処置などを行うための保健室の施設設備の充実が求められる。

（2）保健主事

① 保健主事は、学校保健と学校全体の活動に関する調整や学校保健計画の作成、学校保健に関する組織活動の推進（学校保健委員会の運営）など学校保健に関する事項の管理に当たる職員であり、その果たすべき役割はますます大きくなっている。このことから、保健主事は充て職であるが、学校における保健に関する活動の調整にあたる教員として、すべての教職員が学校保健活動に関心を持ち、それぞれの役割を果たしている学校における学校保健の教育目標などが達成されるべき目標を立て、その具現化を図るために、計画的・組織的に運営することが求められている。

＊ 保健室経営計画とは、当該学校の教育目標及び学校保健の目標などを受け、その具現化を図るために、保健室の経営において達成されるべき目標を立て、計画的に運営するために作成される計画。

10

174

（4）校長・教頭等

① 学校経営を円滑かつ効果的に実施していくためには、子どもの健康づくりを重要であることから、学校保健を重視した学校経営を行うことが求められる。特に、インフルエンザ、麻しんのような伝染病の校内まん延防止など、健康に関する危機管理は重要な課題である。

② 学校保健活動を推進し、子どもの現代的な健康課題の解決などを図るためには、校長自らが学校保健の重要性を再認識し、学校経営に関してリーダーシップを発揮することにより、学校（学校保健委員会を含む）や地域社会における組織体制づくりを進めていくことが求められる。

③ しかしながら、管理職研修には、学校保健に関する内容の研修がほとんど組み込まれていないのが現状である。
学校保健について、校長・教頭等の意識の向上を図り、学校経営に関するリーダーシップを発揮できるようにするためには、各都道府県等で実施している管理職研修に子どもの現代的な健康課題の解決に向けた内容を設定するなど、学校保健に関する管理職研修の充実を図る必要がある。

（5）学校医、学校歯科医、学校薬剤師

① 学校保健法では、「学校医、学校歯科医及び学校薬剤師は、学校における保健管理に関する専門的事項に関し、技術及び指導に従事する」とその職務が明記されている。また、同施行規則において、学校医、学校歯科医は健康診断における疾病の予防への従事及び保健指導を行うことが明記されている。

② これまでの学校保健において、学校医、学校歯科医、学校薬剤師が専門的見地から果たした役割は大きいものであった。今後は、子どもの従来からの健康課題への対応に加え、メンタルヘルスやアレルギー疾患などの子どもの現代的な健康課題について、学校と地域の専門的医療機関とのつなぎ役になるなど、引き続き積極的な貢献が期待される。

③ 学校医、学校歯科医の主要な職務の一つとして、健康診断がある。健康診断においては、疾患や異常を診断し、適切な予防措置や保健指導を行うことが求められており、近年、重要性が増している子どもの生活習慣病など、新たな健康課題については、学校医、学校歯科医は正しい情報に基づく適切な保健指導を行うことが必要である。また、学校の設置者や学校医の選任診断を担当している学校医も見

13

---

④ また、栄養教諭等については、第Ⅲ章においても記述しているように学校給食などを活用して食育を推進し、食習慣の改善などを進めつつ、食育と学校保健増進を図る取組を進めており、養護教諭等と連携しつつ、健康の保持増進に一体的に推進される必要がある。

⑤ さらに、幼児期においては発熱など健康状態が変化しやすいことから、日々の健康観察を重視して、幼児の心身の健康課題の早期発見に努め、子どもや保護者への保健指導の充実を図ることが望まれる。

（参考）
○教諭の養成課程における健康に関連する履修科目（必修科目）教育職員免許法

「幼児、児童及び生徒の心身の発達及び学習の過程（障害のある幼児、児童及び生徒の心身の発達及び学習の過程を含む。）」、「道徳の指導法」、「特別活動の指導法」、「生徒指導の理論及び方法」、「教育相談（カウンセリングに関する基礎的な知識を含む。）の理論及び方法」

○「初任者研修目標・内容例（小・中学校）」（文部科学省初等中等教育局教職員課 平成19年2月16日）に関する健康に関連する事項

[基礎的素養]
7 教育課題の解決に向けた取組、研修の進め方
「学校保健、安全指導等の進め方」
・研修の目標：健康の保持増進に努める態度や意欲を育てる方法等を学び、実際の指導に生かすことができる。
「食に関する指導の進め方」
・研修の目標：学校教育全体で行う「食に関する指導」の意義やねらいを理解し、効果的な指導の方法を身につける。

[学級経営]
2 学級経営の実際と工夫
「日常の指導」
・研修内容：清掃、給食、休み時間、朝や帰りの会などの指導、健康や安全に関わる指導：けんかや対立など人間関係改善への指導、個別に配慮を要する児童生徒への指導。
・研修目標：日頃から児童生徒の学級生活上の状況をよく観察し、学級生活上の課題を見定めるとともに、ねばり強く適切な指導、助言をすることができる。

12

175

② 「心の専門家」であるスクールカウンセラーは、子どもに対する相談、保護者や教職員に対する相談、教職員などへの研修のほか、事件・事故や自然災害などの緊急事態において被害を受けた子どもの心のケアなど、近年ではその活動は多岐にわたっており、学校の教育相談体制において、その果たす役割はますます大きくなっている。つまり、子どもの状態やニーズをめぐる緊急事態への見立て、個別面接、コンサルテーション、関係機関との連携に関するさまざまな助言など、臨床心理の専門性に基づく助言・援助は学校における組織的な相談体制の中で重要な役割を占めている。

③ 多様化、深刻化している子どもの現代的な健康課題を解決するためには、メンタルヘルスに関する課題にも対応できるよう、校内組織にスクールカウンセラーの参画を得るなど、スクールカウンセラーを効果的に活用して、心身両面から子どもにかかわる養護教諭をはじめとした教職員との連携を推進していくことが求められる。

（７）教育委員会における体制の充実

① 教育委員会においては、現在、各都道府県で学校保健を担当する指導主事として、養護教諭のほか一般教諭などが充てられている状況にある。今後、学校が学校保健活動を充実させるためには、指導主事による適切な指導・助言が不可欠であり、養護教諭出身の指導主事はもとより、養護教諭出身以外の指導主事などの学校保健に係る資質向上が求められる。

また、学校保健を担当する指導主事には、各学校の状況の適切な把握や、それを踏まえた改善のための指導・助言などの取組をはじめ、地域学校保健委員会、学校保健委員会などの組織化された組織性を活性化するための働きかけが求められる。

さらに、各学校への指導助言を充実する観点から、学校保健を担当する指導主事の複数配置や退職養護教諭の活用などが望まれる。なお、学校医などの健康の確保に関する教育委員会としての明確なビジョンが打ち出されたことにより、これらの取組を通じて教育委員会としての学校保健に関する体制の充実が望まれる。

各教育委員会においては、これらの取組を通じて教育委員会としての学校保健に関する体制の充実が望まれる。

（８）学校環境衛生の維持・管理及び改善等

① 学校環境衛生の維持・管理は、健康的な学習環境を確保する観点から重要であることから、学校薬剤師等による検査、指導助言等により改善が図られてきたところであり、

15

られているところであり、学校保健法に基づく職員の健康診断では、生活習慣病などの疾患予防の観点からの重要性が増していることから、教職員、保護者や疾患予防に対する保健指導が効果的に行われる環境を整えていくことについても、検討することが望まれる。

④ 学校薬剤師は、健康的な学習環境の確保や感染症予防のために学校環境衛生の維持管理に携わっており、また、保健指導においても、専門的な知見を生かし薬物乱用防止や環境衛生に係る教育に貢献している。また、子どもが、生涯にわたり自己の健康管理を適切に行う能力を身に付けさせることが求められる中、医薬品は、自ら服用する能力を持つことから、医薬品に関する適切な知識を持つことは重要な課題であり、学校薬剤師がこのような点について更なる貢献をすることが期待されている。

⑤ また、学校医、学校歯科医、学校薬剤師は、学校保健委員会などの活動に関し、専門家の立場から指導・助言を行うなど、より一層、積極的な役割を果たすことが望まれる。

⑥ 近年、子どもの抱える健康課題が多様化、専門化する中で、子どもが自らの健康課題を理解し、進んで管理できるようにするには、学校医、学校歯科医、学校薬剤師による専門知識に基づいた効果的な保健指導が重要である。その中でも、学校医、学校歯科医、学校薬剤師が、急病時の対応、救急処置、生活習慣病の予防、歯・口の健康、喫煙、飲酒や薬物乱用防止などについて特別活動等における保健指導を行うことは、学校生活のみならず、生涯にわたり子どもにとって有意義なものになると考えられる。学校医、学校歯科医、学校薬剤師が保健指導を行うに当たっては、子どもの発達段階に配慮し、教科等の教育内容との関連を図る必要があることから、学級担任や養護教諭のサポートが不可欠であり、学校全体の共通理解の上で、より充実を図ることが求められる。

（６）スクールカウンセラー

① スクールカウンセラーについては、平成7年度から調査研究を実施しており、平成18年度には全国の公立中学校を中心に約1万校に配置、派遣されるに至っている。その成果として、スクールカウンセラー派遣校において、いじめ、不登校、暴力行為などの問題行動の発生や児童生徒の減少が見られており、また、校長や都道府県・指定都市教育委員会を対象としたアンケートの結果からも、配置の効果を評価する意見や、小学校への配置、スクールカウンセラーの配置時間数の拡大などを希望する意見などが多く見られる。

14

176

○健康増進法
第25条　学校、体育館、病院、劇場、観覧場、集会場、展示場、百貨店、事務所、官公庁施設、飲食店その他の多数の者が利用する施設を管理する者は、これらを利用する者について、受動喫煙（室内又はこれに準ずる環境において、他人のたばこの煙を吸わされることをいう。）を防止するために必要な措置を講ずるように努めなければならない。

○学校における受動喫煙防止対策の状況
単位：校（％）

受動喫煙防止対策を講じている	50,554（95.3）
［具体策］	
1. 学校敷地内の全面禁煙措置を講じている。	24,082（45.4）
2. 建物内に限って全面禁煙措置を講じている。	12,551（23.6）
3. 建物内に喫煙場所を設置し、分煙措置を講じている。	13,961（26.3）
受動喫煙防止対策を講じていない。	2,435（ 4.7）
合　計	53,039（100）

（文部科学省調査　平成17年3月）

3. 学校、家庭、地域社会の連携の推進

○メンタルヘルスに関する課題やアレルギー疾患などの子どもの現代的な健康課題に適切に対応していくためには、学校が、学校内でできること、なすべきことを明確化し、すべての教職員間で共通理解を図るとともに、家庭、関係行政機関、医療機関などにもその内容を伝え、理解を求めることによって、適切な役割分担に基づいて活動を行っていくことが求められる。

(1) 学校保健委員会

① 学校保健委員会は、学校における健康に関する課題を研究協議し、健康づくりを推進するための組織である。学校保健委員会は、校長、養護教諭・栄養教諭・学校栄養職員などの教職員、学校医、学校歯科医、学校薬剤師、保健主事、児童生徒、地域の保健関係機関の代表などを主な委員とし、保健主事が中心となって、運営することとされている。

17

177

その際の基準として「学校環境衛生の基準」（平成4年文部省体育局長裁定）が定められている。しかしながら、学校において「学校環境衛生の基準」に基づいた定期検査は、必ずしも完全に実施されていない状況があり、子どもの適切な学習環境の確保を図るためには、定期検査の実施や検査結果に基づいた維持管理や改善が求められている。そのため、完全に実施されていない要因やその対策について十分検討した上で、現在ガイドラインとして示されている「学校環境衛生の基準」の位置付けをより一層明確にするために法制度の整備を検討する必要がある。

また、城内の学校における日々の環境衛生を含む学校保健管理に関する諸課題に対応するために、都道府県の教育委員会には専門性を有する学校保健技師を置くことができることとされているものの、約半数の都道府県（26府県）では配置されておらず、また、その多くが非常勤となっている。

環境衛生などの諸課題に対しては、専門的な見地から可能な限り早期の助言指導を行う必要があること、維持管理や改善について市町村の教育委員会や関係機関との連携を図る必要があることから、学校保健技師の活用が望まれる。

○学校保健法
第15条　都道府県の教育委員会の事務局に、学校保健技師を置くことができる。
2　学校保健技師は、学校における保健管理に関する専門的事項について学識経験がある者でなければならない。
3　学校保健技師は、上司の命を受け、学校における保健管理に関し、専門的技術的指導及び技術に従事する。

○学校保健技師の現状
医師　　　17人（うち常勤　4人）
歯科医師　1人（うち常勤　1人）
薬剤師　　8人（うち常勤　8人）
保健師　　2人（うち常勤　2人）
（注）都道府県によっては複数配置されている場合がある。

② また、平成15年5月1日に「健康増進法」が施行されるなど、学校における受動喫煙が子どもの身体への悪影響を防止する観点から、各学校における受動喫煙防止をよりいっそう進めることについての検討が必要である。

（文部科学省調査　平成18年11月）

16

② 学校保健委員会については、昭和33年の学校保健法等の施行に伴う文部省の通知において、学校保健計画に規定すべき事項として位置付けられている。また、昭和47年の保健体育審議会答申においても、「学校保健委員会の設置を促進し、その運営の強化を図ることが必要である」と提言されているが、平成17年度の学校保健委員会の設置率は、小学校81.9％、中学校78.6％、高等学校76.7％にとどまっている。また、設置されていても開催されていない学校や、年1回のみの開催のため、充実した議論が行われていないなど、質的な課題がある。

③ 学校保健委員会を通じて、学校内の保健活動の中心として機能するだけではなく、学校、家庭、地域の関係機関などとの連携による効果的な学校保健活動を展開することが可能となることから、その活性化を図っていくことが必要である。

このため、国、地方公共団体において、先進的な取組を進めている地域の実践事例を参考にするなどして、学校保健委員会の位置付けを明確化し、質の向上や格差の是正を図ることが必要である。

さらに、ホームページからダウンロードできる環境整備を図るとともに、学校において適切な管理の下に活用する資料を収集したデータベースを作成し、普及のために啓発資料を活用した研修会を実施するなど、学校保健委員会の設置や効果的な推進や資質の向上を図っていく必要がある。

（2）学校と家庭との連携の強化

① 近年、保健室に来室する子どもが増えており、来室の背景要因としては、「身体に関する問題」より「心に関する問題」が多くなっていることや、「家庭・生活環境に関する問題」も少なからず見られることから、学校と家庭との連携がより一層必要となっている。

また、メンタルヘルスに関する課題で、連携が円滑に進められなかった事例の主な理由として、小学校、中学校、高等学校ともに「保護者が連携に消極的であった」ことが挙げられている。

健康課題に関する子どもの支援に当たっては、家庭の理解と協力を得ることが不可欠な問題、日ごろから家庭に対する啓発活動を行うなど、家庭との信頼関係の構築に絶えず努めておくことが必要である。また、PTAは、学校と家庭との連携の上で重要な組織であることから、これらと効果的な連携を図ることが必要である。

○子どものメンタルヘルスに関する問題で、校内及び関係機関との連携が円滑に進まなかった主な理由

	小学校	中学校	高等学校
			（単位：人）
①校外の連携先を選ぶのが難しかった。	4	20	36
②校外の連携先が協力的でなかった。	1	8	9
③校外の連携先と学校の対応に違いが見られた。	13	31	18
④校内の関係者が連携に消極的であった。	8	33	45
⑤校内外の連携のための時間の確保が難しかった。	12	30	20
⑥保護者が連携に消極的であった。	83	124	104
⑦校内における推進・まとめ役が明確でなかった。	13	45	54
⑧その他	3	10	15

（子どものメンタルヘルスの理解とその対応）（財）日本学校保健会　平成17年

② また、健康診断における事後措置や日常の健康観察などから、学校が家庭に医療機関の受診などを勧めても家庭の理解が得られない場合がある。適切な支援を行うためには、受診などの働きかけに応じてもらう必要があるため、家庭や子どもに不安を与えないように、養護教諭、学級担任等、校長等、学校医、地域の関係機関などが十分に連携する必要がある。

③ 子どもの中には、心臓疾患や腎臓疾患、アレルギー疾患のように、その子どもの健康状態が適切に把握されていないと生命にかかわる事態が生じかねない子どもがいる。このような子どもの疾患などについては、「学校生活管理指導表」を用いて、個々の子どもの状況に応じた学校生活上の指示が主治医からなされている。また、アレルギー疾患についても同様の指導表の作成が進められている。いずれも、学校や主治医から報告された、家庭や主治医から報告された健康情報などを適切に把握し、個々の子どもを適切な保健管理に生かしていくことが求められる。

また、そのような情報をもとに、学校は適切な配慮を行うことが求められるが、学校の実情に応じて実施可能なものとそうでないものとがあることも考えられる。どのような配慮を行うかの基本的な考え方について、教育委員会、学校、家庭、学校医、主治医が共通理解を図った上で、具体的な実施内容について学校や家庭が直接意見交換する機会を設け、対応を決定することが重要である。

（3）学校と地域の関係機関との連携の強化

① 子どもの現代的な健康課題に適切に対応するためには、学校や家庭を中心に、学校

○学校保健委員会（構成例）

- 校長・教頭等
- 教職員代表 ── 保健主事、養護教諭、保健体育教諭、栄養教諭、教務主任、学年主任、生徒指導主事、保健体育科主任
- 児童生徒代表 ── 児童生徒会役員、児童生徒会保健委員、地区生徒委員会や体育委員会との議題に関係のある委員
- 保護者代表 ── PTA役員、各学年委員長、各学年保健委員、各部委員長
- 指導・助言者 ── 学校医、学校歯科医、学校薬剤師、スクールカウンセラー
- 関係機関代表 ── 教育委員会、保健所、市町村保健衛生主管、児童相談所、警察署、民生（児童）委員
- 地域の人々 ── 商店、企業、町会関係者など

学校保健委員会

○地域学校保健委員会（イメージ） 中学校区などの地域を想定（町内会等は事務局等の求めに応じ参加）

「○○中学校」学校保健委員会　「○○小学校」学校保健委員会　「△△小学校」学校保健委員会
参加 ── 町内会・地域団体、○○市教育委員会
保健所、医師会等

○学校地域保健連携推進協議会（イメージ） 市町村域の地域を想定（行政機関が中心的に対応）

□□小学校（学校の代表者）　××小学校（学校の代表者）　○○中学校 学校の代表者
地域医療対策、地域中核医療機関　── 連携・協力 ── 市町村教育委員会 ── 連携・協力 ── 保健部局、福祉部局等

179

の設置者である地方公共団体等や地域の関係機関を含めた地域レベルの組織体制づくりが不可欠である。

② 学校と地域の連携については、平成9年の保健体育審議会答申において、「地域にある幼稚園や小学校・中学校・高等学校の学校保健委員会が連携して、地域の子どもたちの健康課題の協議などを行うため、地域学校保健委員会の設置の促進に努めることが必要である」と提言されている。

③ このような中学校区などを単位とした学校間の連携は引き続き推進する必要があるが、子どもの健康課題は、その地域の特性を踏まえた取組の実施が重要であり、また、教育委員会はもとより母子保健や保健福祉などを担当する機関とも組織的に連携して対応していく必要がある。

④ このことから、市町村レベルにおいて、教育委員会と保健部局などの行政機関や地域の学校医・学校歯科医・学校薬剤師等の関連する団体などが連携し、子どもの現代的な健康課題を検討し対応する場の設置が求められる。このため、例えば市町村教育委員会に「学校地域保健連携推進協議会（仮称）」を設置し、域内の学校の代表者（校長・教頭等）や保健主事・養護教諭、小児医療などの専門家、母子保健などに関する専門家、メンタルヘルスに関する課題、アレルギー疾患の増加、性の問題行動や薬物乱用、感染症や過度のスポーツ運動による運動器疾患など、地域の実情を踏まえた課題解決に向けた計画を策定し、それに基づき具体的な取組に取り組むことが必要である。

この計画においては、都道府県との連携を図りつつ計画りつつ計画を実行するに当たっての専門的なサポートを誰が、どのように行うのかなど、子どもの健康課題に関して、学校や関係機関の果たすべき役割を明確にし、とるべき行動について具体的な年次目標を立て、それに向けた方策を策定することが望まれる。

⑤ また、都道府県教育委員会が、地元医師会などの協力を得て、学校に専門医を派遣し、子どもや保護者・教職員に対する啓発や個別の健康相談を行う取組が進められており、今後とも充実を図る必要がある。

出典：「子どもの心身の健康を守り、安全・安心を確保するために学校全体としての取組を進めるための方策について（答申）」文部科学省（https://www.mext.go.jp/b_menu/shingi/chukyo/chukyo0/toushin/__icsFiles/afieldfile/2009/01/14/001_4.pdf）より抜粋

参考：学習指導要領における健康教育関連項目　　保健教育／小学校の学習内容

	健康と生活習慣	歯と口の健康	病気（感染症）の予防	けがの予防と応急手当	飲酒・喫煙・薬物乱用防止	心の健康	
総則	学校における体育・健康に関する指導を、児童の発達段階を考慮して、学校の教育活動全体を通じて適切に行うことにより、健康で安全 する指導及び心身の健康の保持増進に関する指導については、体育科、家庭科及び特別活動の時間はもとより、各教科、道徳科、外国語 連携を図りながら、日常生活において適切な体育・健康に関する活動の実践を促し、生涯を通じた健康・安全で活力ある生活を送るため						
小学1年生	健康や安全に気を付け、物や金銭を大切にし、身の回りを整え、わがままをしないで、規則正しい生活をする（1-2年道徳）			造形活動で使用する材料や用具、活動場所については、安全な扱い方について指導する、事前に点検するなどして、事故防止に留意する（1-6年図画工作）			
小学2年生	規則正しく健康に気を付けて生活しようとする（1-2年生活）						
小学3年生	毎日を健康に過ごすには、運動、食事、休養及び睡眠の調和のとれた生活を続けること／健康な生活について課題を見付け、その解決に向けて考え、それを表現すること（3年体育）		毎日を健康に過ごすには、体の清潔を保つことなどが必要であること＞学校でも健康診断や学校給食など様々な活動が行われていることについて触れるものとする（3年体育）	観察・実験などの指導に当たっては、事故防止に十分留意すること（3-6年理科）		心や体の調子がよいなどの健康の状態は、主体の要因や周囲の環境の要因が関わっていること（3年体育）	
小学4年生	体をよりよく発育・発達させるためには、適切な運動、食事、休養及び睡眠が必要であること（4年体育）						
小学5年生	安全に気を付けることや、生活習慣の大切さについて理解し、自分の生活を見直し、節度を守り節制に心掛ける（5-6年道徳）	＞食物アレルギーについても配慮すること（5-6年家庭）	調理に必要な用具や食器の安全で衛生的な取扱い及び加熱用調理器具の安全な取扱いについて理解し、適切に使用できること／調理に用いる食品については、生の魚や肉は扱わないなど安全衛生に留意すること（5-6年家庭）	交通事故や身の回りの生活の危険が原因となって起こるけがの防止には、周囲の危険に気付くこと、的確な判断の下に安全に行動すること、環境を安全に整えることが必要であること／けがなどの簡単な手当は、速やかに行う必要があること（5年体育）		心は、いろいろな生活経験を通して、年齢に伴って発達すること／心と体には、密接な関係があること／不安や悩みへの対処には、大人や友達に相談する、仲間と遊ぶ、運動をするなどのいろいろな方法があること（5年体育）	
小学6年生	生活習慣病など生活行動が主な要因となって起こる病気の予防には、適切な栄養、栄養の偏りのない食事をとること、口腔の衛生を保つことなど、望ましい生活習慣を身に付ける必要があること（6年体育）	生活習慣病など生活行動が主な要因となって起こる病気の予防には、栄養の偏りのない食事をとること、口腔の衛生を保つことなど、望ましい生活習慣を身につける必要があること（6年体育）	病気は、病原体、体の抵抗力、生活行動、環境が関わりあって起こること／病原体が主な要因となって起こる病気の予防には、病原体が体に入るのを防ぐことや病原体に対する体の抵抗力を高めることが必要であること（6年体育）	けがや病気からの回復についても触れるものとする（5-6年保健）	喫煙、飲酒、薬物乱用などの行為は、健康を損なう原因となること＞薬物については、有機溶剤の心身への影響を中心に取り扱うものとする。また、覚せい剤等についても触れるものとする（6年体育）		
小学特活	心身ともに健康で安全な生活態度の形成／食育の観点を踏まえた学校給食と望ましい食習慣の形成＞給食時間を中心としながら健康による 身の健康を保持増進することや、事件や事故、災害等から身を守り安全に行動すること＞心身の健全な発達や健康の保持増進、事件事故、						
小学総合	探求課題については、学校の実態に応じて、例えば国際理解、情報、環境、福祉、健康などの現代的な諸課題に対応する横断的・総合的						

＞以下は内容取扱いの注意事項。

（平成 29 年 3 月改訂）

からだとその成長	性といのち	食育	環境と健康	安全・防災	運動と健康
な生活と豊かなスポーツライフの実現を目指した教育の充実に努めること。特に学校における食育の推進並びに体力の向上に関する指導、安全に関[複数列]					
活動及び総合的な学習の時間などにおいてもそれぞれの特質に応じて適切に行うよう努めること。またそれらの指導を通して、家庭や地域社会との[複数列]					
の基礎が培われるよう配慮すること。					
自分自身の生活や成長を振り返る活動を通して、自分のことや支えてくれた人々について考えることができ、自分が大きくなったこと、自分でできるようになったこと、役割が増えたことなどが分かるとともに、これまでの生活や成長を支えてくれた人々に感謝の気持ちをもち、これからの成長への願いをもって、意欲的に生活しようとする（1-2年生活）	生きることのすばらしさを知り、生命を大切にすること（1-2年道徳）動物を飼ったり植物を育てたりする活動を通して、それらの育つ場所、変化や成長の様子に関心をもって働きかけることができ、それらは生命をもっていることや成長していることに気付くとともに、生き物への親しみをもち、大切にしようとすること（1-2年生活）			通学路の様子やその安全を守っている人々などについて考える／安全な登下校をする／安全に生活する／公共物や公共施設を安全に気を付けて正しく利用しようとする（1-2年生活）	運動と健康が関わっていることについての具体的な考えがもてるよう指導すること（1-2年体育）
体は年齢に伴って変化すること。また、体の発育・発達には個人差があること＞自分と他の人では発育・発達などに違いがあることに気付き、それらを肯定的に受け止めることが大切であることについて触れる（4年体育）人の体には骨と筋肉があること。人が体を動かすことができるのは、骨、筋肉の働きによること（4年理科）	生命の尊さを知り、生命あるものを大切にすること（3-4年道徳）体は、思春期になると次第に大人の体に近づき、体つきが変わったり、初経、精通などが起こったりすること。異性への関心が芽生えること＞自分と他の人では発育・発達などに違いがあることに気付き、それらを肯定的に受け止めることが大切であることについて触れる（4年体育）	学校でも健康診断や学校給食など様々な活動が行われていること（3-4年体育）	毎日を健康に過ごすには、明るさの調節、換気などの生活環境を整えることが必要であること（3年体育）飲料水、電気、ガスを供給する事業は、安全で安定的に供給できるよう進められていることや、地域の人々の健康な生活の維持と向上に役立っていること（4年社会）	消防署や警察署などの関係機関は、地域の安全を守るため、相互に連携して緊急時に対処する体制をとっていることや地域の人々と協力して火災や事故などの防止に努めていること（3年社会）地域の関係機関や人々は、自然災害に対し、様々な協力をして対処してきたことや、今後想定される災害に対し、様々な備えをしていること＞地域で起こり得る災害を想定し、日頃から備えをするなど、自分たちでできることなどを考えたり選択・判断したりできる（4年社会）	運動と健康が密接に関連していることについての具体的な考えがもてるように指導すること（3-4年体育）
自分の成長を自覚し、家庭生活と家族の大切さや家庭生活が家族の協力によって営まれていることに気付く（5年家庭）	人は、母体内で成長して生まれること＞人の受精に至る過程は取り扱わないものとする（5年理科）異性についても理解しながら、人間関係を築いていくこと／生命が多くの生命のつながりの中にあるかけがえのないものであることを理解し、生命を尊重すること／よりよく生きようとする人間の強さや気高さを理解し、人間として生きる喜びを感じること（5-6年道徳）	食事の役割が分かり、日常の食事の大切さと食事の仕方について理解すること／体に必要な栄養素の種類と主な働きについて理解すること／食品の栄養的な特徴が分かり、料理や食品を組み合わせてとる必要があることを理解すること＞五大栄養素と食品の体内での主な働きを中心に扱うこと＞食物アレルギーについても配慮すること（5-6年家庭）食料生産は、国民の食料を確保する重要な役割を果たしていること（5年社会）	衣服の主な働きが分かり、季節や状況に応じた日常着の快適な着方について理解する／季節の変化に合わせた住まい方、整理・整頓や清掃の仕方を考え、快適な住まい方を工夫する＞主として暑さ・寒さ、通風・換気、採光、及び音を取り上げる（5-6年家庭）公害から国土の環境や国民の健康な生活を守ることの大切さを理解すること（5年社会）	土地の変化や天気の変化では、自然災害についても触れること（5年理科）自然災害から国土を保全し国民の生活を守るために国や県などが様々な対策や事業を進めていること／地震災害、津波災害／風水害、火山災害／雪害などを取り上げること（5年社会）	運動領域と保健領域との関連を図る指導にすること（5-6年保健）
体内に酸素が取り入れられ、体外に二酸化炭素などが出されていること／食べ物は、口、胃、腸などを通る間に消化、吸収され、吸収されなかった物は排出されること／血液は、心臓の働きで体内を巡り、養分、酸素、及び二酸化炭素などを運んでいること＞心臓の拍動と脈拍とが関係することにも触れること／体内には、生命活動を維持するための様々な臓器があること＞主な臓器として、肺、胃、小腸、大腸、肝臓、腎臓、心臓を扱うこと（6年理科）		生活習慣病など生活行動が主な要因となって起こる病気の予防には、栄養の偏りのない食事をとること、口腔の衛生を保つことなど、望ましい生活習慣を身につける必要があること（6年体育）	地域では、保健に関わる様々な活動が行われていること（6年体育）人は、環境と関わり、工夫して生活していること（6年理科）		
い食事のとり方など、望ましい食習慣の形成を図るとともに、食事を通して人間関係をよりよくすること（学級活動）、現在及び生涯にわたって心[複数列]					
災害等から身を守る安全な行動や規律ある集団行動の体得（健康安全・体育的行事）					
な課題、地域の人々の暮らし、伝統と文化など地域や学校の特色に応じた課題、児童の興味・関心に基づく課題などを踏まえて設定すること[複数列]					

保健教育／中学校の学習内容

	健康と生活習慣	歯と口の健康	病気(感染症)の予防	けがの予防と応急手当	飲酒・喫煙・薬物乱用防止	心の健康	
総則	学校における体育・健康に関する指導を、生徒の発達段階を考慮して、学校の教育活動全体を通じて適切に行うことにより、健康で安全 する指導及び心身の健康の保持増進に関する指導については、保健体育科、技術・家庭科及び特別活動の時間はもとより、各教科、道徳 携を図りながら、日常生活において適切な体育・健康に関する活動の実践を促し、生涯を通じた健康・安全で活力ある生活を送るための						
中学1年生	健康は、主体と環境の相互作用の下に成り立っていること。また、疾病は、主体の要因と環境の要因が関わりあって発生すること／健康の保持増進には、年齢、生活環境等に応じた運動、食事、休養、及び睡眠の調和のとれた生活を続ける必要があること（1年保健）健康の保持増進と疾病の予防に加えて、疾病の回復についても取り扱う（1-3年保健）		健康の保持増進と疾病の予防に加えて、疾病の回復についても取り扱う（1-3年保健）調理実習については、食物アレルギーにも配慮する（1-3年家庭）			知的機能、情意機能、社会性などの精神機能は、生活経験などの影響を受けて発達すること。また、思春期においては、自己の認識が深まり、自己形成がなされること／精神と身体は、相互に影響を与え、関わっていること。欲求やストレスは、心身に影響を与えることがあること。また、心の健康を保つには、欲求やストレスに適切に対処する必要があること（1年保健）	
中学2年生	生活習慣病などは、運動不足、食事の量や質の偏り、休養や睡眠の不足などの生活習慣の乱れが主な要因となって起こること。また、生活習慣病などの多くは、適切な運動、食事、休養及び睡眠の調和のとれた生活を実践することによって予防できること（2年保健）＞食育の観点も踏まえつつ健康的な生活習慣の形成に結びつくように配慮するとともに、必要に応じて、コンピュータなどの情報機器の使用と健康との関わりについて取り扱うことにも配慮する。また、がんについても取り扱う（1-2年保健）			応急手当を適切に行うことによって、傷害の悪化を防止することができること。また、心肺蘇生法などを行うこと＞包帯法、止血法など傷害時の応急手当も取り扱い、実習を行うものとする。また、効果的な指導を行うため、水泳など体育分野の内容との関連を図る（2年保健）	喫煙、飲酒、薬物乱用などの行為は、心身にさまざまな影響を与え、健康を損なう原因となること。また、これらの行為には、個人の心理状態や人間関係、社会環境が影響することから、それぞれの要因に適切に対処する必要があること＞心身への急性影響及び依存性について取り扱うこと。また、薬物は、覚せい剤や大麻等を取り扱う（2年保健）		
中学3年生	望ましい生活習慣を身に付け、心身の健康の増進を図り、節度を守り節制を心掛け、安全で調和のある生活をすること（1-3年道徳）心身ともに健康で安全な生活態度や習慣の形成／節度ある生活を送るなど現在及び生涯にわたって心身の健康を保持増進すること／生活習慣病とその予防／食事、運動、休養の効用と余暇の活動（1-3年特活・特活解説）	心身ともに健康で安全な生活態度や習慣の形成／口腔の衛生（1-3年特活・特活解説）	感染症は、病原体が主な要因となって発生すること。また、感染症の多くは、発生源をなくすこと、感染経路を遮断すること、主体の抵抗力を高めることによって予防できること＞後天性免疫不全症候群（エイズ）及び性感染症についても取り扱う／健康の保持増進や疾病の予防には、保健・医療機関を有効に利用すること、また、医薬品は、正しく使用すること（3年保健）		心身ともに健康で安全な生活態度や習慣の形成／喫煙・飲酒・薬物乱用などの害に関すること(1-3年特活・特活解説)	心身ともに健康で安全な生活態度や習慣の形成／心の健康／ストレスへの対処と自己管理（1-3年特活・特活解説）	
中学総合	探究活動については、学校の実態に応じて、例えば国際理解、情報、環境、福祉・健康などの現代的な諸課題に対応する横断的・総合的						

＞以下は内容取扱いの注意事項。

（平成 29 年 3 月改訂）

な生活と豊かなスポーツライフの実現を目指した教育の充実に努めること。特に学校における食育の推進並びに体力の向上に関する指導、安全に関す
科及び総合的な学習の時間などにおいてもそれぞれの特質に応じて適切に行うよう努めること。またそれらの指導を通して、家庭や地域社会との連
基礎が培われるよう配慮すること

からだとその成長	性といのち	食育	環境と健康	安全・防災	運動と健康
身体には、多くの器官が発育し、それに伴い様々な機能が発達する時期があること。また、発育・発達の時期やその程度には、個人差があること（1年保健）消化や呼吸についての観察、実験などを行い、動物の体が必要な物質を取り入れ運搬している仕組みを観察、実験の結果などと関連付けて理解すること。また、不要となった物質を排出する仕組みがあることについて理解すること＞各器官の働きを中心に扱うこと「消化」については、代表的な消化酵素の働きを扱うこと。また、摂取された食物が消化によって小腸の壁から吸収される物質になることにも触れること。血液の循環に関連して、血液成分の働き、腎臓や肝臓の働きにも触れること／動物が外界の刺激に適切に反応している様子の観察を行い、その仕組みを感覚器官、神経系及び運動器官のつくりと関連付けて理解すること＞各器官の働きを中心に扱うこと（2年理科）	思春期には、内分泌の働きによって生殖にかかわる機能が成熟すること。また、成熟に伴う変化に対応した適切な行動が必要となること＞受精・妊娠を取り扱うものとし、妊娠の経過は取り扱わない／身体の機能の成熟とともに、性衝動が生じたり、異性への関心が高まったりすることなどから、異性の尊重、情報への適切な対処や行動の選択が必要となることについて取り扱う（1年保健）

生物の殖え方を観察し、有性生殖と無性生殖の特徴を見いだして理解するとともに、生物が殖えていくときに親の形質が子に伝わることを見いだして理解すること（3年理科）異性についての理解を深め、悩みや葛藤も経験しながら人間関係を深めていくこと／生命の尊さについて、その連続性や有限性なども含めて理解し、かけがえのない生命を尊重すること／人間には自らの弱さや醜さを克服する強さや気高く生きようとする心があることを理解し、人間として生きることに喜びを見いだすこと（1-3年道徳）男女相互について理解するとともに、ともに協力し尊重し合い、充実した生活づくりに参画すること／思春期の不安や悩みの解決、性的な発達への対応／生徒の発達の段階や実態、心身の発育・発達における個人差などにも留意する／性情報への対応、エイズや性感染症、友情と恋愛と結婚などについての題材を設定する（1-3年特活・特活解説） | 生活の中で食事が果たす役割について理解すること＞食事を共にする意義や食文化を継承することについても扱うこと／中学生に必要な栄養の特徴が分かり、健康によい食習慣について考え、理解すること／栄養素の種類と働きが分かり、心身ともに健康で安全な生活態度や習慣の形成をはかり、食品の栄養素的な特質について理解すること＞水の働きや食物繊維についても触れること／食品や調理器具等の安全と衛生に留意した管理について理解し、適切にできること／指導に当たっては、施設設備の安全管理に配慮し、学習環境を整備するとともに、火気、用具、材料などの取扱いに注意して事故防止の指導を徹底し、安全と衛生に十分留意するものとする（1-3年家庭）食育の観点を踏まえた学校給食と望ましい食習慣の形成。給食の時間を中心としながら、成長や健康管理を意識するなど、望ましい食習慣の形成を図るとともに、食事を通して人間関係をよりよくすること／給食は楽しく食事をすること、栄養に偏りのない健康によい食事の取り方、食中毒の予防に関わる衛生管理、準備や後片付けを通して奉仕や協力・協調の精神を養うこと／自然の恩恵などへの感謝、食文化、食糧事情などについても教科等の指導と関連を図りつつ指導を行うこと（1-3年特活・特活解説） | 社会資本の整備、公害の防止など環境の保全、少子高齢社会における社会保障の充実・安定化、消費者の保護について、それらの意義を理解すること（3年公民）身体には、環境に対してある程度まで適応能力があること。身体の適応能力を超えた環境は、健康に影響を及ぼすことがあること。また、快適で能率のよい生活を送るための温度、湿度や明るさには一定の範囲があること／飲料水や空気は、健康と密接な関わりがあること。また、飲料水や空気を衛生的に保つには、基準に適合するよう管理する必要があること／人間の生活によって生じた廃棄物は、環境の保全に十分配慮し、環境を汚染しないように衛生的に処理する必要があること＞地域の実態に即して公害と健康との関係を取り扱うことにも配慮するものとする。また、生態系については、取り扱わない（3年保健） | 地震の体験や記録を基に、その揺れの大きさや伝わり方の規則性に気付くとともに、地震の原因を地球内部の働きと関連付けて理解し、地震に伴う土地の変化の様子を理解すること＞「地球内部の働き」については日本付近のプレートの動きにも触れること。その際、津波発生の仕組みについても触れること／「火山災害と地震災害」については、記録や資料などを用いて調べること（1年理科）家庭内の事故の防ぎ方など家族の安全を考えた住空間の整え方について理解すること（1-3年家庭）

気象現象がもたらす恵みと気象災害について調べ、これらを天気の変化や日本の気象と関連付けて理解すること（2年理科）交通事故や自然災害などによる傷害は、人的要因や環境要因などが関わって発生すること／交通事故などによる傷害の多くは、安全な行動、環境の改善によって防止できること／自然災害による傷害は、災害発生時だけでなく、二次災害によっても生じること。また、自然災害による傷害の多くは、災害に備えておくこと、安全に避難することによって防止できること（2年保健）事故防止のため、特に、刃物類、塗料、器具などの使い方の指導と保管、活動場所における安全指導などを徹底する（1-3年美術）

地域の自然災害について総合的に調べ、自然と人間との関わり方について認識すること（3年理科）観察、実験、野外観察の指導に当たっては、特に事故防止に十分留意するとともに、使用薬品の管理及び廃棄についても適切な措置をとるよう配慮する（1-3年理科）製作・制作・育成場面で使用する工具・機器等や材料等については、図画工作等の学習経験を踏まえるとともに、安全や健康に十分に配慮して選択すること（1-3年技術）事件や事故、災害等から身を守り安全に行動すること／生活安全や自転車運転時の交通安全に関すること、インターネットの利用に伴う危険性や弊害などに関すること（1-3年特活・特活解説） | 欲求やストレスの適切な対処は、「体つくり運動」の指導との関連を図って指導する（1年保健）

体育分野と保健分野で示された内容については、相互の関連が図られるよう留意すること（1-3年保健）

体力の向上に関すること（特活解説） |

な課題、地域の学校や特色に応じた課題、生徒の興味・関心に基づく課題、職業や自己の将来に関する課題などを踏まえて設定すること

183

関連法等

○教育基本法

（平成十八年十二月二十二日法律第百二十号）

教育基本法（昭和二十二年法律第二十五号）の全部を改正する。我々日本国民は、たゆまぬ努力によって築いてきた民主的で文化的な国家を更に発展させるとともに、世界の平和と人類の福祉の向上に貢献することを願うものである。我々は、この理想を実現するため、個人の尊厳を重んじ、真理と正義を希求し、公共の精神を尊び、豊かな人間性と創造性を備えた人間の育成を期するとともに、伝統を継承し、新しい文化の創造を目指す教育を推進する。ここに、我々は、日本国憲法の精神にのっとり、我が国の未来を切り拓く教育の基本を確立し、その振興を図るため、この法律を制定する。

前文
第一章　教育の目的及び理念（第一条—第四条）
第二章　教育の実施に関する基本（第五条—第十五条）
第三章　教育行政（第十六条・第十七条）
第四章　法令の制定（第十八条）
附則

　　　第一章　教育の目的及び理念
（教育の目的）
第一条　教育は、人格の完成を目指し、平和で民主的な国家及び社会の形成者として必要な資質を備えた心身ともに健康な国民の育成を期して行われなければならない。
（教育の目標）
第二条　教育は、その目的を実現するため、学問の自由を尊重しつつ、次に掲げる目標を達成するよう行われるものとする。
　一　幅広い知識と教養を身に付け、真理を求める態度を養い、豊かな情操と道徳心を培うとともに、健やかな身体を養うこと。
　二　個人の価値を尊重して、その能力を伸ばし、創造性を培い、自主及び自律の精神を養うとともに、職業及び生活との関連を重視し、勤労を重んずる態度を養うこと。
　三　正義と責任、男女の平等、自他の敬愛と協力を重んずるとともに、公共の精神に基づき、主体的に社会の形成に参画し、その発展に寄与する態度を養うこと。
　四　生命を尊び、自然を大切にし、環境の保全に寄与する態度を養うこと。

　五　伝統と文化を尊重し、それらをはぐくんできた我が国と郷土を愛するとともに、他国を尊重し、国際社会の平和と発展に寄与する態度を養うこと。
（生涯学習の理念）
第三条　国民一人一人が、自己の人格を磨き、豊かな人生を送ることができるよう、その生涯にわたって、あらゆる機会に、あらゆる場所において学習することができ、その成果を適切に生かすことのできる社会の実現が図られなければならない。
（教育の機会均等）
第四条　すべて国民は、ひとしく、その能力に応じた教育を受ける機会を与えられなければならず、人種、信条、性別、社会的身分、経済的地位又は門地によって、教育上差別されない。
2　国及び地方公共団体は、障害のある者が、その障害の状態に応じ、十分な教育を受けられるよう、教育上必要な支援を講じなければならない。
3　国及び地方公共団体は、能力があるにもかかわらず、経済的理由によって修学が困難な者に対して、奨学の措置を講じなければならない。

　　　第二章　教育の実施に関する基本
（義務教育）
第五条　国民は、その保護する子に、別に法律で定めるところにより、普通教育を受けさせる義務を負う。
2　義務教育として行われる普通教育は、各個人の有する能力を伸ばしつつ社会において自立的に生きる基礎を培い、また、国家及び社会の形成者として必要とされる基本的な資質を養うことを目的として行われるものとする。
3　国及び地方公共団体は、義務教育の機会を保障し、その水準を確保するため、適切な役割分担及び相互の協力の下、その実施に責任を負う。
4　国又は地方公共団体の設置する学校における義務教育については、授業料を徴収しない。
（学校教育）
第六条　法律に定める学校は、公の性質を有するものであって、国、地方公共団体及び法律に定める法人のみが、これを設置することができる。
2　前項の学校においては、教育の目標が達成されるよう、教育を受ける者の心身の発達に応じて、体系的な教育が組織的に行われなければならない。この場合において、教育を受ける者が、学校生活を営む上で必要な規律を重んずるとともに、自ら進んで学習に取り組む意欲を高めることを重視して

行われなければならない。
（大学）
第七条　大学は、学術の中心として、高い教養と専門的能力を培うとともに、深く真理を探究して新たな知見を創造し、これらの成果を広く社会に提供することにより、社会の発展に寄与するものとする。
2　大学については、自主性、自律性その他の大学における教育及び研究の特性が尊重されなければならない。
（私立学校）
第八条　私立学校の有する公の性質及び学校教育において果たす重要な役割にかんがみ、国及び地方公共団体は、その自主性を尊重しつつ、助成その他の適当な方法によって私立学校教育の振興に努めなければならない。
（教員）
第九条　法律に定める学校の教員は、自己の崇高な使命を深く自覚し、絶えず研究と修養に励み、その職責の遂行に努めなければならない。
2　前項の教員については、その使命と職責の重要性にかんがみ、その身分は尊重され、待遇の適正が期せられるとともに、養成と研修の充実が図られなければならない。
（家庭教育）
第十条　父母その他の保護者は、子の教育について第一義的な責任を有するものであって、生活のために必要な習慣を身に付けさせるとともに、自立心を育成し、心身の調和のとれた発達を図るよう努めるものとする。
2　国及び地方公共団体は、家庭教育の自主性を尊重しつつ、保護者に対する学習の機会及び情報の提供その他の家庭教育を支援するために必要な施策を講ずるよう努めなければならない。
（幼児期の教育）
第十一条　幼児期の教育は、生涯にわたる人格形成の基礎を培う重要なものであることにかんがみ、国及び地方公共団体は、幼児の健やかな成長に資する良好な環境の整備その他適当な方法によって、その振興に努めなければならない。
（社会教育）
第十二条　個人の要望や社会の要請にこたえ、社会において行われる教育は、国及び地方公共団体によって奨励されなければならない。
2　国及び地方公共団体は、図書館、博物館、公民館その他の社会教育施設の設置、学校の施設の利用、学習の機会及び情報の提供その他の適当な方法によって社会教育の振興に努めなければならない。
（学校、家庭及び地域住民等の相互の連携協力）

第十三条　学校、家庭及び地域住民その他の関係者は、教育におけるそれぞれの役割と責任を自覚するとともに、相互の連携及び協力に努めるものとする。
（政治教育）
第十四条　良識ある公民として必要な政治的教養は、教育上尊重されなければならない。
2　法律に定める学校は、特定の政党を支持し、又はこれに反対するための政治教育その他政治的活動をしてはならない。
（宗教教育）
第十五条　宗教に関する寛容の態度、宗教に関する一般的な教養及び宗教の社会生活における地位は、教育上尊重されなければならない。
2　国及び地方公共団体が設置する学校は、特定の宗教のための宗教教育その他宗教的活動をしてはならない。

第三章　教育行政
（教育行政）
第十六条　教育は、不当な支配に服することなく、この法律及び他の法律の定めるところにより行われるべきものであり、教育行政は、国と地方公共団体との適切な役割分担及び相互の協力の下、公正かつ適正に行われなければならない。
2　国は、全国的な教育の機会均等と教育水準の維持向上を図るため、教育に関する施策を総合的に策定し、実施しなければならない。
3　地方公共団体は、その地域における教育の振興を図るため、その実情に応じた教育に関する施策を策定し、実施しなければならない。
4　国及び地方公共団体は、教育が円滑かつ継続的に実施されるよう、必要な財政上の措置を講じなければならない。
（教育振興基本計画）
第十七条　政府は、教育の振興に関する施策の総合的かつ計画的な推進を図るため、教育の振興に関する施策についての基本的な方針及び講ずべき施策その他必要な事項について、基本的な計画を定め、これを国会に報告するとともに、公表しなければならない。
2　地方公共団体は、前項の計画を参酌し、その地域の実情に応じ、当該地方公共団体における教育の振興のための施策に関する基本的な計画を定めるよう努めなければならない。

第四章　法令の制定
第十八条　この法律に規定する諸条項を実施するため、必要な法令が制定されなければならない。

附　則　抄

（施行期日）

1　この法律は、公布の日から施行する。

○学校教育法（抜粋）

（最終改正　令和四年六月二十二日　法律第七十六号）

第一章　総則
第一条　この法律で、学校とは、幼稚園、小学校、中学校、義務教育学校、高等学校、中等教育学校、特別支援学校、大学及び高等専門学校とする。
第二条　学校は、国（国立大学法人法（平成十五年法律第百十二号）第二条第一項に規定する国立大学法人及び独立行政法人国立高等専門学校機構を含む。以下同じ。）、地方公共団体（地方独立行政法人法（平成十五年法律第百十八号）第六十八条第一項に規定する公立大学法人（以下「公立大学法人」という。）を含む。次項及び第百二十七条において同じ。）及び私立学校法（昭和二十四年法律第二百七十号）第三条に規定する学校法人（以下「学校法人」という。）のみが、これを設置することができる。
○2　この法律で、国立学校とは、国の設置する学校を、公立学校とは、地方公共団体の設置する学校を、私立学校とは、学校法人の設置する学校をいう。
第三条　学校を設置しようとする者は、学校の種類に応じ、文部科学大臣の定める設備、編制その他に関する設置基準に従い、これを設置しなければならない。
第四条　次の各号に掲げる学校の設置廃止、設置者の変更その他政令で定める事項（次条において「設置廃止等」という。）は、それぞれ当該各号に定める者の認可を受けなければならない。これらの学校のうち、高等学校（中等教育学校の後期課程を含む。）の通常の課程（以下「全日制の課程」という。）、夜間その他特別の時間又は時期において授業を行う課程（以下「定時制の課程」という。）及び通信による教育を行う課程（以下「通信制の課程」という。）、大学の学部、大学院及び大学院の研究科並びに第百八条第二項の大学の学科についても、同様とする。
　一　公立又は私立の大学及び高等専門学校　文部科学大臣
　二　市町村（市町村が単独で又は他の市町村と共同して設立する公立大学法人を含む。次条、第十三条第二項、第十四条、第百三十条第一項及び第百三十一条において同じ。）の設置する高等学校、中等教育学校及び特別支援学校　都道府県の教育委員会
　三　私立の幼稚園、小学校、中学校、義務教育学校、高等学校、中等教育学校及び特別支援学校　都道府県知事

○2　前項の規定にかかわらず、同項第一号に掲げる学校を設置する者は、次に掲げる事項を行うときは、同項の認可を受けることを要しない。この場合において、当該学校を設置する者は、文部科学大臣の定めるところにより、あらかじめ、文部科学大臣に届け出なければならない。
　一　大学の学部若しくは大学院の研究科又は第百八条第二項の大学の学科の設置であつて、当該大学が授与する学位の種類及び分野の変更を伴わないもの
　二　大学の学部若しくは大学院の研究科又は第百八条第二項の大学の学科の廃止
　三　前二号に掲げるもののほか、政令で定める事項
○3　文部科学大臣は、前項の届出があつた場合において、その届出に係る事項が、設備、授業その他の事項に関する法令の規定に適合しないと認めるときは、その届出をした者に対し、必要な措置をとるべきことを命ずることができる。
○4　地方自治法（昭和二十二年法律第六十七号）第二百五十二条の十九第一項の指定都市（以下「指定都市」という。）（指定都市が単独で又は他の市町村と共同して設立する公立大学法人を含む。）の設置する高等学校、中等教育学校及び特別支援学校については、第一項の規定は、適用しない。この場合において、当該高等学校、中等教育学校及び特別支援学校を設置する者は、同項の規定により認可を受けなければならないとされている事項を行おうとするときは、あらかじめ、都道府県の教育委員会に届け出なければならない。
○5　第二項第一号の学位の種類及び分野の変更に関する基準は、文部科学大臣が、これを定める。
第四条の二　市町村は、その設置する幼稚園の設置廃止等を行おうとするときは、あらかじめ、都道府県の教育委員会に届け出なければならない。
第五条　学校の設置者は、その設置する学校を管理し、法令に特別の定のある場合を除いては、その学校の経費を負担する。
第六条　学校においては、授業料を徴収することができる。ただし、国立又は公立の小学校及び中学校、義務教育学校、中等教育学校の前期課程又は特別支援学校の小学部及び中学部における義務教育については、これを徴収することができない。
第七条　学校には、校長及び相当数の教員を置かなければならない。
第八条　校長及び教員（教育職員免許法（昭和二十四年法律第百四十七号）の適用を受ける者を除く。）の資格に関する事項は、別に法律で定める

186

もののほか、文部科学大臣がこれを定める。

第九条　次の各号のいずれかに該当する者は、校長又は教員となることができない。

一　成年被後見人又は被保佐人

二　禁錮以上の刑に処せられた者

三　教育職員免許法第十条第一項第二号又は第三号に該当することにより免許状がその効力を失い、当該失効の日から三年を経過しない者

四　教育職員免許法第十一条第一項から第三項までの規定により免許状取上げの処分を受け、三年を経過しない者

五　日本国憲法施行の日以後において、日本国憲法又はその下に成立した政府を暴力で破壊することを主張する政党その他の団体を結成し、又はこれに加入した者

第十条　私立学校は、校長を定め、大学及び高等専門学校にあつては文部科学大臣に、大学及び高等専門学校以外の学校にあつては都道府県知事に届け出なければならない。

第十一条　校長及び教員は、教育上必要があると認めるときは、文部科学大臣の定めるところにより、児童、生徒及び学生に懲戒を加えることができる。ただし、体罰を加えることはできない。

第十二条　学校においては、別に法律で定めるところにより、幼児、児童、生徒及び学生並びに職員の健康の保持増進を図るため、健康診断を行い、その他その保健に必要な措置を講じなければならない。

第十三条　第四条第一項各号に掲げる学校が次の各号のいずれかに該当する場合においては、それぞれ同項各号に定める者は、当該学校の閉鎖を命ずることができる。

一　法令の規定に故意に違反したとき

二　法令の規定によりその者がした命令に違反したとき

三　六箇月以上授業を行わなかつたとき

○2　前項の規定は、市町村の設置する幼稚園に準用する。この場合において、同項中「それぞれ同項各号に定める者」とあり、及び同項第二号中「その者」とあるのは、「都道府県の教育委員会」と読み替えるものとする。

第十四条　大学及び高等専門学校以外の市町村の設置する学校については都道府県の教育委員会、大学及び高等専門学校以外の私立学校については都道府県知事は、当該学校が、設備、授業その他の事項について、法令の規定又は都道府県の教育委員会若しくは都道府県知事の定める規程に違反したときは、その変更を命ずることができる。

第十五条　文部科学大臣は、公立又は私立の大学及び高等専門学校が、設備、授業その他の事項について、法令の規定に違反していると認めるときは、当該学校に対し、必要な措置をとるべきことを勧告することができる。

○2　文部科学大臣は、前項の規定による勧告によつてもなお当該勧告に係る事項（次項において「勧告事項」という。）が改善されない場合には、当該学校に対し、その変更を命ずることができる。

○3　文部科学大臣は、前項の規定による命令によつてもなお勧告事項が改善されない場合には、当該学校に対し、当該勧告事項に係る組織の廃止を命ずることができる。

○4　文部科学大臣は、第一項の規定による勧告又は第二項若しくは前項の規定による命令を行うために必要があると認めるときは、当該学校に対し、報告又は資料の提出を求めることができる。

第二章　義務教育

第十六条　保護者（子に対して親権を行う者（親権を行う者のないときは、未成年後見人）をいう。以下同じ。）は、次条に定めるところにより、子に九年の普通教育を受けさせる義務を負う。

第十七条　保護者は、子の満六歳に達した日の翌日以後における最初の学年の初めから、満十二歳に達した日の属する学年の終わりまで、これを小学校、義務教育学校の前期課程又は特別支援学校の小学部に就学させる義務を負う。ただし、子が、満十二歳に達した日の属する学年の終わりまでに小学校の課程、義務教育学校の前期課程又は特別支援学校の小学部の課程を修了しないときは、満十五歳に達した日の属する学年の終わり（それまでの間においてこれらの課程を修了したときは、その修了した日の属する学年の終わり）までとする。

○2　保護者は、子が小学校の課程、義務教育学校の前期課程又は特別支援学校の小学部の課程を修了した日の翌日以後における最初の学年の初めから、満十五歳に達した日の属する学年の終わりまで、これを中学校、義務教育学校の後期課程、中等教育学校の前期課程又は特別支援学校の中学部に就学させる義務を負う。

○3　前二項の義務の履行の督促その他これらの義務の履行に関し必要な事項は、政令で定める。

第十八条　前条第一項又は第二項の規定によつて、保護者が就学させなければならない子（以下それぞれ「学齢児童」又は「学齢生徒」という。）で、病弱、発育不完全その他やむを得ない事由のため、就学困難と認め

られる者の保護者に対しては、市町村の教育委員会は、文部科学大臣の定めるところにより、同条第一項又は第二項の義務を猶予又は免除することができる。

第十九条　経済的理由によつて、就学困難と認められる学齢児童又は学齢生徒の保護者に対しては、市町村は、必要な援助を与えなければならない。

第二十条　学齢児童又は学齢生徒を使用する者は、その使用によつて、当該学齢児童又は学齢生徒が、義務教育を受けることを妨げてはならない。

第二十一条　義務教育として行われる普通教育は、教育基本法（平成十八年法律第百二十号）第五条第二項に規定する目的を実現するため、次に掲げる目標を達成するよう行われるものとする。

一　学校内外における社会的活動を促進し、自主、自律及び協同の精神、規範意識、公正な判断力並びに公共の精神に基づき主体的に社会の形成に参画し、その発展に寄与する態度を養うこと。

二　学校内外における自然体験活動を促進し、生命及び自然を尊重する精神並びに環境の保全に寄与する態度を養うこと。

三　我が国と郷土の現状と歴史について、正しい理解に導き、伝統と文化を尊重し、それらをはぐくんできた我が国と郷土を愛する態度を養うとともに、進んで外国の文化の理解を通じて、他国を尊重し、国際社会の平和と発展に寄与する態度を養うこと。

四　家族と家庭の役割、生活に必要な衣、食、住、情報、産業その他の事項について基礎的な理解と技能を養うこと。

五　読書に親しませ、生活に必要な国語を正しく理解し、使用する基礎的な能力を養うこと。

六　生活に必要な数量的な関係を正しく理解し、処理する基礎的な能力を養うこと。

七　生活にかかわる自然現象について、観察及び実験を通じて、科学的に理解し、処理する基礎的な能力を養うこと。

八　健康、安全で幸福な生活のために必要な習慣を養うとともに、運動を通じて体力を養い、心身の調和的発達を図ること。

九　生活を明るく豊かにする音楽、美術、文芸その他の芸術について基礎的な理解と技能を養うこと。

十　職業についての基礎的な知識と技能、勤労を重んずる態度及び個性に応じて将来の進路を選択する能力を養うこと。

第三章　幼稚園

第二十二条　幼稚園は、義務教育及びその後の教育の基礎を培うものとして、幼児を保育し、幼児の健やかな成長のために適当な環境を与えて、その心身の発達を助長することを目的とする。

第二十三条　幼稚園における教育は、前条に規定する目的を実現するため、次に掲げる目標を達成するよう行われるものとする。

一　健康、安全で幸福な生活のために必要な基本的な習慣を養い、身体諸機能の調和的発達を図ること。

二　集団生活を通じて、喜んでこれに参加する態度を養うとともに家族や身近な人への信頼感を深め、自主、自律及び協同の精神並びに規範意識の芽生えを養うこと。

三　身近な社会生活、生命及び自然に対する興味を養い、それらに対する正しい理解と態度及び思考力の芽生えを養うこと。

四　日常の会話や、絵本、童話等に親しむことを通じて、言葉の使い方を正しく導くとともに、相手の話を理解しようとする態度を養うこと。

五　音楽、身体による表現、造形等に親しむことを通じて、豊かな感性と表現力の芽生えを養うこと。

第二十四条　幼稚園においては、第二十二条に規定する目的を実現するための教育を行うほか、幼児期の教育に関する各般の問題につき、保護者及び地域住民その他の関係者からの相談に応じ、必要な情報の提供及び助言を行うなど、家庭及び地域における幼児期の教育の支援に努めるものとする。

第二十五条　幼稚園の教育課程その他の保育内容に関する事項は、第二十二条及び第二十三条の規定に従い、文部科学大臣が定める。

○2　文部科学大臣は、前項の規定により幼稚園の教育課程その他の保育内容に関する事項を定めるに当つては、児童福祉法（昭和二十二年法律第百六十四号）第四十五条第二項の規定により児童福祉施設に関して内閣府令で定める基準（同項第三号の保育所における保育の内容に係る部分に限る。）並びに就学前の子どもに関する教育、保育等の総合的な提供の推進に関する法律（平成十八年法律第七十七号）第十条第一項の規定により主務大臣が定める幼保連携型認定こども園の教育課程その他の教育及び保育の内容に関する事項との整合性の確保に配慮しなければならない。

○3　文部科学大臣は、第一項の幼稚園の教育課程その他の保育内容に関する事項を定めるときは、あらかじめ、内閣総理大臣に協議しなければならない。

第二十六条　幼稚園に入園することのできる者は、満三歳から、小学校就学の始期に達するまでの幼児とする。

第二十七条　幼稚園には、園長、教頭及び教諭を置かなければならない。

○2　幼稚園には、前項に規定するもののほか、副園長、主幹教諭、指導教諭、養護教諭、栄養教諭、事務職員、養護助教諭その他必要な職員を置くことができる。

○3　第一項の規定にかかわらず、副園長を置くときその他特別の事情のあるときは、教頭を置かないことができる。

○4　園長は、園務をつかさどり、所属職員を監督する。

○5　副園長は、園長を助け、命を受けて園務をつかさどる。

○6　教頭は、園長（副園長を置く幼稚園にあつては、園長及び副園長）を助け、園務を整理し、及び必要に応じ幼児の保育をつかさどる。

○7　主幹教諭は、園長（副園長を置く幼稚園にあつては、園長及び副園長）及び教頭を助け、命を受けて園務の一部を整理し、並びに幼児の保育をつかさどる。

○8　指導教諭は、幼児の保育をつかさどり、並びに教諭その他の職員に対して、保育の改善及び充実のために必要な指導及び助言を行う。

○9　教諭は、幼児の保育をつかさどる。

○10　特別の事情のあるときは、第一項の規定にかかわらず、教諭に代えて助教諭又は講師を置くことができる。

○11　学校の実情に照らし必要があると認めるときは、第七項の規定にかかわらず、園長（副園長を置く幼稚園にあつては、園長及び副園長）及び教頭を助け、命を受けて園務の一部を整理し、並びに幼児の養護又は栄養の指導及び管理をつかさどる主幹教諭を置くことができる。

第二十八条　第三十七条第六項、第八項及び第十二項から第十七項まで並びに第四十二条から第四十四条までの規定は、幼稚園に準用する。

第四章　小学校

第二十九条　小学校は、心身の発達に応じて、義務教育として行われる普通教育のうち基礎的なものを施すことを目的とする。

第三十条　小学校における教育は、前条に規定する目的を実現するために必要な程度において第二十一条各号に掲げる目標を達成するよう行われるものとする。

○2　前項の場合においては、生涯にわたり学習する基盤が培われるよう、基礎的な知識及び技能を習得させるとともに、これらを活用して課題を解決するために必要な思考力、判断力、表現力その他の能力をはぐくみ、主体的に学習に取り組む態度を養うことに、特に意を用いなければならない。

第三十一条　小学校においては、前条第一項の規定による目標の達成に資するよう、教育指導を行うに当たり、児童の体験的な学習活動、特にボランティア活動など社会奉仕体験活動、自然体験活動その他の体験活動の充実に努めるものとする。この場合において、社会教育関係団体その他の関係団体及び関係機関との連携に十分配慮しなければならない。

第三十二条　小学校の修業年限は、六年とする。

第三十三条　小学校の教育課程に関する事項は、第二十九条及び第三十条の規定に従い、文部科学大臣が定める。

第三十四条　小学校においては、文部科学大臣の検定を経た教科用図書又は文部科学省が著作の名義を有する教科用図書を使用しなければならない。

○2　前項に規定する教科用図書（以下この条において「教科用図書」という。）の内容を文部科学大臣の定めるところにより記録した電磁的記録（電子的方式、磁気的方式その他人の知覚によつては認識することができない方式で作られる記録であつて、電子計算機による情報処理の用に供されるものをいう。）である教材がある場合には、同項の規定にかかわらず、文部科学大臣の定めるところにより、児童の教育の充実を図るため必要があると認められる教育課程の一部において、教科用図書に代えて当該教材を使用することができる。

○3　前項に規定する場合において、視覚障害、発達障害その他の文部科学大臣の定める事由により教科用図書を使用して学習することが困難な児童に対し、教科用図書に用いられた文字、図形等の拡大又は音声への変換その他の同項に規定する教材を電子計算機において用いることにより可能となる方法で指導することにより当該児童の学習上の困難の程度を低減させる必要があると認められるときは、文部科学大臣の定めるところにより、教育課程の全部又は一部において、教科用図書に代えて当該教材を使用することができる。

○4　教科用図書及び第二項に規定する教材以外の教材で、有益適切なものは、これを使用することができる。

○5　第一項の検定の申請に係る教科用図書に関し調査審議させるための審議会等（国家行政組織法（昭和二十三年法律第百二十号）第八条に規定する機関をいう。以下同じ。）については、政令で定める。

第三十五条　市町村の教育委員会は、

187

188

次に掲げる行為の一又は二以上を繰り返し行う等性行不良であつて他の児童の教育に妨げがあると認める児童があるときは、その保護者に対して、児童の出席停止を命ずることができる。

一　他の児童に傷害、心身の苦痛又は財産上の損失を与える行為

二　職員に傷害又は心身の苦痛を与える行為

三　施設又は設備を損壊する行為

四　授業その他の教育活動の実施を妨げる行為

○2　市町村の教育委員会は、前項の規定により出席停止を命ずる場合には、あらかじめ保護者の意見を聴取するとともに、理由及び期間を記載した文書を交付しなければならない。

○3　前項に規定するもののほか、出席停止の命令の手続に関し必要な事項は、教育委員会規則で定めるものとする。

○4　市町村の教育委員会は、出席停止の命令に係る児童の出席停止の期間における学習に対する支援その他の教育上必要な措置を講ずるものとする。

第三十六条　学齢に達しない子は、小学校に入学させることができない。

第三十七条　小学校には、校長、教頭、教諭、養護教諭及び事務職員を置かなければならない。

○2　小学校には、前項に規定するもののほか、副校長、主幹教諭、指導教諭、栄養教諭その他必要な職員を置くことができる。

○3　第一項の規定にかかわらず、副校長を置くときその他特別の事情のあるときは教頭を、養護をつかさどる主幹教諭を置くときは養護教諭を、特別の事情のあるときは事務職員を、それぞれ置かないことができる。

○4　校長は、校務をつかさどり、所属職員を監督する。

○5　副校長は、校長を助け、命を受けて校務をつかさどる。

○6　副校長は、校長に事故があるときはその職務を代理し、校長が欠けたときはその職務を行う。この場合において、副校長が二人以上あるときは、あらかじめ校長が定めた順序で、その職務を代理し、又は行う。

○7　教頭は、校長（副校長を置く小学校にあつては、校長及び副校長）を助け、校務を整理し、及び必要に応じ児童の教育をつかさどる。

○8　教頭は、校長（副校長を置く小学校にあつては、校長及び副校長）に事故があるときは校長の職務を代理し、校長（副校長を置く小学校にあつては、校長及び副校長）が欠けたときは校長の職務を行う。この場合において、教頭が二人以上あるときは、あらかじめ校長が定めた順序

で、校長の職務を代理し、又は行う。

○9　主幹教諭は、校長（副校長を置く小学校にあつては、校長及び副校長）及び教頭を助け、命を受けて校務の一部を整理し、並びに児童の教育をつかさどる。

○10　指導教諭は、児童の教育をつかさどり、並びに教諭その他の職員に対して、教育指導の改善及び充実のために必要な指導及び助言を行う。

○11　教諭は、児童の教育をつかさどる。

○12　養護教諭は、児童の養護をつかさどる。

○13　栄養教諭は、児童の栄養の指導及び管理をつかさどる。

○14　事務職員は、事務をつかさどる。

○15　助教諭は、教諭の職務を助ける。

○16　講師は、教諭又は助教諭に準ずる職務に従事する。

○17　養護助教諭は、養護教諭の職務を助ける。

○18　特別の事情のあるときは、第一項の規定にかかわらず、教諭に代えて助教諭又は講師を、養護教諭に代えて養護助教諭を置くことができる。

○19　学校の実情に照らし必要があると認めるときは、第九項の規定にかかわらず、校長（副校長を置く小学校にあつては、校長及び副校長）及び教頭を助け、命を受けて校務の一部を整理し、並びに児童の養護又は栄養の指導及び管理をつかさどる主幹教諭を置くことができる。

第三十八条　市町村は、その区域内にある学齢児童を就学させるに必要な小学校を設置しなければならない。ただし、教育上有益かつ適切であると認めるときは、義務教育学校の設置をもつてこれに代えることができる。

第三十九条　市町村は、適当と認めるときは、前条の規定による事務の全部又は一部を処理するため、市町村の組合を設けることができる。

第四十条　市町村は、前二条の規定によることを不可能又は不適当と認めるときは、小学校又は義務教育学校の設置に代え、学齢児童の全部又は一部の教育事務を、他の市町村又は前条の市町村の組合に委託することができる。

○2　前項の場合においては、地方自治法第二百五十二条の十四第三項において準用する同法第二百五十二条の二の二第二項中「都道府県知事」とあるのは、「都道府県知事及び都道府県の教育委員会」と読み替えるものとする。

第四十一条　町村が、前二条の規定による負担に堪えないと都道府県の教育委員会が認めるときは、都道府県

は、その町村に対して、必要な補助を与えなければならない。

第四十二条　小学校は、文部科学大臣の定めるところにより当該小学校の教育活動その他の学校運営の状況について評価を行い、その結果に基づき学校運営の改善を図るため必要な措置を講ずることにより、その教育水準の向上に努めなければならない。

第四十三条　小学校は、当該小学校に関する保護者及び地域住民その他の関係者の理解を深めるとともに、これらの者との連携及び協力の推進に資するため、当該小学校の教育活動その他の学校運営の状況に関する情報を積極的に提供するものとする。

第四十四条　私立の小学校は、都道府県知事の所管に属する。

第五章　中学校

第四十五条　中学校は、小学校における教育の基礎の上に、心身の発達に応じて、義務教育として行われる普通教育を施すことを目的とする。

第四十六条　中学校における教育は、前条に規定する目的を実現するため、第二十一条各号に掲げる目標を達成するよう行われるものとする。

第四十七条　中学校の修業年限は、三年とする。

第四十八条　中学校の教育課程に関する事項は、第四十五条及び第四十六条の規定並びに次条において読み替えて準用する第三十条第二項の規定に従い、文部科学大臣が定める。

第四十九条　第三十条第二項、第三十一条、第三十四条、第三十五条及び第三十七条から第四十四条までの規定は、中学校に準用する。この場合において、第三十条第二項中「前項」とあるのは「第四十六条」と、第三十一条中「前条第一項」とあるのは「第四十六条」と読み替えるものとする。

第五章の二　義務教育学校

第四十九条の二　義務教育学校は、心身の発達に応じて、義務教育として行われる普通教育を基礎的なものから一貫して施すことを目的とする。

第四十九条の三　義務教育学校における教育は、前条に規定する目的を実現するため、第二十一条各号に掲げる目標を達成するよう行われるものとする。

第四十九条の四　義務教育学校の修業年限は、九年とする。

第四十九条の五　義務教育学校の課程は、これを前期六年の前期課程及び後期三年の後期課程に区分する。

第四十九条の六　義務教育学校の前期課程における教育は、第四十九条の二に規定する目的のうち、心身の発達に応じて、義務教育として行われる普通教育のうち基礎的なものを施

すことを実現するために必要な程度において第二十一条各号に掲げる目標を達成するよう行われるものとする。

◯2 義務教育学校の後期課程における教育は、第四十九条の二に規定する目的のうち、前期課程における教育の基礎の上に、心身の発達に応じて、義務教育として行われる普通教育を施すことを実現するため、第二十一条各号に掲げる目標を達成するよう行われるものとする。

第四十九条の七 義務教育学校の前期課程及び後期課程の教育課程に関する事項は、第四十九条の二、第四十九条の三及び前条の規定並びに次条において読み替えて準用する第三十条第二項の規定に従い、文部科学大臣が定める。

第四十九条の八 第三十条第二項、第三十一条、第三十四条から第三十七条まで及び第四十二条から第四十四条までの規定は、義務教育学校に準用する。この場合において、第三十条第二項中「前項」とあるのは「第四十九条の三」と、第三十一条中「前条第一項」とあるのは「第四十九条の三」と読み替えるものとする。

第六章 高等学校

第五十条 高等学校は、中学校における教育の基礎の上に、心身の発達及び進路に応じて、高度な普通教育及び専門教育を施すことを目的とする。

第五十一条 高等学校における教育は、前条に規定する目的を実現するため、次に掲げる目標を達成するよう行われるものとする。

一 義務教育として行われる普通教育の成果を更に発展拡充させて、豊かな人間性、創造性及び健やかな身体を養い、国家及び社会の形成者として必要な資質を養うこと。

二 社会において果たさなければならない使命の自覚に基づき、個性に応じて将来の進路を決定させ、一般的な教養を高め、専門的な知識、技術及び技能を習得させること。

三 個性の確立に努めるとともに、社会について、広く深い理解と健全な批判力を養い、社会の発展に寄与する態度を養うこと。

第五十二条 高等学校の学科及び教育課程に関する事項は、前二条の規定及び第六十二条において読み替えて準用する第三十条第二項の規定に従い、文部科学大臣が定める。

第五十三条 高等学校には、全日制の課程のほか、定時制の課程を置くことができる。

◯2 高等学校には、定時制の課程のみを置くことができる。

第五十四条 高等学校には、全日制の課程又は定時制の課程のほか、通信制の課程を置くことができる。

◯2 高等学校には、通信制の課程のみを置くことができる。

◯3 市（指定都市を除く。以下この項において同じ。）町村（市町村が単独で又は他の市町村と共同して設立する公立大学法人を含む。）の設置する高等学校については都道府県の教育委員会、私立の高等学校については都道府県知事は、高等学校の通信制の課程のうち、当該高等学校の所在する都道府県の区域内に住所を有する者のほか、全国的に他の都道府県の区域内に住所を有する者を併せて生徒とするものその他政令で定めるもの（以下この項において「広域の通信制の課程」という。）に係る第四条第一項に規定する認可（政令で定める事項に係るものに限る。）を行うときは、あらかじめ、文部科学大臣に届け出なければならない。都道府県（都道府県が単独で又は他の地方公共団体と共同して設立する公立大学法人を含む。）又は指定都市（指定都市が単独で又は他の指定都市若しくは市町村と共同して設立する公立大学法人を含む。）の設置する高等学校の広域の通信制の課程について、当該都道府県又は指定都市の教育委員会（公立大学法人の設置する高等学校にあつては、当該公立大学法人）がこの項前段の政令で定める事項を行うときも、同様とする。

◯4 通信制の課程に関し必要な事項は、文部科学大臣が、これを定める。

第五十五条 高等学校の定時制の課程又は通信制の課程に在学する生徒が、技能教育のための施設で当該施設の所在地の都道府県の教育委員会の指定するものにおいて教育を受けているときは、校長は、文部科学大臣の定めるところにより、当該施設における学習を当該高等学校における教科の一部の履修とみなすことができる。

◯2 前項の施設の指定に関し必要な事項は、政令で、これを定める。

第五十六条 高等学校の修業年限は、全日制の課程については、三年とし、定時制の課程及び通信制の課程については、三年以上とする。

第五十七条 高等学校に入学することのできる者は、小学校若しくはこれに準ずる学校若しくは義務教育学校を卒業した者若しくは中等教育学校の前期課程を修了した者又は文部科学大臣の定めるところにより、これと同等以上の学力があると認められた者とする。

第五十八条 高等学校には、専攻科及び別科を置くことができる。

◯2 高等学校の専攻科は、高等学校若しくはこれに準ずる学校若しくは中等教育学校を卒業した者又は文部科学大臣の定めるところにより、こ

れと同等以上の学力があると認められた者に対して、精深な程度において、特別の事項を教授し、その研究を指導することを目的とし、その修業年限は、一年以上とする。

◯3 高等学校の別科は、前条に規定する入学資格を有する者に対して、簡易な程度において、特別の技能教育を施すことを目的とし、その修業年限は、一年以上とする。

第五十八条の二 高等学校の専攻科の課程（修業年限が二年以上であることその他の文部科学大臣の定める基準を満たすものに限る。）を修了した者（第九十条第一項に規定する者に限る。）は、文部科学大臣の定めるところにより、大学に編入学することができる。

第五十九条 高等学校に関する入学、退学、転学その他必要な事項は、文部科学大臣が、これを定める。

第六十条 高等学校には、校長、教頭、教諭及び事務職員を置かなければならない。

◯2 高等学校には、前項に規定するもののほか、副校長、主幹教諭、指導教諭、養護教諭、栄養教諭、養護助教諭、実習助手、技術職員その他必要な職員を置くことができる。

◯3 第一項の規定にかかわらず、副校長を置くときは、教頭を置かないことができる。

◯4 実習助手は、実験又は実習について、教諭の職務を助ける。

◯5 特別の事情のあるときは、第一項の規定にかかわらず、教諭に代えて助教諭又は講師を置くことができる。

◯6 技術職員は、技術に従事する。

第六十一条 高等学校に、全日制の課程、定時制の課程又は通信制の課程のうち二以上の課程を置くときは、それぞれの課程に関する校務を分担して整理する教頭を置かなければならない。ただし、命を受けて当該課程に関する校務をつかさどる副校長が置かれる一の課程については、この限りでない。

第六十二条 第三十条第二項、第三十一条、第三十四条、第三十七条第四項から第十七項まで及び第十九項並びに第四十二条から第四十四条までの規定は、高等学校に準用する。この場合において、第三十条第二項中「前項」とあるのは「第五十一条」と、第三十一条中「前条第一項」とあるのは「第五十一条」と読み替えるものとする。

第七章 中等教育学校

第六十三条 中等教育学校は、小学校における教育の基礎の上に、心身の発達及び進路に応じて、義務教育として行われる普通教育並びに高度な普通教育及び専門教育を一貫して施すことを目的とする。

第六十四条　中等教育学校における教育は、前条に規定する目的を実現するため、次に掲げる目標を達成するよう行われるものとする。

一　豊かな人間性、創造性及び健やかな身体を養い、国家及び社会の形成者として必要な資質を養うこと。

二　社会において果たさなければならない使命の自覚に基づき、個性に応じて将来の進路を決定させ、一般的な教養を高め、専門的な知識、技術及び技能を習得させること。

三　個性の確立に努めるとともに、社会について、広く深い理解と健全な批判力を養い、社会の発展に寄与する態度を養うこと。

第六十五条　中等教育学校の修業年限は、六年とする。

第六十六条　中等教育学校の課程は、これを前期三年の前期課程及び後期三年の後期課程に区分する。

第六十七条　中等教育学校の前期課程における教育は、第六十三条に規定する目的のうち、小学校における教育の基礎の上に、心身の発達に応じて、義務教育として行われる普通教育を施すことを実現するため、第二十一条各号に掲げる目標を達成するよう行われるものとする。

○2　中等教育学校の後期課程における教育は、第六十三条に規定する目的のうち、心身の発達及び進路に応じて、高度な普通教育及び専門教育を施すことを実現するため、第六十四条各号に掲げる目標を達成するよう行われるものとする。

第六十八条　中等教育学校の前期課程の教育課程に関する事項並びに後期課程の学科及び教育課程に関する事項は、第六十三条、第六十四条及び前条の規定並びに第七十条第一項において読み替えて準用する第三十条第二項の規定に従い、文部科学大臣が定める。

第六十九条　中等教育学校には、校長、教頭、教諭、養護教諭及び事務職員を置かなければならない。

○2　中等教育学校には、前項に規定するもののほか、副校長、主幹教諭、指導教諭、栄養教諭、実習助手、技術職員その他必要な職員を置くことができる。

○3　第一項の規定にかかわらず、副校長を置くときは教頭を、養護をつかさどる主幹教諭を置くときは養護教諭を、それぞれ置かないことができる。

○4　特別の事情のあるときは、第一項の規定にかかわらず、教諭に代えて助教諭又は講師を、養護教諭に代えて養護助教諭を置くことができる。

第七十条　第三十条第二項、第三十一条、第三十四条、第三十七条第四項から第十七項まで及び第十九項、第四十二条から第四十四条まで、第五十九条並びに第六十条第四項及び第六項の規定は中等教育学校に、第五十三条から第五十五条まで、第五十八条、第五十八条の二及び第六十一条の規定は中等教育学校の後期課程に、それぞれ準用する。この場合において、第三十条第二項中「前項」とあるのは「第六十四条」と、第三十一条中「前条第一項」とあるのは「第六十四条」と読み替えるものとする。

○2　前項において準用する第五十三条又は第五十四条の規定により後期課程に定時制の課程又は通信制の課程を置く中等教育学校については、第六十五条の規定にかかわらず、当該定時制の課程又は通信制の課程に係る修業年限は、六年以上とする。この場合において、第六十六条中「後期三年の後期課程」とあるのは、「後期三年以上の後期課程」とする。

第七十一条　同一の設置者が設置する中学校及び高等学校においては、文部科学大臣の定めるところにより、中等教育学校に準じて、中学校における教育と高等学校における教育を一貫して施すことができる。

第八章　特別支援教育

第七十二条　特別支援学校は、視覚障害者、聴覚障害者、知的障害者、肢体不自由者又は病弱者（身体虚弱者を含む。以下同じ。）に対して、幼稚園、小学校、中学校又は高等学校に準ずる教育を施すとともに、障害による学習上又は生活上の困難を克服し自立を図るために必要な知識技能を授けることを目的とする。

第七十三条　特別支援学校においては、文部科学大臣の定めるところにより、前条に規定する者に対する教育のうち当該学校が行うものを明らかにするものとする。

第七十四条　特別支援学校においては、第七十二条に規定する目的を実現するための教育を行うほか、幼稚園、小学校、中学校、義務教育学校、高等学校又は中等教育学校の要請に応じて、第八十一条第一項に規定する幼児、児童又は生徒の教育に関し必要な助言又は援助を行うよう努めるものとする。

第七十五条　第七十二条に規定する視覚障害者、聴覚障害者、知的障害者、肢体不自由者又は病弱者の障害の程度は、政令で定める。

第七十六条　特別支援学校には、小学部及び中学部を置かなければならない。ただし、特別の必要のある場合においては、そのいずれかのみを置くことができる。

○2　特別支援学校には、小学部及び中学部のほか、幼稚部又は高等部を置くことができ、また、特別の必要のある場合においては、前項の規定にかかわらず、小学部及び中学部を置かないで幼稚部又は高等部のみを置くことができる。

第七十七条　特別支援学校の幼稚部の教育課程その他の保育内容、小学部及び中学部の教育課程又は高等部の学科及び教育課程に関する事項は、幼稚園、小学校、中学校又は高等学校に準じて、文部科学大臣が定める。

第七十八条　特別支援学校には、寄宿舎を設けなければならない。ただし、特別の事情のあるときは、これを設けないことができる。

第七十九条　寄宿舎を設ける特別支援学校には、寄宿舎指導員を置かなければならない。

○2　寄宿舎指導員は、寄宿舎における幼児、児童又は生徒の日常生活上の世話及び生活指導に従事する。

第八十条　都道府県は、その区域内にある学齢児童及び学齢生徒のうち、視覚障害者、聴覚障害者、知的障害者、肢体不自由者又は病弱者で、その障害が第七十五条の政令で定める程度のものを就学させるに必要な特別支援学校を設置しなければならない。

第八十一条　幼稚園、小学校、中学校、義務教育学校、高等学校及び中等教育学校においては、次項各号のいずれかに該当する幼児、児童及び生徒その他教育上特別の支援を必要とする幼児、児童及び生徒に対し、文部科学大臣の定めるところにより、障害による学習上又は生活上の困難を克服するための教育を行うものとする。

○2　小学校、中学校、義務教育学校、高等学校及び中等教育学校には、次の各号のいずれかに該当する児童及び生徒のために、特別支援学級を置くことができる。

一　知的障害者

二　肢体不自由者

三　身体虚弱者

四　弱視者

五　難聴者

六　その他障害のある者で、特別支援学級において教育を行うことが適当なもの

○3　前項に規定する学校においては、疾病により療養中の児童及び生徒に対して、特別支援学級を設け、又は教員を派遣して、教育を行うことができる。

第八十二条　第二十六条、第二十七条、第三十一条（第四十九条及び第六十二条において読み替えて準用する場合を含む。）、第三十二条、第三十四条（第四十九条及び第六十二条において準用する場合を含む。）、第三十六条、第三十七条（第二十八条、第四十九条及び第六十二条において準用する場合を含む。）、第四十二条から第四十四条まで、第四十七条及び第五十六条から第六十

条までの規定は特別支援学校に、第八十四条の規定は特別支援学校の高等部に、それぞれ準用する。

○学校教育法施行規則（抜粋）

（最終改正　令和五年三月三十一日　文部科学省令第十八号）

第四章　小学校
第一節　設備編制
第四十条　小学校の設備、編制その他設置に関する事項は、この節に定めるもののほか、小学校設置基準（平成十四年文部科学省令第十四号）の定めるところによる。

第四十一条　小学校の学級数は、十二学級以上十八学級以下を標準とする。ただし、地域の実態その他により特別の事情のあるときは、この限りでない。

第四十二条　小学校の分校の学級数は、特別の事情のある場合を除き、五学級以下とし、前条の学級数に算入しないものとする。

第四十三条　小学校においては、調和のとれた学校運営が行われるためにふさわしい校務分掌の仕組みを整えるものとする。

第四十四条　小学校には、教務主任及び学年主任を置くものとする。

2　前項の規定にかかわらず、第四項に規定する教務主任の担当する校務を整理する主幹教諭を置くときその他特別の事情のあるときは教務主任を、第五項に規定する学年主任の担当する校務を整理する主幹教諭を置くときその他特別の事情のあるときは学年主任を、それぞれ置かないことができる。

3　教務主任及び学年主任は、指導教諭又は教諭をもつて、これに充てる。

4　教務主任は、校長の監督を受け、教育計画の立案その他の教務に関する事項について連絡調整及び指導、助言に当たる。

5　学年主任は、校長の監督を受け、当該学年の教育活動に関する事項について連絡調整及び指導、助言に当たる。

第四十五条　小学校においては、保健主事を置くものとする。

2　前項の規定にかかわらず、第四項に規定する保健主事の担当する校務を整理する主幹教諭を置くときその他特別の事情のあるときは、保健主事を置かないことができる。

3　保健主事は、指導教諭、教諭又は養護教諭をもつて、これに充てる。

4　保健主事は、校長の監督を受け、小学校における保健に関する事項の管理に当たる。

第四十六条　小学校には、事務長又は事務主任を置くことができる。

2　事務長及び事務主任は、事務職員をもつて、これに充てる。

3　事務長は、校長の監督を受け、事務職員その他の職員が行う事務を総括する。

4　事務主任は、校長の監督を受け、事務に関する事項について連絡調整及び指導、助言に当たる。

第四十七条　小学校においては、前三条に規定する教務主任、学年主任、保健主事及び事務主任のほか、必要に応じ、校務を分担する主任等を置くことができる。

第四十八条　小学校には、設置者の定めるところにより、校長の職務の円滑な執行に資するため、職員会議を置くことができる。

2　職員会議は、校長が主宰する。

第四十九条　小学校には、設置者の定めるところにより、学校評議員を置くことができる。

2　学校評議員は、校長の求めに応じ、学校運営に関し意見を述べることができる。

3　学校評議員は、当該小学校の職員以外の者で教育に関する理解及び識見を有するもののうちから、校長の推薦により、当該小学校の設置者が委嘱する。

第二節　教育課程
第五十条　小学校の教育課程は、国語、社会、算数、理科、生活、音楽、図画工作、家庭及び体育の各教科（以下この節において「各教科」という。）、道徳、外国語活動、総合的な学習の時間並びに特別活動によつて編成するものとする。

2　私立の小学校の教育課程を編成する場合は、前項の規定にかかわらず、宗教を加えることができる。この場合においては、宗教をもつて前項の道徳に代えることができる。

第五十一条　小学校（第五十二条の二第二項に規定する中学校連携型小学校及び第七十九条の九第二項に規定する中学校併設型小学校を除く。）の各学年における各教科、道徳、外国語活動、総合的な学習の時間及び特別活動のそれぞれの授業時数並びに各学年におけるこれらの総授業時数は、別表第一に定める授業時数を標準とする。

第五十二条　小学校の教育課程については、この節に定めるもののほか、教育課程の基準として文部科学大臣が別に公示する小学校学習指導要領によるものとする。

第五十二条の二　小学校（第七十九条の九第二項に規定する中学校併設型小学校を除く。）においては、中学校における教育との一貫性に配慮した教育を施すため、当該小学校の設置者が当該中学校の設置者との協議に基づき定めるところにより、教育課程を編成することができる。

2　前項の規定により教育課程を編成する小学校（以下「中学校連携型小学校」という。）は、第七十四条の二第一項の規定により教育課程を編成する中学校と連携し、その教育課程を実施するものとする。

第五十二条の三　中学校連携型小学校の各学年における各教科、道徳、外国語活動、総合的な学習の時間及び特別活動のそれぞれの授業時数並びに各学年におけるこれらの総授業時数は、別表第二の二に定める授業時数を標準とする。

第五十二条の四　中学校連携型小学校の教育課程については、この章に定めるもののほか、教育課程の基準の特例として文部科学大臣が別に定めるところによるものとする。

第五十三条　小学校においては、必要がある場合には、一部の各教科について、これらを合わせて授業を行うことができる。

第五十四条　児童が心身の状況によつて履修することが困難な各教科は、その児童の心身の状況に適合するように課さなければならない。

第五十五条　小学校の教育課程に関し、その改善に資する研究を行うため特に必要があり、かつ、児童の教育上適切な配慮がなされていると文部科学大臣が認める場合においては、文部科学大臣が別に定めるところにより、第五十条第一項、第五十一条（中学校連携型小学校にあつては第五十二条の三、第七十九条の九第二項に規定する中学校併設型小学校にあつては第七十九条の十二において準用する第七十九条の五第一項）又は第五十二条の規定によらないことができる。

第五十五条の二　文部科学大臣が、小学校において、当該小学校又は当該小学校が設置されている地域の実態に照らし、より効果的な教育を実施するため、当該小学校又は当該地域の特色を生かした特別の教育課程を編成して教育を実施する必要があり、かつ、当該特別の教育課程について、教育基本法（平成十八年法律第百二十号）及び学校教育法第三十条第一項の規定等に照らして適切であり、児童の教育上適切な配慮がなされているものとして文部科学大臣が定める基準を満たしていると認める場合においては、文部科学大臣が別に定めるところにより、第五十条第一項、第五十一条（中学校連携型小学校にあつては第五十二条の三、第七十九条の九第二項に規定する中学校併設型小学校にあつては第七十九条の十二において準用する第七十九条の五第一項）又は第五十二条の規定の全部又は一部によらないことができる。

第五十六条　小学校において、学校生活への適応が困難であるため相当の期間小学校を欠席し引き続き欠席すると認められる児童を対象として、

その実態に配慮した特別の教育課程を編成して教育を実施する必要があると文部科学大臣が認める場合においては、文部科学大臣が別に定めるところにより、第五十条第一項、第五十一条（中学校連携型小学校にあつては第五十二条の三、第七十九条の九第二項に規定する中学校併設型小学校にあつては第七十九条の十二において準用する第七十九条の五第一項）又は第五十二条の規定によらないことができる。

第五十六条の二　小学校において、日本語に通じない児童のうち、当該児童の日本語を理解し、使用する能力に応じた特別の指導を行う必要があるものを教育する場合には、文部科学大臣が別に定めるところにより、第五十条第一項、第五十一条（中学校連携型小学校にあつては第五十二条の三、第七十九条の九第二項に規定する中学校併設型小学校にあつては第七十九条の十二において準用する第七十九条の五第一項）及び第五十二条の規定にかかわらず、特別の教育課程によることができる。

第五十六条の三　前条の規定により特別の教育課程による場合においては、校長は、児童が設置者の定めるところにより他の小学校、義務教育学校の前期課程又は特別支援学校の小学部において受けた授業を、当該児童の在学する小学校において受けた当該特別の教育課程に係る授業とみなすことができる。

第五十六条の四　小学校において、学齢を経過した者のうち、その者の年齢、経験又は勤労の状況その他の実情に応じた特別の指導を行う必要があるものを夜間その他特別の時間において教育する場合には、文部科学大臣が別に定めるところにより、第五十条第一項、第五十一条（中学校連携型小学校にあつては第五十二条の三、第七十九条の九第二項に規定する中学校併設型小学校にあつては第七十九条の十二において準用する第七十九条の五第一項）及び第五十二条の規定にかかわらず、特別の教育課程によることができる。

第五十六条の五　学校教育法第三十四条第二項に規定する教材（以下この条において「教科用図書代替教材」という。）は、同条第一項に規定する教科用図書（以下この条において「教科用図書」という。）の発行者が、その発行する教科用図書の内容の全部（電磁的記録に記録することに伴つて変更が必要となる内容を除く。）をそのまま記録した電磁的記録である教材とする。

2　学校教育法第三十四条第二項の規定による教科用図書代替教材の使用は、文部科学大臣が別に定める基準を満たすように行うものとする。

3　学校教育法第三十四条第三項に規定する文部科学大臣の定める事由は、次のとおりとする。

一　視覚障害、発達障害その他の障害

二　日本語に通じないこと

三　前二号に掲げる事由に準ずるもの

4　学校教育法第三十四条第三項の規定による教科用図書代替教材の使用は、文部科学大臣が別に定める基準を満たすように行うものとする。

第五十七条　小学校において、各学年の課程の修了又は卒業を認めるに当たつては、児童の平素の成績を評価して、これを定めなければならない。

第五十八条　校長は、小学校の全課程を修了したと認めた者には、卒業証書を授与しなければならない。

○学校保健安全法

（最終改正　平成二十七年六月二十四日
法律第四十六号）

第一章　総則

（目的）

第一条　この法律は、学校における児童生徒等及び職員の健康の保持増進を図るため、学校における保健管理に関し必要な事項を定めるとともに、学校における教育活動が安全な環境において実施され、児童生徒等の安全の確保が図られるよう、学校における安全管理に関し必要な事項を定め、もつて学校教育の円滑な実施とその成果の確保に資することを目的とする。

（定義）

第二条　この法律において「学校」とは、学校教育法（昭和二十二年法律第二十六号）第一条に規定する学校をいう。

2　この法律において「児童生徒等」とは、学校に在学する幼児、児童、生徒又は学生をいう。

（国及び地方公共団体の責務）

第三条　国及び地方公共団体は、相互に連携を図り、各学校において保健及び安全に係る取組が確実かつ効果的に実施されるようにするため、学校における保健及び安全に関する最新の知見及び事例を踏まえつつ、財政上の措置その他の必要な施策を講ずるものとする。

2　国は、各学校における安全に係る取組を総合的かつ効果的に推進するため、学校安全の推進に関する計画の策定その他所要の措置を講ずるものとする。

3　地方公共団体は、国が講ずる前項の措置に準じた措置を講ずるように努めなければならない。

第二章　学校保健

第一節　学校の管理運営等

（学校保健に関する学校の設置者の責務）

第四条　学校の設置者は、その設置する学校の児童生徒等及び職員の心身の健康の保持増進を図るため、当該学校の施設及び設備並びに管理運営体制の整備充実その他の必要な措置を講ずるよう努めるものとする。

（学校保健計画の策定等）

第五条　学校においては、児童生徒等及び職員の心身の健康の保持増進を図るため、児童生徒等及び職員の健康診断、環境衛生検査、児童生徒等に対する指導その他保健に関する事項について計画を策定し、これを実施しなければならない。

（学校環境衛生基準）

第六条　文部科学大臣は、学校における換気、採光、照明、保温、清潔保持その他環境衛生に係る事項（学校給食法（昭和二十九年法律第百六十号）第九条第一項（夜間課程を置く高等学校における学校給食に関する法律（昭和三十一年法律第百五十七号）第七条及び特別支援学校の幼稚部及び高等部における学校給食に関する法律（昭和三十二年法律第百十八号）第六条において準用する場合を含む。）に規定する事項を除く。）について、児童生徒等及び職員の健康を保護する上で維持されることが望ましい基準（以下この条において「学校環境衛生基準」という。）を定めるものとする。

2　学校の設置者は、学校環境衛生基準に照らしてその設置する学校の適切な環境の維持に努めなければならない。

3　校長は、学校環境衛生基準に照らし、学校の環境衛生に関し適正を欠く事項があると認めた場合には、遅滞なく、その改善のために必要な措置を講じ、又は当該措置を講ずることができないときは、当該学校の設置者に対し、その旨を申し出るものとする。

（保健室）

第七条　学校には、健康診断、健康相談、保健指導、救急処置その他の保健に関する措置を行うため、保健室を設けるものとする。

第二節　健康相談等

（健康相談）

第八条　学校においては、児童生徒等の心身の健康に関し、健康相談を行うものとする。

（保健指導）

第九条　養護教諭その他の職員は、相互に連携して、健康相談又は児童生徒等の健康状態の日常的な観察により、児童生徒等の心身の状況を把握し、健康上の問題があると認めるときは、遅滞なく、当該児童生徒等に対して必要な指導を行うとともに、必要に応じ、その保護者（学校教育法第十六条に規定する保護者をいう。第二十四条及び第三十条におい

て同じ。）に対して必要な助言を行うものとする。

（地域の医療機関等との連携）

第十条　学校においては、救急処置、健康相談又は保健指導を行うに当たつては、必要に応じ、当該学校の所在する地域の医療機関その他の関係機関との連携を図るよう努めるものとする。

第三節　健康診断

（就学時の健康診断）

第十一条　市（特別区を含む。以下同じ。）町村の教育委員会は、学校教育法第十七条第一項の規定により翌学年の初めから同項に規定する学校に就学させるべき者で、当該市町村の区域内に住所を有するものの就学に当たつて、その健康診断を行わなければならない。

第十二条　市町村の教育委員会は、前条の健康診断の結果に基づき、治療を勧告し、保健上必要な助言を行い、及び学校教育法第十七条第一項に規定する義務の猶予若しくは免除又は特別支援学校への就学に関し指導を行う等適切な措置をとらなければならない。

（児童生徒等の健康診断）

第十三条　学校においては、毎学年定期に、児童生徒等（通信による教育を受ける学生を除く。）の健康診断を行わなければならない。

2　学校においては、必要があるときは、臨時に、児童生徒等の健康診断を行うものとする。

第十四条　学校においては、前条の健康診断の結果に基づき、疾病の予防処置を行い、又は治療を指示し、並びに運動及び作業を軽減する等適切な措置をとらなければならない。

（職員の健康診断）

第十五条　学校の設置者は、毎学年定期に、学校の職員の健康診断を行わなければならない。

2　学校の設置者は、必要があるときは、臨時に、学校の職員の健康診断を行うものとする。

第十六条　学校の設置者は、前条の健康診断の結果に基づき、治療を指示し、及び勤務を軽減する等適切な措置をとらなければならない。

（健康診断の方法及び技術の基準等）

第十七条　健康診断の方法及び技術的基準については、文部科学省令で定める。

2　第十一条から前条までに定めるもののほか、健康診断の時期及び検査の項目その他健康診断に関し必要な事項は、前項に規定するものを除き、第十一条の健康診断に関するものについては政令で、第十三条及び第十五条の健康診断に関するものについては文部科学省令で定める。

3　前二項の文部科学省令は、健康増進法（平成十四年法律第百三号）第九条第一項に規定する健康診査等指針と調和が保たれたものでなければならない。

（保健所との連絡）

第十八条　学校の設置者は、この法律の規定による健康診断を行おうとする場合その他政令で定める場合においては、保健所と連絡するものとする。

第四節　感染症の予防

（出席停止）

第十九条　校長は、感染症にかかつており、かかつている疑いがあり、又はかかるおそれのある児童生徒等があるときは、政令で定めるところにより、出席を停止させることができる。

（臨時休業）

第二十条　学校の設置者は、感染症の予防上必要があるときは、臨時に、学校の全部又は一部の休業を行うことができる。

（文部科学省令への委任）

第二十一条　前二条（第十九条の規定に基づく政令を含む。）及び感染症の予防及び感染症の患者に対する医療に関する法律（平成十年法律第百十四号）その他感染症の予防に関して規定する法律（これらの法律に基づく命令を含む。）に定めるもののほか、学校における感染症の予防に関し必要な事項は、文部科学省令で定める。

第五節　学校保健技師並びに学校医、学校歯科医及び学校薬剤師

（学校保健技師）

第二十二条　都道府県の教育委員会の事務局に、学校保健技師を置くことができる。

2　学校保健技師は、学校における保健管理に関する専門的事項について学識経験がある者でなければならない。

3　学校保健技師は、上司の命を受け、学校における保健管理に関し、専門的技術的指導及び技術に従事する。

（学校医、学校歯科医及び学校薬剤師）

第二十三条　学校には、学校医を置くものとする。

2　大学以外の学校には、学校歯科医及び学校薬剤師を置くものとする。

3　学校医、学校歯科医及び学校薬剤師は、それぞれ医師、歯科医師又は薬剤師のうちから、任命し、又は委嘱する。

4　学校医、学校歯科医及び学校薬剤師は、学校における保健管理に関する専門的事項に関し、技術及び指導に従事する。

5　学校医、学校歯科医及び学校薬剤師の職務執行の準則は、文部科学省令で定める。

第六節　地方公共団体の援助及び国の補助

（地方公共団体の援助）

第二十四条　地方公共団体は、その設置する小学校、中学校、義務教育学校、中等教育学校の前期課程又は特別支援学校の小学部若しくは中学部の児童又は生徒が、感染性又は学習に支障を生ずるおそれのある疾病で政令で定めるものにかかり、学校において治療の指示を受けたときは、当該児童又は生徒の保護者で次の各号のいずれかに該当するものに対して、その疾病の治療のための医療に要する費用について必要な援助を行うものとする。

一　生活保護法（昭和二十五年法律第百四十四号）第六条第二項に規定する要保護者

二　生活保護法第六条第二項に規定する要保護者に準ずる程度に困窮している者で政令で定めるもの

（国の補助）

第二十五条　国は、地方公共団体が前条の規定により同条第一号に掲げる者に対して援助を行う場合には、予算の範囲内において、その援助に要する経費の一部を補助することができる。

2　前項の規定により国が補助を行う場合の補助の基準については、政令で定める。

第三章　学校安全

（学校安全に関する学校の設置者の責務）

第二十六条　学校の設置者は、児童生徒等の安全の確保を図るため、その設置する学校において、事故、加害行為、災害等（以下この条及び第二十九条第三項において「事故等」という。）により児童生徒等に生ずる危険を防止し、及び事故等により児童生徒等に危険又は危害が現に生じた場合（同条第一項及び第二項において「危険等発生時」という。）において適切に対処することができるよう、当該学校の施設及び設備並びに管理運営体制の整備充実その他の必要な措置を講ずるよう努めるものとする。

（学校安全計画の策定等）

第二十七条　学校においては、児童生徒等の安全の確保を図るため、当該学校の施設及び設備の安全点検、児童生徒等に対する通学を含めた学校生活その他の日常生活における安全に関する指導、職員の研修その他学校における安全に関する事項について計画を策定し、これを実施しなければならない。

（学校環境の安全の確保）

第二十八条　校長は、当該学校の施設又は設備について、児童生徒等の安全の確保を図る上で支障となる事項があると認めた場合には、遅滞なく、その改善を図るために必要な措置を講じ、又は当該措置を講ずることが

できないときは、当該学校の設置者に対し、その旨を申し出るものとする。

（危険等発生時対処要領の作成等）

第二十九条　学校においては、児童生徒等の安全の確保を図るため、当該学校の実情に応じて、危険等発生時において当該学校の職員がとるべき措置の具体的内容及び手順を定めた対処要領（次項において「危険等発生時対処要領」という。）を作成するものとする。

2　校長は、危険等発生時対処要領の職員に対する周知、訓練の実施その他の危険等発生時において職員が適切に対処するために必要な措置を講ずるものとする。

3　学校においては、事故等により児童生徒等に危害が生じた場合において、当該児童生徒等及び当該事故等により心理的外傷その他の心身の健康に対する影響を受けた児童生徒等その他の関係者の心身の健康を回復させるため、これらの者に対して必要な支援を行うものとする。この場合においては、第十条の規定を準用する。

（地域の関係機関等との連携）

第三十条　学校においては、児童生徒等の安全の確保を図るため、児童生徒等の保護者との連携を図るとともに、当該学校が所在する地域の実情に応じて、当該地域を管轄する警察署その他の関係機関、地域の安全を確保するための活動を行う団体その他の関係団体、当該地域の住民その他の関係者との連携を図るよう努めるものとする。

第四章　雑則

（学校の設置者の事務の委任）

第三十一条　学校の設置者は、他の法律に特別の定めがある場合のほか、この法律に基づき処理すべき事務を校長に委任することができる。

（専修学校の保健管理等）

第三十二条　専修学校には、保健管理に関する専門的事項に関し、技術及び指導を行う医師を置くように努めなければならない。

2　専修学校には、健康診断、健康相談、保健指導、救急処置等を行うため、保健室を設けるように努めなければならない。

3　第三条から第六条まで、第八条から第十条まで、第十三条から第二十一条まで及び第二十六条から前条までの規定は、専修学校に準用する。

附　則　抄

（施行期日）

1　この法律中第十七条及び第十八条第一項の規定は昭和三十三年十月一日から、その他の規定は同年六月一日から施行する。

附　則（昭和五〇年七月一一日法律第

五九号）　抄

（施行期日）

第一条　この法律は、公布の日から起算して六月を経過した日から施行する。

附　則（昭和五三年三月三一日法律第一四号）　抄

1　この法律は、昭和五十三年四月一日から施行する。ただし、第二条の規定中学校保健法第八条第二項を削る改正規定、同条第三項及び第九条第一項の改正規定、同条第二項を削る改正規定、第十七条の改正規定、第十八条第二項を削る改正規定並びに同条第三項の改正規定は、昭和五十四年四月一日から施行する。

附　則（昭和六〇年七月一二日法律第九〇号）　抄

（施行期日）

第一条　この法律は、公布の日から施行する。

附　則（平成一〇年六月一二日法律第一〇一号）　抄

（施行期日）

第一条　この法律は、平成十一年四月一日から施行する。

附　則（平成一〇年一〇月二日法律第一一四号）　抄

（施行期日）

第一条　この法律は、平成十一年四月一日から施行する。

附　則（平成一一年一二月二二日法律第一六〇号）　抄

（施行期日）

第一条　この法律（第二条及び第三条を除く。）は、平成十三年一月六日から施行する。ただし、次の各号に掲げる規定は、当該各号に定める日から施行する。

一　第九百九十五条（核原料物質、核燃料物質及び原子炉の規制に関する法律の一部を改正する法律附則の改正規定に係る部分に限る。）、第千三百五条、第千三百六条、第千三百二十四条第二項、第千三百二十六条第二項及び第千三百四十四条の規定　公布の日

附　則（平成一四年八月二日法律第一〇三号）　抄

（施行期日）

第一条　この法律は、公布の日から起算して九月を超えない範囲内において政令で定める日から施行する。ただし、第九条及び附則第八条から第十九条までの規定は、公布の日から起算して二年を超えない範囲内において政令で定める日から施行する。

附　則（平成一七年三月三一日法律第二三号）　抄

（施行期日）

1　この法律は、平成十七年四月一日から施行する。

附　則（平成一八年六月二一日法律第八〇号）　抄

（施行期日）

第一条　この法律は、平成十九年四月

一日から施行する。

附　則（平成一九年六月二七日法律第九六号）　抄

（施行期日）

第一条　この法律は、公布の日から起算して六月を超えない範囲内において政令で定める日から施行する。

附　則（平成二〇年六月一八日法律第七三号）　抄

（施行期日）

第一条　この法律は、平成二十一年四月一日から施行する。

（検討）

第二条　政府は、この法律の施行後五年を経過した場合において、この法律による改正後の規定の施行の状況について検討を加え、必要があると認めるときは、その結果に基づいて所要の措置を講ずるものとする。

附　則（平成二七年六月二四日法律第四六号）　抄

（施行期日）

第一条　この法律は、平成二十八年四月一日から施行する。

○学校保健安全法施行令（抜粋）

（最終改正　平成二十七年十二月十六日政令第四百二十一号）

（就学時の健康診断の時期）

第一条　学校保健安全法（昭和三十三年法律第五十六号。以下「法」という。）第十一条の健康診断（以下「就学時の健康診断」という。）は、学校教育法施行令（昭和二十八年政令第三百四十号）第二条の規定により学齢簿が作成された後翌学年の初めから四月前（同令第五条、第七条、第十一条、第十四条、第十五条及び第十八条の二に規定する就学に関する手続の実施に支障がない場合にあつては、三月前）までの間に行うものとする。

2　前項の規定にかかわらず、市町村の教育委員会は、同項の規定により定めた就学時の健康診断の実施日の翌日以後に当該市町村の教育委員会が作成した学齢簿に新たに就学予定者（学校教育法施行令第五条第一項に規定する就学予定者をいう。以下この項において同じ。）が記載された場合において、当該就学予定者が他の市町村の教育委員会が行う就学時の健康診断を受けていないときは、当該就学予定者について、速やかに就学時の健康診断を行うものとする。

（検査の項目）

第二条　就学時の健康診断における検査の項目は、次のとおりとする。

一　栄養状態

二　脊（せき）柱及び胸郭の疾病及び異常の有無

三　視力及び聴力

四　眼の疾病及び異常の有無

194

五　耳鼻咽（いん）頭疾患及び皮膚疾患の有無

六　歯及び口腔（くう）の疾病及び異常の有無

七　その他の疾病及び異常の有無

（保護者への通知）

第三条　市（特別区を含む。以下同じ。）町村の教育委員会は、就学時の健康診断を行うに当たつて、あらかじめ、その日時、場所及び実施の要領等を法第十一条に規定する者の学校教育法（昭和二十二年法律第二十六号）第十六条に規定する保護者（以下「保護者」という。）に通知しなければならない。

（就学時健康診断票）

第四条　市町村の教育委員会は、就学時の健康診断を行つたときは、文部科学省令で定める様式により、就学時健康診断票を作成しなければならない。

2　市町村の教育委員会は、翌学年の初めから十五日前までに、就学時健康診断票を就学時の健康診断を受けた者の入学する学校の校長に送付しなければならない。

（保健所と連絡すべき場合）

第五条　法第十八条の政令で定める場合は、次に掲げる場合とする。

一　法第十九条の規定による出席停止が行われた場合

二　法第二十条の規定による学校の休業を行つた場合

（出席停止の指示）

第六条　校長は、法第十九条の規定により出席を停止させようとするときは、その理由及び期間を明らかにして、幼児、児童又は生徒（高等学校（中等教育学校の後期課程及び特別支援学校の高等部を含む。以下同じ。）の生徒を除く。）にあつてはその保護者に、高等学校の生徒又は学生にあつては当該生徒又は学生にこれを指示しなければならない。

2　出席停止の期間は、感染症の種類等に応じて、文部科学省令で定める基準による。

（出席停止の報告）

第七条　校長は、前条第一項の規定による指示をしたときは、文部科学省令で定めるところにより、その旨を学校の設置者に報告しなければならない。

（感染性又は学習に支障を生ずるおそれのある疾病）

第八条　法第二十四条の政令で定める疾病は、次に掲げるものとする。

一　トラコーマ及び結膜炎

二　白癬（せん）、疥（かい）癬（せん）及び膿（のう）痂（か）疹（しん）

三　中耳炎

四　慢性副鼻腔（くう）炎及びアデノイド

五　齲（う）歯

六　寄生虫病（虫卵保有を含む。）

（要保護者に準ずる程度に困窮している者）

第九条　法第二十四条第二号の政令で定める者は、当該義務教育諸学校（小学校、中学校、義務教育学校、中等教育学校の前期課程又は特別支援学校の小学部若しくは中学部をいう。）を設置する地方公共団体の教育委員会が、生活保護法（昭和二十五年法律第百四十四号）第六条第二項に規定する要保護者（以下「要保護者」という。）に準ずる程度に困窮していると認める者とする。

2　教育委員会は、前項に規定する認定を行うため必要があるときは、社会福祉法（昭和二十六年法律第四十五号）に定める福祉に関する事務所の長及び民生委員法（昭和二十三年法律第百九十八号）に定める民生委員に対して、助言を求めることができる。

（補助の基準）

第十条　法第二十五条第一項の規定による国の補助は、法第二十四条の規定による同条第一号に掲げる者に対する援助に要する経費の額の二分の一について行うものとする。ただし、小学校、中学校及び義務教育学校並びに中等教育学校の前期課程又は特別支援学校の小学部及び中学部の別により、文部科学大臣が毎年度定める児童及び生徒一人一疾病当たりの医療費の平均額に、都道府県に係る場合にあつては次項の規定により文部科学大臣が当該都道府県に配分した児童及び生徒の被患者の延数をそれぞれ乗じて得た額、市町村に係る場合にあつては第三項の規定により都道府県の教育委員会が当該市町村に配分した児童及び生徒の被患者の延数をそれぞれ乗じて得た額の二分の一を限度とする。

2　文部科学大臣は、毎年度、別表イに掲げる算式により算定した小学校、中学校及び義務教育学校並びに中等教育学校の前期課程又は特別支援学校の小学部及び中学部の児童及び生徒の被患者の延数を各都道府県に配分し、その配分した数を各都道府県の教育委員会に通知しなければならない。

3　都道府県の教育委員会は、文部科学省令で定めるところにより、毎年度、文部科学大臣が、別表ロに掲げる算式により算定した小学校、中学校及び義務教育学校並びに中等教育学校の前期課程又は特別支援学校の小学部及び中学部の児童及び生徒の被患者の延数を基準として各都道府県ごとに定めた児童及び生徒の被患者の延数を、各市町村立の小学校、中学校及び義務教育学校並びに中等教育学校の前期課程又は特別支援学校の小学部及び中学部の児童及び生徒のうち教育扶助を受けている者の数を勘案して、各市町村に配分し、その配分した数を文部科学大臣及び各市町村の教育委員会に通知しなければならない。

4　前項の規定により都道府県が処理することとされている事務は、地方自治法（昭和二十二年法律第六十七号）第二条第九項第一号に規定する第一号法定受託事務とする。

（専修学校への準用）

第十一条　第五条から第七条までの規定は、法第三十二条第三項において法第十八条及び第十九条の規定を専修学校に準用する場合について準用する。この場合において、第五条第二号中「法第二十条」とあるのは「法第三十二条第三項において準用する法第二十条」と、第六条第一項中「幼児、児童又は生徒（高等学校（中等教育学校の後期課程及び特別支援学校の高等部を含む。以下同じ。）の生徒を除く。）にあつてはその保護者に、高等学校の生徒又は学生にあつては当該生徒又は学生」とあるのは「生徒」と読み替えるものとする。

○学校保健安全法施行規則（抜粋）

（最終改正　令和五年四月二十八日　文部科学省令第二十二号）

第一章　環境衛生検査等

（環境衛生検査）

第一条　学校保健安全法（昭和三十三年法律第五十六号。以下「法」という。）第五条の環境衛生検査は、他の法令に基づくもののほか、毎学年定期に、法第六条に規定する学校環境衛生基準に基づき行わなければならない。

2　学校においては、必要があるときは、臨時に、環境衛生検査を行うものとする。

（日常における環境衛生）

第二条　学校においては、前条の環境衛生検査のほか、日常的な点検を行い、環境衛生の維持又は改善を図らなければならない。

第二章　健康診断

第一節　就学時の健康診断

（方法及び技術的基準）

第三条　法第十一条の健康診断の方法及び技術的基準は、次の各号に掲げる検査の項目につき、当該各号に定めるとおりとする。

一　栄養状態は、皮膚の色沢、皮下脂肪の充実、筋骨の発達、貧血の有無等について検査し、栄養不良又は肥満傾向で特に注意を要する者の発見につとめる。

二　脊柱の疾病及び異常の有無は、形態等について検査し、側わん症等に注意する。

三　胸郭の異常の有無は、形態及び発育について検査する。

四　視力は、国際標準に準拠した視力表を用いて左右各別に裸眼視力

を検査し、眼鏡を使用している者については、当該眼鏡を使用している場合の矯正視力についても検査する。

五　聴力は、オージオメータを用いて検査し、左右各別に聴力障害の有無を明らかにする。

六　眼の疾病及び異常の有無は、感染性眼疾患その他の外眼部疾患及び眼位の異常等に注意する。

七　耳鼻咽頭疾患の有無は、耳疾患、鼻・副鼻腔疾患、口腔咽喉頭疾患及び音声言語異常等に注意する。

八　皮膚疾患の有無は、感染性皮膚疾患、アレルギー疾患等による皮膚の状態に注意する。

九　歯及び口腔の疾病及び異常の有無は、齲歯、歯周疾患、不正咬合その他の疾病及び異常について検査する。

十　その他の疾病及び異常の有無は、知能及び呼吸器、循環器、消化器、神経系等について検査するものとし、知能については適切な検査によつて知的障害の発見につとめ、呼吸器、循環器、消化器、神経系等については臨床医学的検査その他の検査によつて結核疾患、心臓疾患、腎臓疾患、ヘルニア、言語障害、精神神経症その他の精神障害、骨、関節の異常及び四肢運動障害等の発見につとめる。

（就学時健康診断票）

第四条　学校保健安全法施行令（昭和三十三年政令第百七十四号。以下「令」という。）第四条第一項に規定する就学時健康診断票の様式は、第一号様式とする。

第二節　児童生徒等の健康診断

（時期）

第五条　法第十三条第一項の健康診断は、毎学年、六月三十日までに行うものとする。ただし、疾病その他やむを得ない事由によつて当該期日に健康診断を受けることのできなかつた者に対しては、その事由のなくなつた後すみやかに健康診断を行うものとする。

2　第一項の健康診断における結核の有無の検査において結核発病のおそれがあると診断された者（第六条第三項第四号に該当する者に限る。）については、おおむね六か月の後に再度結核の有無の検査を行うものとする。

（検査の項目）

第六条　法第十三条第一項の健康診断における検査の項目は、次のとおりとする。

一　身長及び体重

二　栄養状態

三　脊柱及び胸郭の疾病及び異常の有無並びに四肢の状態

四　視力及び聴力

五　眼の疾病及び異常の有無

六　耳鼻咽頭疾患及び皮膚疾患の有無

七　歯及び口腔の疾病及び異常の有無

八　結核の有無

九　心臓の疾病及び異常の有無

十　尿

十一　その他の疾病及び異常の有無

2　前項各号に掲げるもののほか、胸囲及び肺活量、背筋力、握力等の機能を、検査の項目に加えることができる。

3　第一項第八号に掲げるものの検査は、次の各号に掲げる学年において行うものとする。

一　小学校（義務教育学校の前期課程及び特別支援学校の小学部を含む。以下この条、第七条第六項及び第十一条において同じ。）の全学年

二　中学校（義務教育学校の後期課程、中等教育学校の前期課程及び特別支援学校の中学部を含む。以下この条、第七条第六項及び第十一条において同じ。）の全学年

三　高等学校（中等教育学校の後期課程及び特別支援学校の高等部を含む。以下この条、第七条第六項及び第十一条において同じ。）及び高等専門学校の第一学年

四　大学の第一学年

4　第一項各号に掲げる検査の項目のうち、小学校の第四学年及び第六学年、中学校及び高等学校の第二学年並びに高等専門学校の第二学年及び第四学年においては第四号に掲げるもののうち聴力を、大学においては第三号、第四号、第七号及び第十号に掲げるものを、それぞれ検査の項目から除くことができる。

（方法及び技術的基準）

第七条　法第十三条第一項の健康診断の方法及び技術的基準については、次項から第九項までに定めるもののほか、第三条の規定（同条第十号中知能に関する部分を除く。）を準用する。この場合において、同条第四号中「検査する。」とあるのは「検査する。ただし、眼鏡を使用している者の裸眼視力の検査はこれを除くことができる。」と読み替えるものとする。

2　前条第一項第一号の身長は、靴下等を脱ぎ、両かかとを密接し、背、臀部及びかかとを身長計の尺柱に接して直立し、両上肢を体側に垂れ、頭部を正位に保たせて測定する。

3　前条第一項第一号の体重は、衣服を脱ぎ、体重計のはかり台の中央に静止させて測定する。ただし、衣服を着たまま測定したときは、その衣服の重量を控除する。

4　前条第一項第三号の四肢の状態は、四肢の形態及び発育並びに運動器の機能の状態に注意する。

5　前条第一項第八号の結核の有無は、問診、胸部エツクス線検査、喀痰検査、聴診、打診その他必要な検査によつて検査するものとし、その技術的基準は、次の各号に定めるとおりとする。

一　前条第三項第一号又は第二号に該当する者に対しては、問診を行うものとする。

二　前条第三項第三号又は第四号に該当する者（結核患者及び結核発病のおそれがあると診断されている者を除く。）に対しては、胸部エツクス線検査を行うものとする。

三　第一号の問診を踏まえて学校医その他の担当の医師において必要と認める者であつて、当該者の在学する学校の設置者において必要と認めるものに対しては、胸部エツクス線検査、喀痰検査その他の必要な検査を行うものとする。

四　第二号の胸部エツクス線検査によつて病変の発見された者及びその疑いのある者、結核患者並びに結核発病のおそれがあると診断されている者に対しては、胸部エツクス線検査及び喀痰検査を行い、更に必要に応じ聴診、打診その他必要な検査を行う。

6　前条第一項第九号の心臓の疾病及び異常の有無は、心電図検査その他の臨床医学的検査によつて検査するものとする。ただし、幼稚園（特別支援学校の幼稚部を含む。以下この条及び第十一条において同じ。）の全幼児、小学校の第二学年以上の児童、中学校及び高等学校の第二学年以上の生徒、高等専門学校の第二学年以上の学生並びに大学の全学生については、心電図検査を除くことができる。

7　前条第一項第十号の尿は、尿中の蛋白、糖等について試験紙法により検査する。ただし、幼稚園においては、糖の検査を除くことができる。

8　身体計測、視力及び聴力の検査、問診、胸部エツクス線検査、尿の検査その他の予診的事項に属する検査は、学校医又は学校歯科医による診断の前に実施するものとし、学校医又は学校歯科医は、それらの検査の結果及び第十一条の保健調査を活用して診断に当たるものとする。

（健康診断票）

第八条　学校においては、法第十三条第一項の健康診断を行つたときは、児童生徒等の健康診断票を作成しなければならない。

2　校長は、児童又は生徒が進学した場合においては、その作成に係る当該児童又は生徒の健康診断票を進学先の校長に送付しなければならない。

3　校長は、児童生徒等が転学した場合においては、その作成に係る当該児童生徒等の健康診断票を転学先の

校長、保育所の長又は認定こども園の長に送付しなければならない。

4 児童生徒等の健康診断票は、五年間保存しなければならない。ただし、第二項の規定により送付を受けた児童又は生徒の健康診断票は、当該健康診断票に係る児童又は生徒が進学前の学校を卒業した日から五年間とする。

（事後措置）

第九条 学校においては、法第十三条第一項の健康診断を行つたときは、二十一日以内にその結果を幼児、児童又は生徒にあつては当該幼児、児童又は生徒及びその保護者（学校教育法（昭和二十二年法律第二十六号）第十六条に規定する保護者をいう。）に、学生にあつては当該学生に通知するとともに、次の各号に定める基準により、法第十四条の措置をとらなければならない。

一 疾病の予防処置を行うこと。
二 必要な医療を受けるよう指示すること。
三 必要な検査、予防接種等を受けるよう指示すること。
四 療養のため必要な期間学校において学習しないよう指導すること。
五 特別支援学級への編入について指導及び助言を行うこと。
六 学習又は運動・作業の軽減、停止、変更等を行うこと。
七 修学旅行、対外運動競技等への参加を制限すること。
八 机又は腰掛の調整、座席の変更及び学級の編制の適正を図ること。
九 その他発育、健康状態等に応じて適当な保健指導を行うこと。

2 前項の場合において、結核の有無の検査の結果に基づく措置については、当該健康診断に当たつた学校医その他の医師が別表第一に定める生活規正の面及び医療の面の区分を組み合わせて決定する指導区分に基づいて、とるものとする。

（臨時の健康診断）

第十条 法第十三条第二項の健康診断は、次に掲げるような場合で必要があるときに、必要な検査の項目について行うものとする。

一 感染症又は食中毒の発生したとき。
二 風水害等により感染症の発生のおそれのあるとき。
三 夏季における休業日の直前又は直後
四 結核、寄生虫病その他の疾病の有無について検査を行う必要のあるとき。
五 卒業のとき。

（保健調査）

第十一条 法第十三条の健康診断を的確かつ円滑に実施するため、当該健康診断を行うに当たつては、小学校、中学校、高等学校及び高等専門学校においては全学年において、幼稚園及び大学においては必要と認めるときに、あらかじめ児童生徒等の発育、健康状態等に関する調査を行うものとする。

第三節 職員の健康診断

（時期）

第十二条 法第十五条第一項の健康診断の時期については、第五条の規定を準用する。この場合において、同条第一項中「六月三十日までに」とあるのは、「学校の設置者が定める適切な時期に」と読み替えるものとする。

（検査の項目）

第十三条 法第十五条第一項の健康診断における検査の項目は、次のとおりとする。

一 身長、体重及び腹囲
二 視力及び聴力
三 結核の有無
四 血圧
五 尿
六 胃の疾病及び異常の有無
七 貧血検査
八 肝機能検査
九 血中脂質検査
十 血糖検査
十一 心電図検査
十二 その他の疾病及び異常の有無

2 妊娠中の女性職員においては、前項第六号に掲げる検査の項目を除くものとする。

3 第一項各号に掲げる検査の項目のうち、二十歳以上の職員においては第一号の身長を、三十五歳未満の職員及び三十六歳以上四十歳未満の職員、妊娠中の女性職員その他の職員であつて腹囲が内臓脂肪の蓄積を反映していないと診断されたもの、BMI（次の算式により算出した値をいう。以下同じ。）が二十未満である職員並びに自ら腹囲を測定し、その値を申告した職員（BMIが二十二未満である職員に限る。）においては第一号の腹囲を、二十歳未満の職員、二十一歳以上二十五歳未満の職員、二十六歳以上三十歳未満の職員、三十一歳以上三十五歳未満の職員又は三十六歳以上四十歳未満の職員であつて感染症の予防及び感染症の患者に対する医療に関する法律施行令（平成十年政令第四百二十号）第十二条第一項第一号又はじん肺法（昭和三十五年法律第三十号）第八条第一項第一号若しくは第三号に掲げる者に該当しないものにおいては第三号に掲げるものを、四十歳未満の職員においては第六号に掲げるものを、三十五歳未満の職員及び三十六歳以上四十歳未満の職員においては第七号から第十一号に掲げるものを、それぞれ検査の項目から除くことができる。

$$BMI = 体重（kg）／身長（m）^2$$

（方法及び技術的基準）

第十四条 法第十五条第一項の健康診断の方法及び技術的基準については、次項から第九項までに定めるもののほか、第三条（同条第十号中知能に関する部分を除く。）の規定を準用する。

2 前条第一項第二号の聴力は、千ヘルツ及び四千ヘルツの音に係る検査を行う。ただし、四十五歳未満の職員（三十五歳及び四十歳の職員を除く。）においては、医師が適当と認める方法によつて行うことができる。

3 前条第一項第三号の結核の有無は、胸部エックス線検査により検査するものとし、胸部エックス線検査によつて病変の発見された者及びその疑いのある者、結核患者並びに結核発病のおそれがあると診断されている者に対しては、胸部エックス線検査及び喀痰検査を行い、更に必要に応じ聴診、打診その他必要な検査を行う。

4 前条第一項第四号の血圧は、血圧計を用いて測定するものとする。

5 前条第一項第五号の尿は、尿中の蛋白及び糖について試験紙法により検査する。

6 前条第一項第六号の胃の疾病及び異常の有無は、胃部エックス線検査その他の医師が適当と認める方法により検査するものとし、癌その他の疾病及び異常の発見に努める。

7 前条第一項第七号の貧血検査は、血色素量及び赤血球数の検査を行う。

8 前条第一項第八号の肝機能検査は、血清グルタミックオキサロアセチックトランスアミナーゼ（GOT）、血清グルタミックピルビックトランスアミナーゼ（GPT）及びガンマーグルタミルトランスペプチダーゼ（γ－GTP）の検査を行う。

9 前条第一項第九号の血中脂質検査は、低比重リポ蛋白コレステロール（LDLコレステロール）、高比重リポ蛋白コレステロール（HDLコレステロール）及び血清トリグリセライドの量の検査を行う。

（健康診断票）

第十五条 学校の設置者は、法第十五条第一項の健康診断を行つたときは、第二号様式によつて、職員健康診断票を作成しなければならない。

2 学校の設置者は、当該学校の職員がその管理する学校から他の学校又は幼保連携型認定こども園へ移つた場合においては、その作成に係る当該職員の健康診断票を異動後の学校又は幼保連携型認定こども園の設置者へ送付しなければならない。

3 職員健康診断票は、五年間保存しなければならない。

（事後措置）

第十六条 法第十五条第一項の健康診断に当たつた医師は、健康に異常が

あると認めた職員については、検査の結果を総合し、かつ、その職員の職務内容及び勤務の強度を考慮して、別表第二に定める生活規正の面及び医療の面の区分を組み合わせて指導区分を決定するものとする。

2　学校の設置者は、前項の規定により医師が行つた指導区分に基づき、次の基準により、法第十六条の措置をとらなければならない。

「A」　休暇又は休職等の方法で療養のため必要な期間勤務させないこと。

「B」　勤務場所又は職務の変更、休暇による勤務時間の短縮等の方法で勤務を軽減し、かつ、深夜勤務、超過勤務、休日勤務及び宿日直勤務をさせないこと。

「C」　超過勤務、休日勤務及び宿日直勤務をさせないか又はこれらの勤務を制限すること。

「D」　勤務に制限を加えないこと。

「1」　必要な医療を受けるよう指示すること。

「2」　必要な検査、予防接種等を受けるよう指示すること。

「3」　医療又は検査等の措置を必要としないこと。

（臨時の健康診断）

第十七条　法第十五条第二項の健康診断については、第十条の規定を準用する。

第三章　感染症の予防

（感染症の種類）

第十八条　学校において予防すべき感染症の種類は、次のとおりとする。

一　第一種　エボラ出血熱、クリミア・コンゴ出血熱、痘そう、南米出血熱、ペスト、マールブルグ病、ラッサ熱、急性灰白髄炎、ジフテリア、重症急性呼吸器症候群（病原体がベータコロナウイルス属SARSコロナウイルスであるものに限る。）、中東呼吸器症候群（病原体がベータコロナウイルス属MERSコロナウイルスであるものに限る。）及び特定鳥インフルエンザ（感染症の予防及び感染症の患者に対する医療に関する法律（平成十年法律第百十四号）第六条第三項第六号に規定する特定鳥インフルエンザをいう。次号及び第十九条第二号イにおいて同じ。）

二　第二種　インフルエンザ（特定鳥インフルエンザを除く。）、百日咳、麻しん、流行性耳下腺炎、風しん、水痘、咽頭結膜熱、新型コロナウイルス感染症（病原体がベータコロナウイルス属のコロナウイルス（令和二年一月に、中華人民共和国から世界保健機関に対して、人に伝染する能力を有することが新たに報告されたものに限る。）であるものに限る。次条第二号チにおいて同じ。）、結核及び髄膜炎菌性髄膜炎

三　第三種　コレラ、細菌性赤痢、腸管出血性大腸菌感染症、腸チフス、パラチフス、流行性角結膜炎、急性出血性結膜炎その他の感染症

2　感染症の予防及び感染症の患者に対する医療に関する法律第六条第七項から第九項までに規定する新型インフルエンザ等感染症、指定感染症及び新感染症は、前項の規定にかかわらず、第一種の感染症とみなす。

（出席停止の期間の基準）

第十九条　令第六条第二項の出席停止の期間の基準は、前条の感染症の種類に従い、次のとおりとする。

一　第一種の感染症にかかつた者については、治癒するまで。

二　第二種の感染症（結核及び髄膜炎菌性髄膜炎を除く。）にかかつた者については、次の期間。ただし、病状により学校医その他の医師において感染のおそれがないと認めたときは、この限りでない。

イ　インフルエンザ（特定鳥インフルエンザ及び新型インフルエンザ等感染症を除く。）にあつては、発症した後五日を経過し、かつ、解熱した後二日（幼児にあつては、三日）を経過するまで。

ロ　百日咳にあつては、特有の咳が消失するまで又は五日間の適正な抗菌性物質製剤による治療が終了するまで。

ハ　麻しんにあつては、解熱した後三日を経過するまで。

ニ　流行性耳下腺炎にあつては、耳下腺、顎下腺又は舌下腺の腫脹が発現した後五日を経過し、かつ、全身状態が良好になるまで。

ホ　風しんにあつては、発しんが消失するまで。

ヘ　水痘にあつては、すべての発しんが痂皮化するまで。

ト　咽頭結膜熱にあつては、主要症状が消退した後二日を経過するまで。

チ　新型コロナウイルス感染症にあつては、発症した後五日を経過し、かつ、症状が軽快した後一日を経過するまで。

三　結核、髄膜炎菌性髄膜炎及び第三種の感染症にかかつた者については、病状により学校医その他の医師において感染のおそれがないと認めるまで。

四　第一種若しくは第二種の感染症患者のある家に居住する者又はこれらの感染症にかかつている疑いがある者については、予防処置の施行の状況その他の事情により学校医その他の医師において感染のおそれがないと認めるまで。

五　第一種又は第二種の感染症が発生した地域から通学する者については、その発生状況により必要と認めたとき、学校医の意見を聞いて適当と認める期間。

六　第一種又は第二種の感染症の流行地を旅行した者については、その状況により必要と認めたとき、学校医の意見を聞いて適当と認める期間。

（出席停止の報告事項）

第二十条　令第七条の規定による報告は、次の事項を記載した書面をもつてするものとする。

一　学校の名称

二　出席を停止させた理由及び期間

三　出席停止を指示した年月日

四　出席を停止させた児童生徒等の学年別人員数

五　その他参考となる事項

（感染症の予防に関する細目）

第二十一条　校長は、学校内において、感染症にかかつており、又はかかつている疑いがある児童生徒等を発見した場合において、必要と認めるときは、学校医に診断させ、法第十九条の規定による出席停止の指示をするほか、消毒その他適当な処置をするものとする。

2　校長は、学校内に、感染症の病毒に汚染し、又は汚染した疑いがある物件があるときは、消毒その他適当な処置をするものとする。

3　学校においては、その附近において、第一種又は第二種の感染症が発生したときは、その状況により適当な清潔方法を行うものとする。

第四章　学校医、学校歯科医及び学校薬剤師の職務執行の準則

（学校医の職務執行の準則）

第二十二条　学校医の職務執行の準則は、次の各号に掲げるとおりとする。

一　学校保健計画及び学校安全計画の立案に参与すること。

二　学校の環境衛生の維持及び改善に関し、学校薬剤師と協力して、必要な指導及び助言を行うこと。

三　法第八条の健康相談に従事すること。

四　法第九条の保健指導に従事すること。

五　法第十三条の健康診断に従事すること。

六　法第十四条の疾病の予防処置に従事すること。

七　法第二章第四節の感染症の予防に関し必要な指導及び助言を行い、並びに学校における感染症及び食中毒の予防処置に従事すること。

八　校長の求めにより、救急処置に従事すること。

九　市町村の教育委員会又は学校の設置者の求めにより、法第十一条の健康診断又は法第十五条第一項の健康診断に従事すること。

十　前各号に掲げるもののほか、必要に応じ、学校における保健管理に関する専門的事項に関する指導に従事すること。

2　学校医は、前項の職務に従事した

ときは、その状況の概要を学校医執務記録簿に記入して校長に提出するものとする。

（学校歯科医の職務執行の準則）

第二十三条　学校歯科医の職務執行の準則は、次の各号に掲げるとおりとする。

一　学校保健計画及び学校安全計画の立案に参与すること。

二　法第八条の健康相談に従事すること。

三　法第九条の保健指導に従事すること。

四　法第十三条の健康診断のうち歯の検査に従事すること。

五　法第十四条の疾病の予防処置のうち齲歯その他の歯疾の予防処置に従事すること。

六　市町村の教育委員会の求めにより、法第十一条の健康診断のうち歯の検査に従事すること。

七　前各号に掲げるもののほか、必要に応じ、学校における保健管理に関する専門的事項に関する指導に従事すること。

2　学校歯科医は、前項の職務に従事したときは、その状況の概要を学校歯科医執務記録簿に記入して校長に提出するものとする。

（学校薬剤師の職務執行の準則）

第二十四条　学校薬剤師の職務執行の準則は、次の各号に掲げるとおりとする。

一　学校保健計画及び学校安全計画の立案に参与すること。

二　第一条の環境衛生検査に従事すること。

三　学校の環境衛生の維持及び改善に関し、必要な指導及び助言を行うこと。

四　法第八条の健康相談に従事すること。

五　法第九条の保健指導に従事すること。

六　学校において使用する医薬品、毒物、劇物並びに保健管理に必要な用具及び材料の管理に関し必要な指導及び助言を行い、及びこれらのものについて必要に応じ試験、検査又は鑑定を行うこと。

七　前各号に掲げるもののほか、必要に応じ、学校における保健管理に関する専門的事項に関する技術及び指導に従事すること。

2　学校薬剤師は、前項の職務に従事したときは、その状況の概要を学校薬剤師執務記録簿に記入して校長に提出するものとする。

第五章　国の補助

（児童生徒数の配分の基礎となる資料の提出）

第二十五条　都道府県の教育委員会は、毎年度、七月一日現在において当該都道府県立の小学校、中学校及び義務教育学校並びに中等教育学校の前期課程又は特別支援学校の小学部及び中学部の児童及び生徒のうち教育扶助（生活保護法（昭和二十五年法律第百四十四号）に規定する教育扶助をいう。以下同じ。）を受けている者の総数を、第三号様式により一月十日までに文部科学大臣に報告しなければならない。

2　市町村の教育委員会は、毎年度、七月一日現在において当該市町村立の小学校、中学校及び義務教育学校並びに中等教育学校の前期課程又は特別支援学校の小学部及び中学部の児童及び生徒のうち教育扶助を受けている者の総数を、第四号様式により十二月二十日までに都道府県の教育委員会に報告しなければならない。

3　都道府県の教育委員会は、前項の規定により市町村の教育委員会から報告を受けたときは、これを第五号様式により一月十日までに文部科学大臣に報告しなければならない。

（児童生徒数の配分方法）

第二十六条　令第十条第三項の規定により都道府県の教育委員会が行う配分は、付録の算式により算定した数を基準として行うものとする。

（配分した児童生徒数の通知）

第二十七条　都道府県の教育委員会は、令第十条第三項及び前条の規定により各市町村ごとの小学校、中学校及び義務教育学校並びに中等教育学校の前期課程又は特別支援学校の小学部及び中学部の児童及び生徒の被患者の延数の配分を行つたときは、文部科学大臣に対しては第六号様式により、各市町村の教育委員会に対しては第七号様式によりすみやかにこれを通知しなければならない。

第六章　安全点検等

（安全点検）

第二十八条　法第二十七条の安全点検は、他の法令に基づくもののほか、毎学期一回以上、児童生徒等が通常使用する施設及び設備の異常の有無について系統的に行わなければならない。

2　学校においては、必要があるときは、臨時に、安全点検を行うものとする。

（日常における環境の安全）

第二十九条　学校においては、前条の安全点検のほか、設備等について日常的な点検を行い、環境の安全の確保を図らなければならない。

第七章　雑則

（専修学校）

第三十条　第一条、第二条、第五条、第六条（同条第三項及び第四項については、大学に関する部分に限る。）、第七条（同条第六項については、大学に関する部分に限る。）、第八条、第九条（同条第一項については、学生に関する部分に限る。）、第十条、第十一条（大学に関する部分に限る。）、第十二条から第二十一条まで、第二十八条及び前条の規定は、専修学校に準用する。この場合において、第五条第一項中「六月三十日までに」とあるのは「当該学年の始期から起算して三月以内に」と、第七条第八項中「学校医又は学校歯科医」とあるのは「医師」と、第九条第二項中「学校医その他の医師」とあるのは「医師」と、第十二条中「第五条」とあるのは「第三十条において準用する第五条」と、第十九条第一号、第三号及び第四号中「学校医その他の医師」とあるのは「医師」と、第十九条第五号及び第六号並びに第二十一条第一項中「学校医」とあるのは「医師」とそれぞれ読み替えるものとする。

2　第二十二条の規定は、専修学校の医師の職務執行の準則について準用する。

別表第一

区分		内容
生活規正の面	A（要休業）	授業を休む必要のあるもの
	B（要軽業）	授業に制限を加える必要のあるもの
	C（要注意）	授業をほぼ平常に行つてよいもの
	D（健康）	全く平常の生活でよいもの
医療の面	1（要医療）	医師による直接の医療行為を必要とするもの
	2（要観察）	医師による直接の医療行為を必要としないが、定期的に医師の観察指導を必要とするもの
	3（健康）	医師による直接、間接の医療行為を全く必要としないもの

別表第二

区分		内容
生活規正の面	A（要休業）	勤務を休む必要のあるもの
	B（要軽業）	勤務に制限を加える必要のあるもの
	C（要注意）	勤務をほぼ平常に行つてよいもの
	D（健康）	全く平常の生活でよいもの
医療の面	1（要医療）	医師による直接の医療行為を必要とするもの
	2（要観察）	医師による直接の医療行為を必要としないが、定期的に医師の観察指導を必要とするもの
	3（健康）	医師による直接、間接の医療行為を全く必要としないもの

○児童憲章

（昭和二十六年五月五日
児童憲章制定会議制定）

【児童憲章】

われらは、日本国憲法の精神にしたがい、児童に対する正しい観念を確立し、すべての児童の幸福をはかるために、この憲章を定める。

児童は、人として尊ばれる。

児童は、社会の一員として重んぜられる。

児童は、よい環境の中で育てられる。

1　すべての児童は、心身ともに健やかにうまれ、育てられ、その生活を保障される。

2　すべての児童は、家庭で、正しい愛情と知識と技術をもつて育てられ、家庭に恵まれない児童には、これにかわる環境が与えられる。

3　すべての児童は、適当な栄養と住居と被服が与えられ、また、疾病と災害からまもられる。

4　すべての児童は、個性と能力に応じて教育され、社会の一員としての責任を自主的に果たすように、みちびかれる。

5　すべての児童は、自然を愛し、科学と芸術を尊ぶようにみちびかれ、また道徳的心情がつちかわれる。

6　すべての児童は、就学のみちを確保され、また十分に整つた教育の施設を用意される。

7　すべての児童は、職業指導を受ける機会が与えられる。

8　すべての児童は、その労働において、心身の発育が阻害されず、教育を受ける機会が失われず、また児童としての生活がさまたげられないように、十分に保護される。

9　すべての児童は、よい遊び場と文化財を用意され、わるい環境から守られる。

10　すべての児童は、虐待・酷使・放任その他不当な取扱いから守られる。

あやまちをおかした児童は、適切に保護指導される。

11　すべての児童は、身体が不自由な場合、または精神の機能が不十分な場合に、適切な治療と教育と保護が与えられる。

12　すべての児童は愛とまことによつて結ばれ、よい国民として人類の平和と文化に貢献するように、みちびかれる。

索　引

202

203

■著者紹介

出井美智子（いでい　みちこ）

昭和33年3月東京大学医学部衛生看護学科卒後、同大学医学部衛生看護学科助手、同保健学科助手。昭和50年より平成7年3月まで文部省体育局学校保健課・学校健康教育課教科調査官を務め、杏林大学保健学部看護学科教授（平成7年4月〜12年3月）を経て岐阜県立看護大学教授（平成12年4月〜17年3月）。
著書
『保健室経営』（共編著　1981　ぎょうせい）
『ヘルスカウンセリング』（共著　1989　教育医事出版）
『学校保健マニュアル』（共編著　1996・2006　南山堂）その他多数

采女智津江（うねめ　ちづえ）

昭和52年から群馬県公立中学校養護教諭、平成3年から群馬県教育委員会保健体育課指導主事、平成8年から群馬県立高等学校養護教諭、平成15年から文部科学省スポーツ・青少年局学校健康教育課健康教育企画室健康教育調査官。平成23年度より名古屋学芸大学ヒューマンケア学部／大学院子どもケア研究科教授、平成27年度より順天堂大学スポーツ健康科学部／大学院スポーツ健康科学研究科教授、教職課程センター教授（博士（情報科学））、名古屋学芸大学名誉教授。
著書
『新養護概説』（編集代表・共著　初版〜第11版（2006〜2019）少年写真新聞社）
『学校保健実務必携』（共編著　2006・2014・2017　第一法規）
『子どもの心のケアのために』（共編著　2010　文部科学省）他、多数

佐藤紀久榮（さとう　きくえ）

昭和38年4月から東京都衛生局・伊豆長岡児童福祉園に保健婦として勤務。昭和39年11月から養護教諭として東京都公立小学校3校、都立高等学校3校に勤務。杏林大学非常勤講師を経て民生委員・児童委員（平成14〜19年）。
その他の職歴
全国養護教諭連絡協議会の事務局長（平成3年〜8年）、会長（平成9年〜10年）
「保健体育審議会」委員（平成10年〜11年度）
日本体育・学校健康センター運営審議会委員（平成10年〜11年度）
著書
『養護教諭のための看護学』（共編著　2001・2006・2011・2018　大修館書店）他

松野智子（まつの　ともこ）

岩手県立高等学校養護教諭、岩手県教育委員会事務局保健体育課指導主事兼保健体育主事を務め、十文字学園女子大学講師、准教授（平成16年4月〜23年3月）を経て同大学非常勤講師（平成23年4月〜平成28年3月）、名古屋学芸大学非常勤講師（平成25年4月〜27年3月）。
その他の職歴
文部科学省中央教育審議会専門委員（平成19年〜20年）
財団法人日本学校保健会「子どもの心のケア調査研究委員会」委員（平成20年〜22年）
財団法人日本学校保健会「保健室経営検討委員会」委員長（平成20年〜21年）
財団法人日本学校保健会「養護教諭の職務に関する検討委員会」委員長（平成22年〜24年）

養護教諭のための学校保健

2024年3月25日　第17版 第1刷発行

発　行　所　株式会社　少年写真新聞社　〒102-8232 東京都千代田区九段南 3-9-14
　　　　　　　　　　　　　　　　　　TEL 03-3264-2624　FAX 03-5276-7785
　　　　　　　　　　　　　　　　　　URL https://www.schoolpress.co.jp/

著　　　者　出井美智子・采女智津江・佐藤紀久榮・松野智子
発　行　人　松本　恒
印　　　刷　図書印刷株式会社

© Michiko Idei, Chizue Uneme, Kikue Satou, Tomoko Matsuno 2002, 2024
ISBN978-4-87981-792-1　C3037